방언, 성령의 은사

성경과 교회 역사에 나타난 방언

방언, 성령의 은사

발행 2015년 4월 18일

지은이 김동수
발행인 윤상문
디자인 여수정
발행처 킹덤북스
등록 제2009-29호(2009년 10월 19일)
주소 경기도 용인시 기흥구 동백동 백현마을 코아루 아파트 2204동 204호
문의 전화 031-275-0196 팩스 031-275-0296

ISBN 978-89-94157-79-5 (03230)

Copyright ⓒ 2015 김동수
이 책은 저작권법에 따라 보호받는 저작물이므로 무단전재와 복제를 금지하며,
이 책의 내용의 전부 또는 일부를 이용하려면 반드시 저작권자와 킹덤북스의 서면 동의를 받아야 합니다.

※ 잘못된 책은 구입하신 곳에서 교환하여 드립니다.
※ 책 가격은 표지 뒷면에 있습니다.

킹덤북스 Kingdom Books
킹덤북스(Kingdom Books)는 문서사역을 통해 하나님의 나라를 확장하고, 한국 교회와 세계 교회를 섬기고자 설립된 출판사입니다.

방언, 성령의 은사

성경과 교회 역사에 나타난 방언

김동수 지음

Glossolalia as a Gift of the Spirit

킹덤북스
Kingdom Books

발간사

기독교학술원 영성실천 단행본 시리즈를 발간하면서

김영한(기독교학술원장/샬롬나비 상임대표/숭실대 기독교학대학원 설립원장)

　기독교학술원(Academia Christiana)은 개혁주의 영성을 정립하기 위하여 1983년 차영배, 김영한, 오성춘, 이재범 교수를 중심으로 하여 창립되었다. 기본 정신은 복음주의와 개혁주의 신학의 전통을 받아들이면서 여기에 오늘날에도 지속하시는 성령의 역사를 인정하는 살아 있는 신학, 교회를 위하는 정통신학을 정립하고자 함이었다. 이번에 이러한 정신을 제대로 살리기 위하여 그동안 수년 동안 연구하고 작업한 결실로서 영 분별(靈分別, spiritual discerning), 축사(逐邪, exorcism), 은사(恩賜, charismata), 방언(方言, glossolalia, tongue), 예언(豫言, prophesy), 신유(神癒, divine healing), 등 영적 현상에 대한 보나 학문적인 연구서를 시리즈로 펴게 되었다. 본 연구서는 영 분별, 귀신추방(逐邪), 은사, 방언, 예언, 신유 등 영적 현상에 대하여 성경적인 접근, 역사신학적 접근, 종교현상학적 접근, 조직신학적 접근 그리고 영성신학적 접근을 시도하였다. 그리고 이러한 접근은 기본적으로는 개혁신학적 관점에서 수행되었다.

여기서 개혁신학적 접근이란 다음 6가지 특징적 관점으로 성찰(省察)하는 것을 말한다.

첫째, 하나님의 절대주권을 인정한다. 하나님은 영적 현상의 모든 일에 있어서 주권적인 하나님이시라는 것이다. 개혁신학은 하나님과 사탄 이원론을 인정하지 않는다. 인도 유럽의 영적 투쟁론에 의하면 악한 영과 선한 영의 대등한 투쟁을 말한다. 그러나 이것은 성경적 견해가 아니다. 성경에 의하면 사탄의 권세조차도 하나님으로부터 위임 받은 것이요 종국에는 심판당하게 된다.

둘째, 인간의 전적 부패를 인정한다. 개혁신학은 인간이 하나님의 형상으로 지음을 받았으나 하나님의 계명에 대한 불순종으로 원래의 의로움과 순결함과 거룩함을 상실하고 타락하여 전적으로 부패하게 되었다는 것을 인정한다. 인간 스스로는 칭의나 성화나 어느 것도 얻을 수 없고 오로지 그리스도의 대속의 공로를 통해서만 진정한 영성을 회복할 수 있다.

셋째, 예수 그리스도의 대속을 믿는다. 예수 그리스도를 통하여 인간은 그 원죄에서 벗어나고 상실된 하나님의 형상을 회복하고 다시 낙원의 영광을 회복할 수 있다. 인간 영성의 목표는 대속자 그리스도의 영성이다. 그리스도의 인성이 인간이 추구하는 이상적 인간성인 것처럼 영성의 진정한 목표는 그리스도의 인격(거룩함과 성결)을 닮아가는 것이다.

넷째, 성령 역사의 지속을 인정한다. 이러한 구속의 역사를 오늘날 믿는 자들의 마음속에 오셔서 적용하시고, 칭의와 성화를 주시는 살아 계시는 성령의 역사를 인정한다. 성령은 초대교회에서만 역사하시는 것이 아니라 오늘날에도 믿는 자들의 마음속에 역사하시고 중생하게 하시고 칭의를 주시며, 성화의 사역을 일으키신다. 성령의 은혜를 통하여 인간은 진정한 성화와 성결의 사람이 되는 것이다.

다섯째, 성령운동의 중요한 것은 표적 추구가 아니고 열매라는 것이다. 각종 은사나 표적이나 이적은 은사자를 위해서가 아니라 교회의 유익을 위하여 복음전파를 위하여 주신 것이다. 교회사에 나타난 은사 운동 연구에 의하면 은사 운동 거의 대부분이 초기에는 교회의 갱신을 가져왔으나 그 결과는 좋지 못했다. 성령의 역사에 사용된 은사자들이 초창기에는 순수한 마음에서 시작했다가 나중에는 욕심과 교만이 들어가서 성령의 역사를 인본적으로 사유화했다는 것이다. 그래서 성령의 열매를 맺지 못한 것이다. 은사는 사랑을 따라서 사용해야 한다.

여섯째, 영적 분별의 기준은 체험이 아니라 신구약 66권 성경이다. 인간 체험이 영적 운동의 기준일 수 없고 계시된 하나님 말씀인 성경만이 유일한 기준이다. '내면의 빛(the Inward Light)'이나 자기가 받은 영적 환상이나 계시 체험이 영적 운동의 기준이 될 수 없다. 신구약 66권 말씀에 맞지 않는 모든 은사 운동은 미혹의 영으로 보아야 한다. 사도 요한의 말씀은 오늘날도 영적 운동의 표준이 된다: "내가 이 두루마리의 예언의 말씀을 듣는 모든 사람에게 증언하노니 만일 누구든지 이것들 외에 더하면 하나님이 이 두루마리에 기록된 재앙들을 그에게 더하실 것이요, 만일 누구든지 이 두루마리의 예언의 말씀에서 제하여 버리면 하나님이 이 두루마리에 기록된 생명나무와 및 거룩한 성에 참여함을 제하여 버리시리라"(계 22:18-19).

그러므로 개혁주의 영성을 추구하는 기독교학술원은 정경의 완성과 교회 설립과 더불어 성령의 역사는 더 이상 필요 없게 되었다고 주장하는 은사중지설(cessationism)이 아니라 성령께서 오늘날에도 오셔서 성경의 증언을 깨닫게 하시고 교회를 지속적으로 설립하도록 도우신다는 은사지속설(continuationism)을 믿는다. 그러나 이 은사는 철저하게 주어진 성경증언의 한계 안에서만 사용되고 음미되고 수행되어야 한다. 워필드(Benjamin Warfield) 등 구프린스턴 신학자들이 은사중지설을 주장하였으나 동일한 개혁주의 신학자 18세기의 조나단 에드워즈(Jonathan Edwards)와 20세기의 마르틴 로이드존스(Martin Lloyd Jones) 등은 목회사역자로서 성령의 생동적 사역이 오늘날에도 지속한다고 믿었다. 베드로는 오순절 설교에서 이러한 은사는 그 시대 사람들과 자녀들과 약속으로 부르심을 받은 자들에 관한 것이라고 명료하게 언급하고 있다. "이 약속은 너희와 너희 자녀와 모든 먼 데 사람 곧 주 우리 하나님이 얼마든지 부르시는 자들에게 하신 것이라"(행 2:39). 성령의 은사(영 분별, 귀신추방, 은사, 방언, 예언, 신유 등)는 성경 말씀에 따라서 믿는 신자들에게 주어진다. 무엇보다도 역사적 교회의 삶의 경험 가운데 성령은사는 지속적으로 사역한 것이 가장 중요한 증거이다.

오늘날 한국 교회에 토론토블레싱 운동(Toronto Blessing movement)이나 열광적인 신사도 운동(New Apostle movement) 등이 들어와 영적으로 혼미스러운 상황을 연출하고 있다. 이러한 때 우리는 사도 요한이 경고로 주신 말: "사랑하는 자들아 영을 다 믿지 말고 오직 영들이 하나님께 속하였나 분별하라 많은 거짓 선지자가 세상에 나왔음이라"(요일 4:1)을 중심으로 받아들여야 한다. 기독교학술원의 개혁주의 성령은사론 연구 단행본 시리즈는 개혁주의 영성신학의 관점에서 성령은사에 관한 바른 지침을 제시하기 위해 집필되었다. 집필자들은 기독교 학술원 고문과 자문위원들이 추천한 공(公)교회의 신학자들로서 학문과 신앙과 인품에 있어서 검증받은 자들로 선정되었다. 이들은 장로교, 감리교, 성결교, 침례교, 하나님의 성회 등 한국 교회 주류 교파에 속한 자들로서 위의 6가지 기준을 인정하며 기독교학술원의 복음적 에큐메니칼 정신을 구현하는 데 동의하는 자들이다.

이러한 연구시리즈와 병행하여 영성실천 시리즈로 이영엽 목사의 영성목회의 실천 이야기를 발간하게 되었다. 앞으로 영성실천 시리즈를 통하여 한국 교회가 영적 성숙을 이루는 계기가 되기를 바란다. 이 시리즈가 나올 수 있도록 신학적으로 항상 연구논문을 같이 읽고 개혁신학의 관점에서 토론해 준 차영배 대표(전 총신대 총장), 학술원 연구프로젝트에 항상 관심을 가지시고 고견을 들려주신 박봉배 고문(전 감신대 총장), 오성종 연구부장(전 칼빈대 신대원장)과 책 출판을 위해 수고해 준 박봉규 사무총장(전 한장총 총무)에게 감사드리고 싶다. 그리고 종교개혁 전통을 귀중하게 여기고 교회를 위한 복음과 선교의 문서사역에 헌신하고 이러한 기독교학술원의 신앙적 고백에 동의하여 이 시리즈를 기꺼이 출판하기에 이른 킹덤북스(Kingdom Books) 대표이사 윤상문 목사의 섬김에 감사드린다.

2014년 10월 기독교학술원 연구실에서

발간사

기독교학술원 영성 시리즈의 원리와 수단

차영배(기독교학술원 대표, 전 총신대 총장)

    기독교학술정립(定立)의 원리는 기록되어져야 할 계시 곧 성경이다. 요한계시록 22:18~19절에 "이 책"이란 말이 네 번 나온다. 이것은 기록되어져야 할 계시를 뜻한다. 이 책이란 요한계시록을 뜻하지만, 요한계시록 속에는 창세기로부터 구약의 내용이 상당수 포함되어 있다. 그래서 성경 전체 내용을 가감해서는 안 된다. 성경은 독자적(獨自的) 신빙성(信憑性)을 지니고 있다. 성경은 모두 사람의 증거가 없어도 스스로 신빙성을 지니고 있다.

    성경의 일점일획이라도 반드시 없어지지 않고 다 이루어진다(마 5:18). "모든 성경은 하나님의 감동으로 된 것으로 교훈과 책망과 바르게 함과 의로 교육하기에 유익하니, 이는 하나님의 사람으로 온전하게 하며, 모든 선한 일을 행할 능력을 갖추게 하려 함이라"(딤후 3:16~17). 이렇게 성경은 축자적으로나, 만전적(萬全的)으로나 오류가 없는 온전한 말씀이다. 사도 바울의 서신은 편지마다 표적이다(살후 3:17). 바울의 사도된 표는 모든 참음과 표적과 기사와 능력이다(고후 12:12).

이러한 객관적 원리에 주관적 원리가 있다. 이것이 믿음이다. 성경 계시에 의존하는 믿음이다. 우리는 성경을 믿음으로, 하나님의 말씀임을 확실히 믿음으로 신학을 세운다. 여기에 우리의 이성(理性)이 덧붙여져서는 안 된다. 박형룡 박사는 이성을 덧붙여 理性과 信仰이라 했다. 박윤선 박사는 사색(思索)이라 했다. 계시의존사색이란 말을 자주 했다. 계시의존신앙으로 학술을 정립해야 한다. 성령은 성경을 하나님의 계시로 확신케 한다. "아버지 외에는 아들을 아는 자가 없고 아들과 또 아들의 소원대로 계시를 받는 자 외에는 아버지를 아는 자가 없다"(마 11:27). 우리는 계시의 영을 받아 하나님이 그리스도의 아버지 이심을 믿는다. 우리의 눈을 밝히사 그의 부르심의 소망이 무엇이며, 성도 안에서 그의 기업의 영광의 풍성이 무엇이며, 그의 힘의 강력으로 역사하심을 따라 믿는 우리에게 베푸신 능력의 지극히 크심이 어떤 것을 우리로 알게 하신다(엡 1:17~19). 여기서 우리는 성령의 조명이라 하지 않고, 계시라 한다.

성경이 하나님의 온전한 계시인 줄 믿고 이에 의존하는 믿음 곧 계시의존신앙(啓示依存信仰)이 기독교학술원의 원리이자 초석이다. 이 초석 위에 집을 건축해야 한다. 열두 초석 위에 세워야 한다. 이 열두 초석 밑에 큰 반석이 있는데, 이 반석이 곧 우리 주 예수 그리스도이시다. "내게 주신 하나님의 은혜를 따라 내가 지혜로운 건축자와 같이 터를 닦아 두매 다른 이가 그 위에 세우나 그러나 각각 어떻게 그 위에 세울까를 조심할지니라. 이 닦아 둔 것 외에 능히 다른 터를 닦아 둘 자가 없으니 이 터는 곧 예수 그리스도라(고전 3:10~11).

열두 사도 외에 사도 바울은 이방인들을 굳게 세우는 초석이다. 무엇보다 그는 열두 초석을 더욱 굳게 하는 초석이다. 베드로(게바)가 이방인과 함께 먹다가 할례자들을 두려워하여 떠나 물러갔을 때 남은 유대인들도 저와 같이 외식하므로 사도 바울이 게바에게 이르되, 네가 유대인으로서 이방인을 따르고 유대인답게 살지 아니하면서 어찌하여 억지로 이방인을 유대인답게 살게 하려느냐고 책망했다(갈 2:12~14). 이와 같이 사도 바울은 비록 열두 초석은 아니지만, 이 초석들을 더욱 굳게 하는 중요한 초석이다. 요컨대, 기독교 학술의 원리는 객관적으로는 기록되어져야 할 계시 곧 성경이고, 이 계시에 의존하는 믿음 곧 계시의존신앙으로 기독교적 학술을 세운다.

2014년 10월 29일

발간사

한국 교회에 영적 이정표가 되고 깃대가 되고 표본 내지는 표준이 될 만한 저작

이영엽(기독교학술원 이사장, 반도중앙교회 담임목사)

　수년 전에 우리는 3억 원이라는 기금을 책정하고 기독교 영성연구 시리즈를 발간한다고 기독교 일간 신문에 광고를 낸 바 있다. 그것이 이제 와서 결실을 맺게 되었다. 주제를 정하고 몇 번이고 검토하고 수정하고 다시 구성을 기획 설정하기도 하고 뜯어 고치고 새로 쓰고 날마다 토론하였다. 처음에 우리는 40여 가지의 성경의 영적 연구 주제들을 정하고 시작하였는데 이제 겨우 여섯 권의 책을 발간하게 되었으니 감개가 무량하다.

　한국 신학계에서 가장 두드러진 학자, 가장 영적 지각을 가지신 분들을 집필자로 선정하고 시작하였다. 처음에 목표하기로는 성경적, 신학적, 교리적, 교회사적, 비교종교학적, 경험적 영성을 연구하여 한국 교회에 영적 이정표가 되고 깃대가 되고 표본 내지는 표준이 될 만한 저작들을 연구 발표하여 세계의 영적 현상들에 질서를 바로 잡아주어 혼란을 피하고 믿음을 굳게 지켜주는 역할을 하자고 논의하면서 시작하였다.

　처음 시작할 때는 더 이상 월가월부 할 수 없을 만큼 완전한 작품을 하나님께 헌사하자는 마음으로 출발하였다. 그럼에도 하다 보니 미흡

한 점도 발견하곤 한다. 기독교학술원 대표가 되시는 차영배 박사께서 항상 "완전한 것은 없다"고 말씀하시던 바와 같이 과연 완전할 수는 없는 것인가를 수차례 되물으면서 시작했지만 이런 영적 작업이 얼마나 힘든 것인가를 새삼 느끼곤 하였다. 제1차로 한국의 세계적 석학이신 김영한 박사께서 '영적 분별'이라는 귀한 저작이 완성되었다. 본서는 혼란한 한국 교회에 큰 길잡이가 될 것으로 사료된다. 하나님께 먼저 감사드린다. 교계의 경사라 하지 않을 수 없다. 앞으로 계속해서 연구 발표하여 하나님의 영적 역사하심을 옳게 이해하고 인지하는 영적 작업이 하나님의 은혜로 지속되기를 기도한다.

2014년 10월 29일

저자 서문

지난 삼년 간 붙잡고 있었던 원고가 드디어 내 손에서 벗어났다. 한편으로는 신나고, 다른 한편으로는 아쉽다. 방언에 대해서 세 번째 책을 쓰리라고는 나 자신도 생각지 못했던 일이다. 신약 성경이 말하는 방언에 대해서 쓴 두 권의 책이면 내 사명을 다했다고 생각했다. 그런데 주위의 상황이 나로 하여금 세 번째 책을 쓰게 만들었다. 내 바람과는 달리 동료 신학자들이 이 주제에 대해서 그 필요성에 비해 아직도 많은 관심을 기울이지 않는 것 같다.

본서를 쓰면서 가장 어려웠던 부분은 제3장 교회사에 나타난 방언이었다. 이 장을 쓰면서 오랫동안 고민했지만 막상 쓰기가 쉽지 않았다. 그러다가 스탠리 버게스(Stanley M. Burgess)가 편집한 『성령의 사람들』(Christian Peoples of the Spirit)이라는 책을 통해서 많은 도움을 받았다. 교회사에 나타난 방언과 성령의 은사에 대해서 중요한 것을 발췌해 놓은 이 책은 교회사 전공자가 아닌 필자에게는 사막의 오아시스였다. 이 책은 필자가 직접 이런 원자료들을 찾아 볼 수고를 상당히 덜게 했다.

또 본서를 쓰면서 여러 곳에서 방언에 대한 강연과 집회를 했는데, 그 중에서도 2014년 가을에, 미국 보스톤 화요목회자연구회(화목연)에서 발표한 것을 잊을 수 없다. 그 모임에는 필자의 신학교 은사님이셨던 80대 중반의 김갑동 박사님도 참석하셨다. 그런데 강연을 마치고 질의응답 시간에 자신이 1970년대에 미국에서 목회할 때 방언을 체험한 일화를 들려주셨다. 자신은 전통적인 목회를 하고 있었는데, 자신의 여동생과 매제가 먼저 이 은사를 체험하고 자신에게 책을 하나 보내주었다는 것이다. 자신에게 신앙적인 충고를 하는 것 같아 기분이 나빠 그 책을 서재 구석에 놓아두었다가 계속 신경이 쓰여 한 참을 지나서야 그 책을 읽던 중 감동을 받았다고 한다. 그 책은 바로 유명한 베넷 신부의 책이었다. 결국 김 박사님은 그를 만나러 보스톤에서 캘리포니아까지 날아갔고, 거기서 그 교회의 집회에 참석했다가 방언을 체험하셨다고 한다. 그 감동은 이루 말할 수 없었다고 한다. 이것은 어떻게 방언에 대해서 무관심했던 한 신학자가 방언 체험을 하게 되었는가 하는 좋은 사례이다.

또 한 가지 필자에게 중요한 깨달음의 사건이 있었다. 보스톤에 와서 안식년을 보내면서 한 교회에서 한 달 동안 새벽 기도회를 인도했는데, 그 때 참석했던 집사님들과 권사님이 방언을 체험한 것이다. 그런데 이 경우는 좀 특별했다. 방언 체험을 위해 어떤 집회도 하지 않았고 단순히 필자가 쓴 방언에 관한 책을 읽게 했는데, 그것을 통해서 그 분들이 방언의 은사의 중요성을 스스로 깨닫게 되었고 각자 있는 자리에서 기도하다가 일주일 안에 세 분이 모두 방언을 체험한 것이다. 이 사건을 통해 방언 체험에 있어서 생각의 변화가 얼마나 중요한 가를 다시 한 번 깨달을 수 있었다. 책을 읽고 성경이 말하는 방언이 무엇인가를 깨달은 것이 방언 체험의 직접적인 계기가 되었던 것이다.

본서가 탄생한 것은 사실 기독학술원의 프로젝트의 일환이다. 이영엽 이사장님과 김영한 원장께 감사한다. 수 년 동안 본서를 쓰면서 고민을 많이 했고, 아직도 부족함을 많이 느끼지만 일단 본서를 세상에 내놓는다. 방언의 신학적 의미에 대해서 아직도 목말라하고, 어떻게 교회에서 방언 체험을 유용하게 사용할 것을 고민하는 많은 독자들이 있기 때문이다. 무엇보다 본서를 기념비적인 도서로 만들어준 킹덤북스(Kingdom Books) 대표 윤상문 목사님께 감사한다. 중요한 자료를 찾아준 평택대학교 박사 과정 박재남 목사님과 원고를 교정해 준 김희진 전도사님께 감사한다. 특히, 가족의 지지가 없었다면 이 책은 완성되지 못했을 것이다. 아내와 세 자녀(지유, 혜유, 성유)에게도 감사한다. 평생을 성령운동을 하며 목회하시고 계신 이영엽 목사님께 졸저를 헌사한다.

2015년 부활절 아침에
인천 송도에서
저자 김동수

차례

발간사	5
저자 서문	15
서론: 방언은 여전히 핫이슈다	20
제1장 이것이 성경이 말하는 방언이다	23
제2장 방언에는 신학이 있다	65
제3장 이것이 교회사에 나타난 방언이다	103

제4장
방언중지론은 중지되어야 한다   131

제5장
방언 체험에는 원리가 있다   171

결론: 방언에는 깊은 뜻이 있다   221

에필로그: 균형 잡힌 방언관 형성을 위하여   225
부록: 노우호 목사의 방언부정론 과연 성경적인가?   230
참고문헌   253

서론

방언은 여전히 핫이슈다

　방언은 여전히 우리 교계에서 핫이슈 중 하나다. 최근 느헤미아 팟캐스트에서 방언을 주제로 신학자들이 방송한 것을 책으로 냈다. 제목이 『랄랄라, 방언 받으셨어요?』이다.[1] 제목만 보면 이 책은 방언을 폄하하는 책처럼 보인다. 여기에 일부 그런 내용이 없지는 않지만 전반적인 내용을 보면 여기에는 깊은 신학적 숙고가 있고, 그것을 시장의 언어로 담아내고 있다. 겉으로 보면 방언을 얕잡아보는 것 같지만 방언을 심각하게 생각하면서 이 이슈를 다룬 것이다. 여기에는 방언에 대해서 논할 때 흔히 등장하는 이런 질문들이 나온다. "방언을 꼭 받아야 하나?" "현재 교회에서 하는 방언이 진짜 방언인가?" "고린도 교회에서 한 방언은 타종교에도 온 것이 아닌가?" "신약 성경에서 방언은 고린도전서, 사도행전에만 나오지 않는가?"

　그런데 이 책에서 위 질문들은 질문으로만 던져졌을 뿐 충분히 대답되지 않은 채 책이 끝난다. 사실 우리 교계에서 위 질문들에 대한 신학적 토론이 아직도 그리 활발하지 못하다. 우리가 더 좋은 대답을 얻

1　느헤미아 팟캐스트(편), 『랄랄라, 방언 받으셨어요?』 (서울: 홍성사, 2014).

기 위해서는 신학자들 간에 더 많은 토론과 논쟁이 있어야 할 것이다. 언제까지 방언을 학자가 아닌 부흥사들에게만 맡겨둘 것인가? 또 언제까지 방언 연구를 비체험자 학자들에게만 계속 맡겨둘 것인가? 나는 이렇게 말하고 싶다. "동료 신학자들이여 일어나라. 이처럼 중요한 주제인 방언에 대해서 연구하고 토론하자!"

필자는 방언에 관한 책을 이미 두 권이나 썼다. 이전 서적들에서 필자는 방언의 성경적 근거에 대해서 주로 말했다(『방언은 고귀한 하늘의 언어』; 『신약이 말하는 방언』). 하지만 그것이 교회사적으로 또 신학적으로 얼마나 중요한지에 대해서는 충분히 말하지 못했다. 그래서 필자는 성경에 관한 것은 이전 서적에서 말한 것을 요약적으로 기술하고(1장), 방언 신학과 교회사에 나타난 방언과 방언 중지론 등 다른 분야는 새로 연구한 것이다(2-4장). 여기에 실천적인 분야를 첨가했다(5장).

본서에서 필자는 이런 질문에 대답하려고 한다. 방언은 신약 성경 신학에서 주변 주제(Rand Thema)가 아닌가? 방언을 꼭 받아야 하는가? 왜 지금 방언인가? 방언이 신학적으로 그렇게 중요한가? 방언은 기독교 역사상 비주류에서 나타나는 현상이 아닌가? 방언은 이미 중지된 것이 아닌가? 방언이 실제 신앙에 유용한가?

필자는 본서에서 위 부정적인 질문들에 모두 다음과 같이 긍정적인 답을 낼 것이나. 신약 성경에서 방언은 지금까지 학자들과 신자들이 흔히 생각해왔던 것보다 훨씬 더 중요한 신학적 주제이다.(제1장) 방언은 단순히 뜻 없이 하는 말이 아니라 그 속에 깊은 신학적 진리를 담고 있는 성령의 은사다.(제2장) 방언이 기독교 역사상 많이 나타나지 않은 것은 이것을 소홀히 대했기 때문이다.(제3장) 방언이 중지되었다는 것은 사람들의 경험에서 나온 주장이지 성경이 지지하는 것이 아니다.(제4장) 방언은 신앙생활에 매우 유용하며 성경의 원리대로 사모하면 방언을 체험할 수 있다.(제5장)

필자는 방언에 대한 책을 이미 두 권이나 썼고, 그 이후 방언에 대한 논문도 계속 발표하고 있다. 한 권은 신앙 서적이고, 한 권은 신학서적이다. 그럼에도 방언에 대한 책이 한 권 더 필요하다는 말인가? 그렇다. 지금도 우리 신학계와 교계에서 방언에 대한 오해가 여전히 심하다. 오해는 대개 무지에서 나온다. 또 방언을 체험하지 못하고 연구하면 부지불식간에 방언에 관한 성경 본문을 아전인수격으로 해석하기 쉽다. 무지와 체험하지 못함은 오해와 곡해를 낳는 것이다. 물론 체험자도 오해와 곡해를 완전히 벗어날 수 있는 것은 아니다.

필자가 본서를 쓴 것은 방언에는 깊은 신학적인 뜻이 담겨져 있다는 것을 보여주기 위해서다. 방언은 무언인가 박탈당하고 스트레스 받은 사람들에게만 체험되는 것이 아니라 모든 그리스도인들을 위한 것이다. 또한 방언에는 지금까지 사람들이 피상적으로 생각한 것보다 신학적으로 더 깊은 뜻이 담겨져 있다.

제 1 장

이것이 성경이 말하는 방언이다

Glossolalia as a Gift of the Spirit

최근 한국 교회에서 성경에 방언 기도라는 개념이 없다는 주장이 제기되었다. 그렇다면 현재 세계 교회와 한국 교회에서 사용하는 방언은 가짜 방언이 되는 것이다. 결과적으로 세계 교회와 한국 교회는 지난 백년간 사탄에게 완전히 미혹되어 방언을 하고 있다는 것이다.[1] 책과 유투브로 읽고 본 그들의 주장은 매우 진지했고, 또 주장하는 이들은 자신들의 주장이 틀림이 없다는 확신에 가득 차 있었다. 나는 이들이 어떤 사심이나 욕심으로 이러한 주장을 한다고 보지 않는다. 하지만 이들은 이러한 주장을 하기에는 성경주석에 대해서 충분히 훈련을 받지 못한 사람들임에 틀림없다. 그래서 성경학자들이 보기에는 매우 엉뚱한 헬라어 문법 해석, 단어 해석, 정황 해석이 많았다. 일반 독자들은 그들의 확신에 찬 말에 설득될 가능성이 매우 높아 보였다.

그래서 본 장에서는 성경이 말하는 방언이 무엇인지 살펴보려고 한다. 크리스천이라면 방언을 하는 사람이나 안 하는 사람이나 방언에 대해 나름의 생각을 가지고 있게 마련이다. 그런데 우리는 이러한 질문을 해야 한다. "이러한 각각의 생각이 과연 성경적인 근거가 있는 것

---

[1] 이창모, 『방언, 그 불편한 진실』(서울: The Band of Puritans, 2014). 노우호 목사도 비슷한 입장인데 그의 책은 시중에 판매되지 않아 필자는 유투브로 그의 강의를 들었다.

인가?" 방언을 찬성하든 반대하든 어떤 견해는 그 성경적 근거가 있어야 한다. 자신이 이미 가지고 있는 방언관의 정당성을 입증하기 위해 성경 본문을 끼워 맞추는 경우가 흔하다. 그래서 우리는 먼저, 성경에서 방언을 언급한 각 책의 저자가 말하는 방언이 무엇인지를 꼼꼼히 살펴야 할 것이다.[2]

바울서신에 나타난 방언

바울은 방언 체험자로서 규칙적으로 방언을 실행했다고 스스로 말한다(고전 14:18). 그는 스스로 방언을 하면서 고린도 교회에 방언이 무엇이고(고전 14:2), 그것을 각각 개인기도(고전 14:18)와 공동체 예배 가운데서 어떻게 사용해야 할지를(고전 14:26-28) 교훈하고 있다. 누가가 초기 교회에 일어났던 방언 현상 자체를 기술했다면, 바울은 그것을 규정하고 설명하기까지 했다. 그래서 우리는 바울을 통해 방언이 무엇인지를 잘 알 수 있다.

방언은 "영으로" 하는 기도의 은사(고전 14:2)

바울의 방언을 규정하는 데 있어 가장 중요하면서도 가장 단순한 사실은 방언은 성령의 은사라는 것이다(고전 12:1, 7). 바울은 성령의 9가지 은사의 하나로 방언을 들고 있다(고전 12:8-10). 바울은 성령의

---

[2] 본 장은 필자가 이미 출판한 『신약이 말하는 방언』과 "방언의 기원: 신약 시대 이전에 방언이 있었는가?,"「신약논단」18 (2011), 1259-1285를 주로 요약한 것이며 발췌한 부분도 포함되어 있다.

은사는 모두 성령의 현시로 신자들에게 주어지는 성령의 선물로 보았다(고전 12:7, 10). 방언을 비롯한 모든 성령의 은사는 그 기원이 성령이기 때문에 그 자체로 고귀한 것이다. 이러 면에서 바울이 방언을 폄하했다고 보는 것은 있을 수 없는 일이다.

성령의 은사의 하나인 방언은 구체적으로 규정하면 "영으로" 하는 기도다.[3] "영으로" 기도한다는 것(고전 14:2, 15)의 기본 전제는 방언하는 자가 성령의 인도로 그렇게 한다는 것이다. 그렇다면 방언의 내용은 무엇인가? 바울에게 있어서 방언은 기도, 찬양, 감사, 축복(고전 14:2, 15-17), 혹은 탄식(롬 8:26)이다. 방언을 천사의 말(고전 13:1)이라고 한 것은, 이것이 실제 천사의 언어라는 뜻이라기보다는 인간이 자연적인 상태에서는 할 수 없는 말이라는 뜻이다. 또 그 가치가 소중하기 때문에 이 표현을 사용한 것이다.

그런데 흥미롭게도 바울의 방언관에 대한 신약 학자들의 견해는 첨예하게 대립되어 있다. 주류는 바울이 방언에 대해서 대체적으로 부정적으로 보고 있으며, 마지못해 그것을 인정한 것이라고 한다. 하지만 이러한 평가는 바울이 규정한 기도, 찬양, 감사, 축복으로써의 방언(고전 14:15-17)을 제대로 이해하지 못한 데서 기인한 것이다. 고린도 교회를 향해 바울이 우려했던 것은 방언 실행 자체가 아니라 방언의 오용이었다. 비록 수류는 아니지만 적지 않은 신약 학자들이 바울이 방

---

[3] 이 문구를 "자신의 심령에"라고 보는 학자들로 있다. 하지만 고든 피가 지적한 대로 본문의 문맥에서 바울은 성령의 은사에 대해서 말하고 있지 "자신의 영으로" 무엇을 말하고 있는 것에 대해서 말하고 있는 것은 아니다. Gordon D. Fee, *The First Epistle to the Corinthians* (Grand Rapids, MI: Eerdmans, 1987), 656, footnote 22. 이것을 "자신의 영으로"라고 보는 입장에 대해서는 다음을 보라. Joseph A. Fitzmyer, *First Corinthians* (New Haven, CT: Yale University Press, 2008), 511.

언을 고귀한 성령의 은사로 생각했다고 본다. 우리는 다음에 제시되는 논쟁 구절 해석을 통해서 바울이 방언을 얼마나 소중하게 생각했는지를 볼 수 있을 것이다.

방언은 말할 수 없는 탄식(롬 8:26)

바울은 로마서 8:26에서 성령의 말할 수 없는 탄식의 기도를 소개한다. "이와 같이 성령도 우리의 연약함을 도우시나니 우리는 마땅히 기도할 바를 알지 못하나 오직 성령이 말할 수 없는 탄식으로 우리를 위하여 친히 간구하시느니라." 여기서, 성경에서는 단 한 번 성령이 기도한다는 말이 나온다. 문제는, 이것이 신자가 하는 방언 기도와 어떤 연관성이 있는가 하는 것이다. 대다수의 학자들은 이것을 성령의 기도로만 보지 신자의 기도로 보지는 않는다. 하지만, 케제만(E. Käsemann)을 비롯하여 발츠(H. Balz), 스땅달(K. Stendhal), 쿨만(O. Cullmann), 피(Gordon D. Fee) 등 적지 않은 신약 학자들이 이것을 방언으로 보고 있다.[4]

이것을 방언으로 볼 수 없다고 하는 자들의 논거를 정리하면 다음과 같다. 첫째, 어원적으로 볼 때 '말할 수 없는'에 해당하는 '알랄레토스'라는 단어는 '무언의'를 의미하기 때문에 이 기도는 발성되는 성격의 방언 기도와는 다른 것이라는 주장이다. 둘째, 방언은 소수에게 주어지

---

[4] H. Balz, "στεναγμός," *EDNT* vol. 3, 272-273; K. Stendhal, "Paul at Prayer," *Int* 34(1980), 240-249; O. Cullmann, *Prayer in the New Testament* (London: SCM, 1995); idem/김상기 역, 『기도』(서울: 대한기독교서회, 2007), 152-167; Gordon D. Fee, *God's Empowering Presence: The Holy Spirit in the Letters of Paul* (Peabody, MA, 1994), 575-586; idem/길성남 역, 『바울, 성령, 그리고 하나님의 백성』(서울: 좋은씨앗, 2001), 193-206; 박익수, 『로마서』 vol 2. (서울: 대한기독교서회, 2008), 71.

는 것인데 반해, "말할 수 없는 탄식"의 기도는 모든 신자에게 해당되는 것이라는 것이다. 셋째, 본 어구가 지칭하는 것은 성령 자신의 기도이지 신자의 기도가 아니라는 것이다. 넷째, 또 한 가지 제기되는 주장은 만약 "말할 수 없는 탄식"이 방언을 지칭하는 것이라면 그 기도의 내용이 일치해야 한다는 것이다. 그런데 방언은 찬양과 하나님의 비밀을 노래하는 것인데 반해(고전 14:14-15), 본문에서는 그 기도 내용이 '탄식'이라는 것이다.

위의 주장에 대해서 우리는 다음과 같이 반박할 수 있다. 첫째, '알랄레토스'라는 단어의 뜻이 "무언의"만 있는 것이 아니라 "말로 표현할 수 없는"이라는 뜻도 있다(시 30:19; 37:13, LXX). 유대 문화에서 기도는 사적인 것이라도 큰 소리의 발성 기도였다는 것과 본 문맥에서 탄식의 감정을 강력하게 표출한다는 면에서 이것은 "말로 표현할 수 없는"이라는 뜻으로 보아야 한다. 둘째, 앞에서 보았듯이 방언과 말로 표현할 수 없는 탄식 모두 모든 신자에게 해당되는 것이다. 셋째, 기도가 비록 신자의 말을 통해서 표출되더라도 그것은 성령의 역사라고 할 수 있다면(마 10:19-20), 여기서 성령의 기도라 할지라도 신자의 기도를 성령이 돕는 방언 기도로 표출된 것이라고 할 수도 있을 것이다. 넷째, 방언 기도라는 의미에서 고린도전서에서는 찬양과 감사가 그 내용으로 되어 있다. 그러나 시편의 히브리어 원제가 '잔양'을 의미하는 '테힐림(תהלים)'임에도 불구하고, 탄식과 기도로 이루어진 탄원시가 전체 시편의 약 3분의 1을 차지하는 것을 볼 때, 유대적 의미의 '찬양'에는 탄식과 기도가 포함된다고 해석될 수 있다. 이것을 큰 테두리에서 기도라고 이해하는 것에는 아무 문제가 없다.

말할 수 없는 탄식의 기도는 성령의 역사에 의해서 하는 기도라는 측면에서, 또 하나님 이외에는 아무도 알아듣는 사람이 없다는 면에서 또 결국 이 기도를 통해서 신앙성장을 가져온다는 면에서, 바울이 방언 기도라고 분명하게 말하는 것과 연결되어 있다(14:2). 방언이 무엇인가 하는 것에 대해서 고린도전서 12-14장에 나오는 구절들과 로마서 8:26은 상호 보완적으로 설명된다. 고린도전서 구절에서 방언이 신앙의 집을 건축한다고 한다면(14:4a), 로마서 구절은 이것이 신자가 마땅히 기도할 바를 모를 때 성령이 그 기도를 돕는다는 측면에서 그렇게 된다고 말한다. 반면, 로마서 8:26에서 말하는 말할 수 없는 탄식의 기도를 성령의 기도라고 말함으로써, 고린도전서 14:2에서 말하는 영으로 기도하는 기도가 어떻게 성령의 도움을 받는 지를 보다 구체적으로 알 수 있게 되는 것이다.

　사실 바울이 교정하고자 했던 것은 방언을 말하는 것이 아니었다. 바울은 방언 자체를 긍정적으로 보고 있다.[5] 또 바울은 고린도 교인들이 방언에 대해서 지나치게 높이 평가하고 있다고 보면서, 그것을 교정하려 한 것도 아니다. 바울이 교정하려고 했던 것은 방언이 공동체 예배 가운데 사용되어졌을 때 이것이 예배 참여자들에게 알아듣지 못하는 말이 되는 것에 관한 것이었다. 그렇게 되면 방언 자체가 하나님과 신비를 말하는 기도이지만 예배 참여자들에게는 아무 유익이 없다는 것이다. 그래서 기도와 찬양을 내용으로 하는 방언이 아무리 좋은

5　Yongnan Jeon Ahn, *Interpretation of Tongues and Prophecy in 1 Corinthians 12-14* (Dorset, UK: Deo Publishing, 2013), 168. "바울은 방언을 무시하지도 않고 있고, 기독교 예배에 있어서 예언에 비해 열등한 것으로 보지도 않는다."

것일지라도 공동체의 예배 가운데 사용할 때 그 내용을 알지 못하면 예배 참여자에게는 아무 의미가 없어진다는 것이다. 그래서 이것을 공동체 예배 시간에는 자제하고 사적으로 사용하든지 혹은 통역이 수반되게 사용하라는 것이 바울이 고린도전서 14장에서 고린도 교인들에게 권면하려고 하는 핵심 내용이다.[6]

방언 체험의 범위(고전 12:30; 14:5)

바울은 신앙 공동체에서 어떤 사람들, 혹은 범위로 말하면 어느 정도의 사람들이 방언 체험하기를 기대했던 것인가? 이 문제에 관한 바울 자신의 두 언명은 일견 상호 모순되는 것처럼 보인다. "다 방언을 말하는 자이겠느냐?"(고전 12:30). "나는 너희가 다 방언 말하기를 원하나…"(고전 14:5). 하지만, 은사에 관한 한 묶음의 교훈 안에서(고전 12-14장) 바울이 모순되는 말을 했을 가능성은 희박하다. 그렇다면 바울은 이 구절들을 통해서 무슨 말을 하고자 했던 것인가?

"다 방언을 말하는 자이겠느냐?"(고전 12:30) 이 말은 분명히 부정적인 대답이 기대되는 수사의문문이다. 그 대답은 "아니다"이다. 바울은 이 말을 할 때 "다 사도이겠느냐 다 선지자이겠느냐 다 교사이겠느냐 다 능력을 행하는 자겠느냐 다 병 고치는 은사를 가진 자이겠느냐 다 방언을 말하는 사이겠느냐 다 통역을 하는 자이겠느냐"(고전 12:29-30)라는 말과 함께 사용한다. 물론 여기서도 기대되는 대답은

---

6   터너는 바울이 방언을 매우 긍정적인 것으로 평가한 것으로 본다. 하지만 모든 신자가 방언의 은사를 경험할 수 있다는 바울의 소망(고전 14:5)은 "모두가 방언을 말하겠는가?"(고전 12:30)라는 구절에 의해서 해석하여 그렇게 될 수 없는 것이라고 한다. Max Turner, *The Holy Spirit and Spiritual Gifts Then and Now* (Carlisle: Paternoster, 1996) 221-39.

"아니다"이다. 교회 안에서 모든 사람들이 사도, 교사, 능력 행사자, 신유 행사자, 방언하는 자, 통역하는 자가 될 수 없는 것이다.

여기서 이 의미를 결정할 때 중요한 것은 기본적으로 문맥이다. 바울은 교회의 직분을 언급하면서 이러한 말을 했던 것이다. 바울은 하나님이 교회에 직분을 세우신 것을 말하면서 사도, 선지자, 교사, 능력 행하는 자, 병 고치는 은사, 서로 돕는 것과 다스리는 것과 각종 방언을 말하는 것을 언급한다(고전 12:28). 여기에는 직분과 은사가 같이 등장하면서 양자는 명확히 구별되지 않는다. 사도와 선지자와 교사가 교회의 직분임에는 분명한데, 다른 것들은 바울이 앞에서 말한 은사의 종류들인 것처럼 보인다. 바로 이 점이 중요하다. 여기서 방언을 말하는 것은 은사이고, 그것을 직분처럼 행사하는 사람을 "방언을 말하는 자"라고 한 것이다. 이것은 개인 기도로 방언을 하는 것에 대한 언급이 아니라 바로 교회 내의 일종의 직책과 같은 것으로써 "방언을 말하는 자"를 언급한 것이다. 그래서 여기서 바울은 모두가 사도의 직책을 가진 것이 아니듯이 모두가 방언을 말하는 기능을 가진 것은 아니라고 말하고 있는 것이다.

또 더 넓은 문맥에서 보면, 방언을 말하는 것은 예배 가운데 통역이 필요한 방언이다(고전 14:26). 여기서 바울은 고린도 교인들이 예배를 위해서 모일 때 찬송시와 가르침과 함께 방언과 방언 통역도 일상적으로 있었던 것임을 말하고 있다. 이렇게 모여서 예배 할 때 각자의 역할이 다르게 있었던 것이다. 어떤 이는 가르침으로, 어떤 이는 찬양으로, 어떤 이는 예언으로, 어떤 이는 방언으로, 또 어떤 이는 통역으로 서로 교회를 세우는 것이다. 바울은 다양한 은사와 직분을 열거하면서, 중요한 것은 어떤 직분이나 은사를 받은 것에 있는 것이 아니라 그것을 교회의 덕을 위해 사용하느냐 하는 것이라고 말하고 있는 것이다. 그래서 예배 시 모두가 다 방언을 하게 되는 직분 혹은 역할을 하는 것이 아니라는 의미에서 "다 방언을 말하는 자이겠느냐?"(12:30)라고 말한 것이다.

그렇다면 방언에는 이렇게 예배 시간에 사용하는 방언과 개인 경건 시간에 사용하는 방언이 따로 있었던 것인가? 바울이 고린도전서 12-14장에서 계속해서 언급하는 방언의 은사에서 이것을 구별하고 있는 것인가? 우선, 바울이 방언은 그것이 사적으로 사용하는 것이든, 아니면 공적으로 사용하는 것이든 상관없이 모두 성령의 역사로 하나님께 기도, 찬양, 감사하는 것이라는 것에는 아무런 차이가 없다(14:2, 15-17). 다만, 이것이 사적으로 사용하여 개인의 신앙에 도움이 되는 경우가 있고, 공적으로 통역되어 자신은 물론 그 통역의 내용을 듣는 이에게 신앙의 도움이 되는 영역도 있다는 것이다(14:27). 공적 예배 시에는 통역이 없이는 사용하지 말고(14:28), 통역이 있을 때는 그것을 예배 가운데 사용할 수 있다는 것이다.

고린도전서 14:5에서 바울이 "나는 너희가 다 방언 말하기를 원한다"(14:5b)고 한 것은 사적인 영역에서 사용되는 방언에 해당되는 것이다. 바울에게 있어 방언은 성령의 인도함을 받아 자신의 영이 하나님과 깊은 영적 교류를 나누는 것이기 때문에(14:2), 이러한 방언은 모든 신자가 경험하여 누리라고 적극적으로 권장하고 있는 것이다. 문맥에서 볼 때 바울이 모든 신자가 방언을 체험하고, 그것을 활용하기를 원했다는 것은 전혀 문제가 되지 않는다. 이 문맥에서 바울은 "방언을 말하는 자는 사람에게 하지 아니하고 하나님께 하나니 이는 알아듣는 자가 없고 영으로 비밀을 말함이라"(14:2)고 했기 때문이다. 바울은 뒤에 이러한 방언은 기도일 뿐만 아니라 찬송이고, 축복이고, 감사라고 말한다(14:15-17). 그리고 그러한 방언을 자신은 그 어느 누구보다도 많이 하고 있다고까지 말하고 있다(14:18). 물론, 바울은 개인적으로 이렇게 소중한 방언이라 할지라도 예배 가운데 통역 없이 사용하는 것은 다른 사람에게는 아무 유익도 주지 못한다는 것을 가르치고 있다(14:6-19). 이것은 방언을 예배 시간에 과시를 위해 사용했던 일부 고린도 교인들의 관행에 대해서 경고하는 것이다.

그런데 모든 신자가 방언을 다 하기를 원한다는 바울의 말이 은사는 하나님의 뜻대로 각 사람에게 나누어 주신다는 언명(12:11)과 상치된다고 보는 사람들이 있다. 그래서 "나는 너희가 다 방언 말하기를 원한다"는 것(14:5)은 예언의 중요성을 강조하기 위해 바울이 약간 과장해서 말했든지, 아니면 이것은 "나는 너희가 다 방언으로 말할지라도"라는 뜻의 양보 구절이라는 주장이 있다. 우선, 여기서 이것이 예언을 더 권장하기 위해서 말한 것임은 분명하다. 그렇다고 해도, 방언에 대한 바울의 언명은 거짓이나 지나친 과장은 아니다. 바울은 방언 자체도 소중하고, 또 개인 기도할 때는 모든 신자들이 경험하기를 원했다는 것은 교회에서 예언을 더 하기를 바라는 바울의 가르침과 전혀 상치되지 않는다.

다음으로, 이것이 양보를 이끄는 부사절인가 하는 것이다.[7] 이것은

---

[7] So H. W. House, "Tongues and the Mystery Religions of Corinth," *BSac* 140(1983), 135-150.

진정한 소망을 말하는 것이 아니라는 것이다. 고린도전서 7:7에서 바울이 고린도 교회 신자들에게 말한 바람과 같은 것이라는 것이다. "나는 모든 사람이 나와 같기를 원하노라. 그러나 각각 하나님께 받은 은사가 있으니 이 사람은 이러하고 저 사람은 저러하리라." 여기서 내용은 결혼에 대한 것이며 주제는 한 가지다. 바울은 각자가 원하는 소망은 가질 수 있을지라도 각자가 은사를 받은 대로 행하라는 것이다. 하지만, 14:5에서 큰 주제는 예배이고, 그 내용은 두 가지다. 바울의 가르침은 "나는 모두가 방언하기를 소망하는데, 예언에 대해서는 더욱 더 그렇다"는 것이다. 여기서는 양자를 다 취할 수 있다. 고린도전서 7:7에서는 은사에 따라 한 가지만 취할 수 있는 것이라면, 여기에서는 두 가지를 다 취하되, 공동체 예배 시간에서의 선호를 말한 것이다. 그러므로 바울이 고린도 교인 모두가 방언을 개인 경건의 시간에 사용하기를 소망하는 것은 실제 소망이고, "다 방언을 말하는 자이겠느냐"는 언명과 모순되지 않는 것이다.

방언은 교회 시대에 지속됨(고전 13:8)

바울은 모든 은사가 사랑으로 사용되어야 함을 역설하면서(12:31; 14:1), 사랑의 영원성과는 달리 은사의 일시성을 말한다(13장). 그러면서 "사랑은 언제까지나 떨어지지 아니하되 예언도 폐하고 방언도 그치고 지식도 폐하리라"(13:8)는 구절을 포함시킨다. 물론 여기서 "그친다"는 동사는 미래시제다. 언젠가는 그친다는 것이다. 그렇다면 문제는 그 시간이 언제인가 하는 것이다. 바울은 나행히도 다음 구절에서 은사가 그치는 시간을 말한다. "온전한 것이 올 때에는 부분적으로 하던 것이 폐하리라."(10절) 그렇다면, 이제 결국 문제는 "온전한 것"이 무엇인가 하는 것에 방언이 그치는 것이 달려 있는 셈이다.

첫째, 온전한 것은 신약 정경의 완성을 말하는 것이라는 주장이 있다. 하지만, 신약 학자들은 이구동성으로 이 견해를 반대한다. 터너(M. Turner)의 말을 빌리면, "이 입장은 주석적으로 방어할 수 없는 것이어서 전문 신약 학자들은 이 입장을 전혀 받아들이지 않는다."[8] 신약에 있어서 방언과 예언과 같은 은사의 중지를 주장하는 개핀(Richard Gaffin, Jr.)조차도 위 견해에 동의한다.[9] 우선, 바울이 정경의 완성을 상정하고 이 말을 했을 리가 만무하기 때문이다. 또 본 문맥에서 "온전한 것"은 종말론적으로 사용된 것임이 분명하기 때문이다. 즉 "그 때"가 되면 이것이 사라질 것인데, "그 때"는 바로 신자와 예수가 "얼굴과 얼굴을 대하여 볼" 때인 것이다(12절).

둘째, "온전한 것"이 교회의 성숙을 의미한다는 주장이 있다. 온전한 것을 말한 다음 바울은 "내가 어렸을 때에는 말하는 것이 어린 아이와 같고 깨닫는 것이 어린 아이와 같고 생각하는 것이 어린 아이와 같다가 장성한 사람이 되어서는 어린 아이의 일을 버렸노라"(11절)고 말하는데, 여기서 "장성한 사람"은 교회의 성숙을 비유적으로 말하고 있다는 것이다. 구체적으로는 에베소서 4:13에서처럼 여기서 완전은 유대인과 이방인이 한 완전한 사람으로 하나되는 것을 의미한다고 한다.[10] 물론, 헬라어 원어에서 이 단어가 "성숙한"이라는 뜻도 가지고 있

8　Turner, *The Holy Spirit and Spiritual Gifts: Then and Now*, 294.

9　Gaffin, Jr., 『성령의 은사론』, 127.

10　So F. David Farnell, "When Will the Gift of Prophecy Cease," *BSac* 150(1993), 191-

고, 고린도전서에서 그렇게 사용된 경우도 있지만(2:6; 14:20), 바울이 본 문맥에서 교회 시대 내의 미성숙 시기와 성숙 시기를 말했다고 보기는 어렵다. 뒤에 따라오는 구절이 말하는 것처럼, 이것은 교회 시대와 종말 이후 시대를 비교하여 말하는 것이다.

방언 은사의 중지를 말하는 또 한 가지 논거가 있다면, 그것은 방언은 예언과 함께 계시적 은사이기 때문에 계시가 완성되면 그칠 것이라고 하는 것이다. 이에 따르면, 은사 각각에는 성격이 있는데 방언은 신약 성경이 완성되기 전에 성경 말씀을 계시하기 위해 일시적으로 주어진 은사라는 것이다. 우선, 고린도전서 12-14장에서 바울이 계시적 은사와 여타 은사를 구별하여 말한 경우도 없고, 비록 그것이 있다고 하더라도 방언은 계시적 은사가 아님은 분명하다. 방언은 하나님이 신자에게 무엇을 보여주는 예언과는 달리(고전 12:26, 30), 신자가 하나님께 감사와 찬양과 기도를 하는 것이다. 오히려 방언은 계시와는 그 방향이 반대로 가는 것이다.

물론, 방언에 계시적인 성격이 있다고 주장하는 자들은 그 방언이 통역되었을 때, 신자가 성령의 인도함에 따라 하나님께 기도하는 것이 드러나는데 그것이 곧 계시적 성격이 된다고 하는 것이다. 하지만, 이러한 주장도 바울의 생각에서 많이 벗어난 것이다. 고린도전서 12-14장에서 예인이 구속사에서 판세된 어떤 설대석인 하나님의 계시를 말하는 것이 아니라, 일상 신앙생활에서 실제 필요한 권면과 책망 정도의 말이듯이,[11] 방언 통역도 단순히 하나님을 찬양하고 하나님께 감사

195; Robert L. Thomas, "'Tongues…Will Cease'," *JETS* 17(1974), 81-89.
11 김동수, "예배와 예언," 「성경과 신학」 63(2012), 1-25.

하는 기도인 것이다. 이것이 어떻게 구원의 비밀을 알리는 계시가 된다는 것인가?

이상을 통해서 볼 때, 고린도전서 13:8를 근거로 방언이 교회 시대 언젠가 그치게 될 것이라고 바울이 말했다는 주장은 할 수 없는 것이다.

통역되지 않은 방언은 전도에 무용(고전 14:20-25)

고린도전서 12-14장에서 방언에 대해서 바울이 말한 구절 중에서 해석하기 가장 난해한 것은 14:20-25일 것이다. 바울이 방언은 불신자들을 위한 표적이고 예언은 신자들을 위한 표적이라고 하는데(22절), 정작 방언을 하면 불신자들은 그 장면을 보고 방언하는 자들을 미쳤다고 하고(23절), 예언을 하면 불신자들이 오히려 하나님의 살아계심을 인정하게 된다는 것이다(24-25절).

그 동안 위 문제를 해결하기 위해 수많은 학자들이 뛰어들어 나름대로의 해결책을 내 놓았다. 우선, 다음의 사실을 명확히 해야 한다. 여기서 바울이 말하는 방언은 개인 경건에 사용하는 것이 아니라 예배 시간에 통역 없이 사용된 것이라는 것이다(고전 14:6-19). 바울은 여기서 개인 기도로써의 방언에 대해서 말하는 것이 아니라 통역 없이 예배 시간에 공적으로 사용되었을 때 방언의 역효과에 대해서 말하고 있는 것이다.

바로 앞 구절에서 바울은 구약 성경에서 하나님이 불순종하는 이스라엘 백성에게 그들의 지배자의 말(방언)을 하는 것과 통역 없이 방언을 말하는 것을 비교하고 있다(20-21절). 이사야서 28:11에는 "더듬는 입술과 다른 방언"이라는 어구가 나온다. 이것은 하나님이 보내신 선지자 이사야를 조롱하는 것에 대해 하나님이 행하실 심판에 대해서 말하는 것이다. 여기서 "더듬는 입술과 다른 방언"은 유대인의 대적자의 말인 앗수르 어를 가리킨다. 그것은 유대인들이 알아듣지 못하는 말이다. 하나님이 그 말로 말씀하시면 결국 그것은 유대인들에게 심판의 메시지가 된다.

통역 없이 사용되는 방언은 위와 같은 효과가 있다는 것이다. 비록 하나님의 계시가 좋은 것이라 할지라도 그것을 알아듣지 못하면 심판과 진배없다는 것이다. 아니 사실상 심판이라는 것이다. 마찬가지로, 예배 시간에 알아듣지 못하는 방언을 공적으로 하는 것은 비록 그것이 하나님께 기도하고 감사하고 찬양하는 것일지라도 듣는 이에게 아무런 감응을 불러일으키지 못한다는 것이다.

이런 의미에서 바울은 통역되지 않는 방언은 불신자를 신자로 만들 수 없는 반면, 그 자체로 알아들을 수 있는 예언은 불신자를 회개에 이르게 할 수 있다고 말하는 것이다. 그래서 여기서 "신자와 불신자"는 일반 신자와 불신자가 아니라 방언과 예언이 사용되었을 때 그 결과로써 나타나는 것을 말하는 것이다. 즉 통역되지 않는 방언은 불신자를 불신자 그대로 변화되지 않은 채 그대로 두는 은사인 반면, 올바른 예언은 불신자의 마음의 숨은 일을 드러나게 함으로써 그 사람이 회개할 수 있게 하여 결국 그 사람을 신사로 만들 수 있는 표적이라는 것이다.

성경에 방언 기도가 나오지 않는다는 주장에 대해서

위에서 본대로 바울이 말하는 방언은 기본적으로 성령의 인도에 따라 이성이 아닌 영으로 기도하는 것이다. 그런데 이런 방언 기도가 성경에 나오지 않는다는 주장이 제기되었다.

바울이 말한 방언은 외국어였다고?

이들의 주장은 바울이 말한 방언의 은사가 외국어를 말하는 은사였다는 것이다. 그 근거는 사도행전과 고린도전서에서 "방언을 말하다"라는 어구가 똑같이 나오는데 성경에서 같은 어구는 같은 뜻이라는 것이다. 하지만, 이것은 성경주석의 abc를 모르는 말이다. 성경에서는 같은 어구가 반드시 같은 뜻으로 사용되지 않는다는 것은 심지어 동일 문서에 있는 동일 저자에게서도 나타난다. 세상이라는 단어가 같은 요한복음 본문에서 하나님의 사랑의 대상인 피조물이 되기도 하고(요 3:16), 교회를 핍박하는 하나님의 반대 세력이 되기도 한다(요 16:19). 더구나 동일 저자가 아닌 경우에 같은 어구를 사용하더라도 다른 뜻으로, 또 다른 신학적 입장에서 기록할 수 있는 것은 얼마든지 있을 수 있는 일이다.

사도행전 2장에 기록된 방언은 외국어로 표출된 것이라고 할 수 있으나 바울이 고린도전서 12-14장에서는 이것이 기본적으로 사람이 알아들을 수 없는 말이었기에, 또 이성이 아니라 영으로 하는 말이었기에(14:2), 이것을 실제 외국어로 보기는 어렵다. 그것이 실제 외국어였다면 성령의 나타남에 의한 통역의 은사가 따로 필요 없는 것이다. 그렇다면 예배 시간에 방언을 할 때 외국어를 잘하는 통역인을 쓰면 되는 것이다. 방언이 외국어라면 방언하는 사람이 통역하기를 기도한다는 말은(14:13) 이해되지 않는다. 즉 통역의 은사를 달라고 기도할 것이 아니라 외국어를 배우면 될 것이기 때문이다. 이것이 인간의 이성으로 알아들을 수 없는 것이었기에 성령의 나타남에 의한 통역의 은사가 필요했던 것이다.

바울과 누가가 방언에 대해서 말할 때 공통점은 이것은 인간의 능력이나 노력에 의해서가 아니라 성령에 의해서(행 2:4; 고전 12:7) 된 것이라는 것이다. 또 이것을 말하는 사람은 자신이 그 말을 배우지 않은 것이었기에 이것이 외국어이든, 실제 언어가 아니든 자신은 그 말의 뜻을 모르고 했다는 것이다. 그런데 바울이 다른 사람보다 더 방언을 많이 했다는 것을(고전 14:18) 가지고 바울이 외국어 구사 능력이 있어서 외국어를 더 많이 했다고 이해하는 것은 말도 안 된다. 또 바울은 우리가 성령의 은사로 흔히 부르는 것을 "성령의 나타남"(고전 12:7)이라고 하는데, 이것은 피아노를 잘 치거나, 운동을 잘 하는 은사와 같은 것들이 아니다. 여기에 예시로 나와 있는 9가지는 모두 성령의 능력이 일시적으로 어떤 사람에게 현시되는 것이다(고전 12:8-10). 바울이 고린도 교인들에게 말하려고 했던 것은 자신에게 나타나는 성령의 은사만 인정하지 말고, 이 모든 것들이 성령의 현시에 의한 것이라는 것을 인정하라는 것이다.

또 바울은 고린도전서 12-14장에서 처음에는 방언이 어떤 것인지 설명하지 않고 그 은사를 다른 은사와 함께 열거하다가(12:8-10), 14:2에서야 비로소 이것을 정의하고 설명한다. 첫째, 이것은 이성이 아니라 영으로 하는 것이라는 것이다(14:15 참조). 둘째, 이것은 사람에게가 아니라 하나님께 하는 것이라는 것이다. 셋째, 그 내용은 "신비"라는 것이다. 바울서신에서 신비란 남들이 알지 못하게 하는 비밀이라기보다는 하나님의 구원의 도리에 관한 어떤 것들을 말한다. 그렇다면, 이것은 신자가 성령의 인도함을 받아 하나님의 뜻대로 기도, 찬양, 감사, 축복하는 것이다(14:15-17). 이것을 다 포괄하는 용어가 바로 기도다.

바울이 말한 방언은 방언 기도가 아니라고?

이들의 주장의 요체는 바울이 소개한 방언은 기도가 아니라는 것이다. 방금 앞에서 말한 대로 바울은 분명히 방언이 기도라고 말했다. 그는 "기도하다"라는 용어까지 사용한다(14:15). 그렇다면 이들은 어떤 근거로 바울이 말한 방언이 기도가 아니라고 주장하는가? 이창모 목사는 『방언, 그 불편한 진실』에서 이런 주장을 한다. 이에 대해서 필자의 반박과 적절한 답을 추가하면 다음과 같다.

1) **주장**: 바울은 '글로사'(방언, 혀)의 복수형은 방언의 은사를, 단수형은 가짜 은사를 가리키는 것으로 양자를 구별한다.

   반박: 바울이 단수형과 복수형을 사용해서 참 방언과 거짓 방언을 구별해서 말했다는 것은 어불성설이다. 필자는 지금까지 어떤 것의 진위를 설명할 때 저자가 단복수를 사용해서 한다는 예는 동서고금의 어떤 문서를 통해서도 본 바 없다. 또 본문 자체에서도 이런 증거는 전혀 없다. 상식적으로만 생각해도 "방언들"은 진짜 방언을, "방언"은 가짜 방언을 의미한다는 것이 말이 된다고 보는가? 이렇게 중요한 문제를 바울은 독자들이 분명하게 인식할 수 없게, 마치 암호화 하듯이 했다는 것이 있을 수 있다고 보는가?

2) 주장: 고전 14:2, 4에서 방언이 하나님께 말한다고 했는데 그것은 바울의 주장이 아니라 고린도 교회의 주장을 인용한 것이다.

반박: 이러한 주장은 바울이 전혀 말하지도 않은 방언에 대한 정의(외국어를 말하는 능력)에서 출발해서 이런 엉뚱한 해석을 하는 것이다. 본문에서 바울이 자신의 말을 한 것이 아니라 자신이 반대하는 고린도 교회의 주장을 인용한 것이라는 것은 말도 안 된다. 기록 당시에 인용부호는 없었지만 다른 사람의 말을 인용할 때와 자신의 말을 하는 것을 분명히 구분해서 저자는 말할 수 있었고 또 저자들은 그렇게 했다. 서양 언어의 주요 번역과 한글 번역에서 이 구절을 인용부로 처리한 번역본은 하나도 없다.

3) 주장: 방언은 사람에게 말하는 것이지 하나님께 말하는 것이 아니다. 바울은 성령으로 하는 방언(고전 12:3)과 인간적으로 말하는 방언(14:2)을 구별하고 있고 후자를 거짓 방언이라고 생각했다.

반박: 또 고전 14:2에서 "영으로"는 그 의미가 "성령으로"도 될 수 있고 혹은 "사람[신자]의 영으로"도 될 수 있다. 하지만, 그 어떤 것도 "성령으로" 혹은 "하나님의 영으로"와 반대되는 것은 아니다. 바울이 본문에서 "영으로"와 대척 개념으로 삼고 있는 것은 개역개정판에서 "마음으로"로 번역한 "이성으로"이다(고전 14:15-16). 여기서 방언은 사람이 이성으로 말하는 것이 아니라 성령의 나타남에 의해 자신의 영으로 혹은 성령으로 말한다는 것이다. 바울이 성령에 의한 진짜 방언과 인간의 영에 의한 가짜 빙인을 밀했다는 것은 본문에 근거하지 않은 말이다. 바울은 여기에서 방언의 진위 문제가 아니라 방언의 바른 사용법을 말하

고 있다. 올바르지 않은 사용법 중 하나는 통역 없이 공적으로 방언을 사용하는 것이고, 올바른 사용법은 공적으로 방언을 할 때는 통역을 동반해서 사용하든지(고전 14:13), 아니면 사적으로만 하는 것이다(고전 14:28).

4) 주장: 고린도전서 14:14-15에서 바울이 가정법을 써서 "방언으로 기도하다"라는 말을 쓴 것은 자신이 방언으로 기도한 적이 없기 때문이다.

반박: 이것은 헬라어의 기초를 전혀 모르고 하는 주장이다. 헬라어에서 가정법 구문이 반듯이 현실과 반대되는 상상을 하는 것을 의미하는 것은 아니다. 특히 본문에서 현재 가정법으로 쓰인 구문인 "내가 만일 방언으로 기도하면"은 "내가 방언으로 기도할 때[혹은 기도할 때마다]"라는 뜻이다(Gordon D. Fee).[12] 만약 본문에서 이 사람의 주장대로 가정법 구문이 현실에서 일어나지 않는 것에 대한 것이라면(예를 들어 내가 만약 새라면 날아갈 수 있을 텐데, 즉 내가 새가 아니기 때문에 날아가지 못한다는 말) 이 구절은 이렇게 번역해야 한다. "나는 방언으로 기도하지 않기 때문에 영으로 기도하지 않는다."(14절) 그러면 이 문장은 바로 뒤 구절과 모순된다. "내가 영으로 기도하고 또 마음으로 기도하며."(15절) 헬라어 사전을 보면 헬라어 에안(ἐαν)+ 가정법 현재 구문은 "…할 때"를 의미할 수 있다.

5) 주장: 고전 14:28에서 "자기와 하나님께 말할 것이요"는 "집에

---

[12] The First Epistle to the Corinthians (rev. ed., Grand Rapids, MI:Eerdang, 2015), 742.

가서 혼자 떠들고 혼자 들어라"라고 하는 것이다(364).

반박: 여기서 "자기와 하나님께"에 대척된 개념은 "교회에서"이다. 그렇다면 이것은 개인적으로 혼자 방언하라는 말이다.

방언 통역은 방언을 검증하기 위한 것이 목적이었다고?

바울은 고전 14:5에서 방언 통역의 목적을 분명히 말하고 있다. 그것은 바로 교회를 세우는 것이었다. 그것은 예언의 효과와 똑같은 것이 되기 때문이다. 예언은 알아들을 수 있는 말이었기에 듣는 이의 신앙을 북돋아 줄 수 있었듯이(고전 14:4), 방언 통역도 방언에 대한 통역이었기에 듣는 이에게 신앙적으로 도움이 되는 말이 되었던 것이다. 또 이들의 주장은 만약 방언이 영의 기도라면, 하나님과 은밀한 기도인데 그것을 통역하는 것은 말이 되지 않는다는 것이다. 어떻게 감히 하나님과 은밀히 하는 기도의 내용을 알려줄 수 있는가 하는 것이다. 하지만, 이것이 반드시 사실은 아니다. 바울은 성령의 도움으로 우리가 하는 기도의 내용을 앎으로 본인이나, 그것을 듣는 이에게 예언과 같이 감동을 줄 수 있다고 말하고 있다.

그런데 이들은 방언 통역의 목적은 방언이 올바른 것인지 거짓 방언인지 검증하기 위한 것이었다고 말한다. 이것이야 말로 자의적 해석의 극치다. 본문에는 방언 동역이 예언과 같이 교회의 넉(교회의 세움)을 위한 것이라고 했지, 방언을 분별하는 것이라고 말한 적이 없다. 그러한 것은 영 분별의 은사이지 방언 통역의 은사가 아니다.

방언이 그친 근거가 로마서 은사 목록(12:6-8)에 방언이 안 나오기 때문이라고?

노우호 목사는 방언은 바울이 로마서를 쓴 그 시점에 그친 것이라고 주장한다. 그 근거는 바울이 로마서 12:6-8에서 여러 은사를 언급하면서 방언에 대해서 언급하지 않았는데, 그것은 바로 이 때 방언이 그쳤기 때문이라고 한다. 그는 고린도전서 13:8에서 방언이 그친다는 말이 이 때 실현된 것이라고 한다. 우리는 이러한 주장을 침묵에 근거한 주장(argument from silence)이라고 한다. 저자는 그것에 대해서 전혀 말하지 않았는데, 독자가 단순히 상상을 통해서 그렇게 주장하는 것이다. 로마서 12:6-8에서는 고린도전서 12-14장과는 다른 종류의 은사를 바울은 말하고 있다. 이 은사는 영적인 은사라기보다는 재능과 같은 '자연적 은사'다. 여기에 예언이 나오기는 하지만, 고린도전서에 나오는 성령의 나타남에 의한 종류라기보다는 믿는 자에게 주어져서 "믿음의 분수대로" 사용하는 것이다(롬 12:6). 바울은 지금 영적인 은사에 대해서 논쟁하는 것이 아니기 때문에 여기서 그러한 은사를 언급하지 않는 것이지, 그 사이에 이 은사들이 그쳤기 때문에 언급하지 않은 것이 아니다.

만약 이런 식의 추론이 옳으려면 다음과 같은 추론도 가능해야 한다. "요한복음은 공관복음의 하나님 나라가 이제는 더 이상 필요 없다고 생각했기 때문에 복음서를 기록하면서 하나님 나라의 비유를 다 뺐다. 그래서 우리는 더 이상 하나님 나라에 관한 공관복음서의 가르침을 따를 필요가 없다." 아마도 대부분의 그리스도인들은 이런 추론을 받아들이지 않을 것이다. 그렇다면 로마서 은사 본문에 방언이 나오지 않는다는 이유로 바울의 방언의 은사가 그쳤다고 생각하는 것은 침묵에 근거한 주장, 즉 상상의 결과일 뿐이다.

현대 교회의 방언은 가짜 방언이라고?

이들은 현대 교회에 나타나는 방언은 가짜라고 한다. 그 근거는 이것이 알아들을 수 있는 외국어가 아니기 때문이라고 한다. 현대 방언은 만 사람이 하면 만 가지가 되는데, 그 어떤 것도 통역의 규칙에 부합하지 않는다는 것이다. 사실, 이러한 주장은 앞에서 말한 대로 바울 본문을 잘못 해석한 데서 근거한 것이다. 방언은 알아들을 수 없는 것이라고 바울이 분명히 말했다(고전 14:2). 그것을 통역하려면 기도해서 통역의 은사가 임해야 한다(고전 14:13). 그렇다면 우리가 개인적으로 하는 방언을 못 알아듣는 것은 자연스러운 것이다. 그것은 성령의 인도함으로 하나님만 알아들으면 되는 것이다. 영으로 하는 기도이기 때문이다. 우리가 알아들을 수 있는 기도를 하려면 이성으로 기도하면 되는 것이다. 바울은 영으로 하는 방언 기도와 이성으로 하는 기도를 모두 하겠다고 한다(고전 14:15). 그런데 이런 기도를 반대하는 것은 바울의 가르침에 정면으로 도전하는 것이다.

현대 교회의 방언이 바울이 말한 방언과 같지 않은 것이라는 주장은 서구 세계에서 늘 있어왔다. 이 분야를 오래 연구한 전문가 중의 하나인 막스 터너는 신약 성경의 방언과 현대의 방언 현상을 연구한 후 이렇게 말했다. "…오늘날의 방언이 바울이 알고 있던 것과 동일한 현상이 아니라는 교조주의가 들어설 여지는 없다…."[13] 한국 교회에서 하는 방언은 사람이 알아들을 수 없고, 성령의 역사하심에 따라 영으로 기도하고 찬양하고 감사하고 축복하는 것으로 바울이 말한 방언과 부합하는 것이다(고전 14:15-17). 바울이 이 방언을 많이 말함으로 감사했고(고전 14:18), 또 이러한 방언 말하기를 금하지 말라고 한 명령(고전 14:39)을 우리는 잘 지켜 나가야 할 것이다.

방언으로 기도하면 안 된다고?

이들은 신자가 방언으로 기도하면 절대 안 된다고 주장한다. 그러면서 방언으로 기도하는 사람들이 몇 시간 동안 기도해도 다 헛된 것이라고 한다. 하지만 이것은 바울이 고린도 교인들에게 한 말과 정면으로 배치되는 것이다. 고린도 교인들이 방언으로 기도하는 것에 지나친 가치를 부여하자 바울은 방언으로 기도하는 것도 부정하지 않으면서 또 자신은 이성으로도 기도하겠다는 것이다. 두 가지를 다 하겠다고 한다. "그러면 어떻게 할까 내가 영으로 기도하고 또 마음으로[마음은 헬라의 '누스'에 대한 번역: 이성] 기도하며…"(고전 14:15). 또 바울은 자신이 그 어떤 사람보다도 방언으로 더 많이 혹은 더 자주 기도한다고 말하고 있다(고전 14:18). 물론, 그는 방언 기도만 하지 않았다. 이성으로도 기도하고 또 이성으로 설교했다. 그는 이성의 기도와 방언의 기도 중 어떤 것도 무시하지 않았다.

이들이 방언을 하면 안 된다고 주장하는 또 한 가지 이유는 고린도

13　M. Turner, 『성령과 은사』(서울: 새물결플러스, 2011), 549-550.

교회는 완전히 잘못된 교회이기 때문에 고린도 교회로부터 우리는 어떤 것도 본 받을 것이 없는데, 그들이 했던 방언도 마찬가지라는 것이다. 고린도 교회가 성적으로 타락했고, 파당으로 나뉘었으며, 성만찬 행습에도 문제가 있었고, 성령의 은사에 대한 태도와 실행에 있어서도 문제가 있었다는 것은 누구나 다 아는 바다. 하지만, 고린도 교회 교인들이 이단이었는가? 아니다. 바울은 그들을 성도(고전 1:2)요, 형제(고전 2:1)라고 부르고 있다. 그래서 고린도전후서에 나오는 구체적인 교훈을 통해서 무엇을 따를까를 분별해야지 여기에 나오는 모든 것을 버려야 하는 것은 아니다. 바울이 고린도 교회의 모든 행위와 풍습을 완전히 부정했던 것은 아니다. 바울은 이들의 생각과 행동을 교정하려고 했고, 우리는 그것이 무엇인지를 본문 속에서 구체적으로 밝혀내야 하는 것이다.

사도행전에 나타난 방언

방언의 목적

바울이 방언을 신자가 하나님께 하는 기도로 규정하고 있다면, 누가는 성령 충만의 한 현상으로 기술할 뿐 방언의 내용이 무엇인지 명확히 규성하지 않는다. 그래서 그 동안 누가가 생각하는 방언이 무엇인지에 관해서 수많은 주장이 있어왔다. 어떤 학자는 이것을 당시 오순절 날 있었다는 언약 갱신과 연관된 사건으로 보려 한다.[14] 다른 학

---

14 I. Howard Marshall, "The Significance of Pentecost," *SJT* 30(1977), 347-369.

자는 이것을 창세기에 나오는 언어의 혼잡을 바로 잡는 사건이라고 본다.[15] 하지만, 이 두 의견은 모두 방언을 일회적 사건으로 보려는 것으로, 이것은 그 이후에도 사마리아와 에베소에서 발생한 방언 사건을 적절히 설명하지 못한다. 그래서 다른 학자는 이것을 교회 탄생의 표적 혹은 교회 성장의 이정표로 보려 한다.[16] 이 견해를 따르면 오순절 날 임한 방언뿐만 아니라, 사도행전에 나오는 그 후에 일어난 방언도 잘 설명이 된다. 하지만, 이것은 구약 성경에서 예언하지도 않은 방언이 왜 교회 성장의 이정표마다 일어났는지 잘 설명이 되지 않으며, 교회 역사 속에서도 그런 현상이 일어났는지에 대해서는 설득력 있는 대답을 주지 못한다. 오순절 신학 계통에서는 방언을 선교를 위한 외국어를 말하는 능력으로 혹은 성령세례 체험의 첫 육체적 증거라고 본다. 이것이 외국어를 말하는 능력이라는 것은 순수한 신자들의 의견이기는 하지만, 성경적/실제적 증거가 부족하다.

방언과 선교

누가는 무엇보다도 방언을 성령 체험과 연관시킨다. 누가는 오순절 날 체험한 방언도 성령 충만의 결과라고 기술하고 있으며(행 2:4), 이방인이 체험한 성령 체험의 증거로 방언과 하나님 찬양을 들고 있다(행 10:46). 여기서 첫 성령 체험이 바로미터다. 그 다음부터 누가는 성령 체험의 증거로써 하나님 찬양과 방언, 예언과 방언(행 19:7) 등을

---

15 J. G. Davis, "Pentecost and Glossolalia," *JTS* 3(1952), 228-231.

16 W. E. Mills, *A Theological/Exegetical Approach to Glossolalia* (London: University Press of America, 1985), 72,

들고 있는데, 모두 성령 체험을 통해 나타난 현상에 대한 기술이다. 그러므로 누가에게 있어서 방언 체험은 그 자체로서 중요하기보다는 이것이 성령 체험의 한 증거라는 데 중요성이 있는 것이다.

그렇다면 누가에 있어서 방언함으로 드러나는 성령 체험의 목적은 무엇인가? 누가는 베드로의 설교를 통해 이를 설명하고 있다(행 2:14-21). 여기서 베드로는 바로 이러한 방언으로 나타나는 성령 체험은 다름 아닌 요엘 예언의 성취라는 것이다. 누가는 요엘의 예언에 중요한 몇 가지를 수정 혹은 추가한다. 첫째, "그 후에"를 "말세에"로 수정함으로써 이러한 현상이 말세에 나타날 일임을 말하고 있다. 둘째, "그들이 예언할 것이요"라는 어구를 추가함으로써 이 방언 현상을 예언으로 설명하고 있다. 여기서 말하는 예언이란 바울이 성령의 은사의 하나로 제시하는 예언의 은사보다 더 넓은 개념의 말이다. 구약과 신구약 중간 시대 유대 문헌에 사용된 대로 이것은 방언과 예언을 비롯해서 하나님의 영감을 통해 말하는 말을 가리킨다. 누가는 성령을 체험한 사람들이 이러한 영감 받은 말을 할 것을 기록한다.

셋째, 이러한 영감 받은 말을 하는 사람의 범위가 모든 사람이다. 남자나 여자는 물론이요, 노소를 차별하지도 않는다. 남녀노소를 불문하고 모든 하나님의 백성이 하나님의 영감 받은 말을 한다는 것이다. 이 영감 받은 말을 통해서 하나님의 백성이 궁극적으로 하는 것은 예수 부활의 증인이 되는 것이다(행 1:8). 흥미롭게도, 이러한 누가의 사상은 사도행전에만이 아니라 누가복음에도 나타난다는 것이다. 복음서 중에서 누가복음에만 70인 제자 파송 기사가 나온다(눅 10:1-6). 이 70이라는 숫자는 분명히 상징적인 것으로, 민수기 11:24-30에 나오는 70인을 배경으로 하고 있다. 11:25에는 모세에게 임한 영을 "칠십 장로에게도 임하게 하시니 영이 임하신 때에 그들이 예언"을 했다는 말이 나온다. 나중에 여기에 참여하지 않았던 엘닷과 메닷이라는 다른 장로가 예언을 하자, 여호수아가 시샘을 한다. 이에 대해 모세는 "네가 나를 두고 시기하느냐 여호와께서 그의 영을 그의 모든 백성에게 주사 다 선지자가 되게 하시기를 원하노라"(민 11:29)고 한다. 누가는 방언 체험을 성령 충만 체험으로 연결시키고, 그것은 결국 모든 하나님의 백성이 선교를 위해 영감 받은 말을 하는 것이라고 해석하고 있다.

누가는 이러한 성령 체험을 계속해서 권유하고 있다. 그것은 예수의 말씀을 그렇게 해석하는 누가복음 11:13에도 나타난다. 이 구절은 예수 말씀 자료(소위 Q 자료)로 마태복음에도 나온다. 마태복음 7:11에서 "하늘에 계신 너희 아버지께서 구하는 자에게 좋은 것을 주시지 않겠느냐"고 한다. 여기서 좋은 것을 누가는 구체화해서 "성령"이라고 고친다. 이것은 사도행전에 나오는 성령 충만과 연결된 것이요, 그 성령 체험에 흔히 뒤따르는 방언도 염두에 둔 것일 것이다. 그리고 누가 문서 전체로 볼 때, 그 성령 체험의 목적은 증인이 되는 것, 곧 선교하는 것이다.[17]

성령세례와 방언

그렇다면 보다 구체적으로 우리는 누가가 방언을 성령세례를 받은 첫 육체적 증거로 제시하고 있는가 하는 질문을 해 볼 수 있을 것이다.

---

17 Robert P. Menzies, "누가-행전에서 방언의 역할," 『2012 해외 석학 초청 성령론 심포지엄』 (군포: 한세대학교출판부, 2012), 32-52.

이것은 오순절 운동이 등장한 후 지난 백년 동안 오순절 진영과 비오순절 진영 사이에 벌어진 열띤 논쟁의 주제였다. 우선, 우리는 누가가 위와 같은 생각을 주안점으로 해서 사도행전을 기록한 것은 아니라고 본다. 다만 사도행전 10:46에서 이방인들이 성령받은 것에 대한 표징으로 "이는 방언을 말하며 하나님 높임을 들음이러라"고 한 것으로 보아, 누가가 방언을 성령 체험의 한 증거로 본 것은 분명해 보인다. 베드로의 설교를 들은 회중이 이방인들이 성령을 받았다고 판단하는 근거가 바로 그들이 방언을 하고 하나님을 높인 것을 보았기 때문이라는 것이다.

그렇다고 해도, 누가가 이러한 견해를 매우 일관성 있고, 의도적으로 끌고 갔는지에 대해서는 학자들의 의견이 엇갈린다. 아마도, 방언이 성령세례의 육체적 증거인가 하는 것은 누가가 설정한 질문이라기보다는 현대 신앙인들이 방언 체험을 하면서 질문한 것일 것이다. 다시 말해, 이것은 성경 본문 내의 질문이라기보다는, 조직신학적 질문이라고 할 수 있다. 이 질문에 대해서 멘지스(Robert P. Menzies) 같은 오순절계 신학자는 방언이 다른 어떤 성령의 역사보다도 외적으로 드러나는 것이기에 성령세례 받은 증거로 쉽게 기능할 수 있다는 측면에서 그렇다고 말한다.[18] 하지만, 그도 방언만이 그 증거라고 보는 것은 아니다. 이와는 다르게, 비오순설 계통의 대부분의 학자들은 성령세례 체험은 다양하기 때문에, 어느 한 현상을 성령 체험의 증거로 삼을 수 없다고 생각한다.

---

18 Robert P. Menzies, 『성령과 능력』 (군포: 한세대학교출판부, 2005), 제 8장 증거로서의 방언.

예수와 방언

예수님은 공생애 기간 동안 방언을 했을까? 사실 복음서 자체에는 예수가 방언을 했다고 분명히 말하는 구절은 나오지 않는다. 그래서 우리는 예수가 방언을 하지 않았다는 것을 당연시 한다. 그런데 복음서에 비록 예수가 방언을 했다고 하는 것을 직접적으로 나타내는 구절은 없어도 그것을 암시하는 구절은 있을 수 있다. 최근에 예수가 방언을 했는가 하는 질문을 이러한 측면에서 연구한 멘지스는 예수가 방언을 했다는 것을 간접적으로 보여주는 구절이 있다고 주장하는 논문을 내 놨다.[19]

누가복음과 사도행전을 보면 경건 생활에 있어 복음서의 예수는 사도행전의 제자들의 모델이다. 예수가 제자들에게 세례를 줄 때, 주기도문을 가르칠 때, 변화 산에서, 죽음을 앞두고, 또 십자가 위에서 기도함으로 자신의 길을 간 것과 마찬가지로, 사도행전에서 제자들은 오순절 날 성령을 체험할 때, 베드로가 옥에서 풀려나올 때, 바울과 실라가 빌립보 감옥에서 나올 때 모두 기도로 문제를 해결한다. 성령 체험에 대해서도 마찬가지다. 요단 강에서 예수가 성령을 체험한 것과 마찬가지로 제자들은 예루살렘에서 오순절 날 성령을 체험한다.

그렇다면 방언에 대해서는 어떠한가? 누가는 사도행전 2장에서 제자들이 방언 체험한 것을 기록한다(2:1-13). 그리고 그것이 무슨 의미가 있는지 베드로의 입으로 말하게 한다(행 2:14-42). 베드로는 먼저

---

19 Robert P. Menzies, "Jesus, Tongues, and the Messianic Reading of Psalm 16," *JPT* 23 (2014), 29-49.

이렇게 방언하는 현상이 구약 요엘서 2:28-32에 나오는 말세에 나타나는 현상임을 설명한다(행 2:14-22). 그것은 바로 말세에 모든 사람이 예언을 할 것이라는 예언이 지금 성취되었다는 것이다. 누가는 방언을 성령의 영감을 받아 발설하는 말이라는 넓은 범주의 예언의 일종이라고 본 것이다.

그런 다음 누가는 예수의 죽음과 부활을 말하면서 그 증거로 시편 16:8-11을 인용한다. 누가는 이 시편을 메시아적으로 해석한 것이다. 그런데 여기서 예수의 부활과는 직접적으로 관련이 없는 9절까지 인용하고 있다. 여기에는 "내 혀가 즐거워한다"(καὶ ἠγαλλιάσατο ἡ γλῶσσά μου; 칠십인역 시 15:9)라는 구절이 나오는데, 누가는 사도행전 2:27에서 이 구절을 그대로 인용하고 있다(καὶ ἠγαλλιάσατο ἡ γλῶσσά μου). 누가는 이것을 메시아에게 적용하고 있는데 그가 지상 사역에서 기뻐하는 모습을 그리기 위해 예수의 부활과 관련이 없는 이 구절까지 인용한 것으로 보인다.

특히 여기서 우리가 중요하게 생각해야 될 문제는 여기서 '즐거워하다'라는 뜻으로 사용된 헬라어 동사 '아갈리아오'이다. 이 동사는 구약 헬라어 번역인 칠십인 역에서 큰 기쁨 가운데 하나님을 찬양하는 데 많이 쓰였다. 특히 누가복음과 사도행전에서도 이 단어는 하나님의 위대하심을 찬양하는데 많이 쓰였다. 마리아(눅 1:47), 예수(10:21), 다윗(행 2:26)은 각각 기뻐하는 가운데 하나님을 찬양한다. 특히 사도행전 2:26에서 '아갈리아오'는 '글로사'(방언)와 연관되어 나타난다. 멘지스에 따르면 "…누가에 있어 '아갈리아오'와 '글로사'가 성령의 감동과 연관될 때, 이것들은 특별한 예언적 영감의 경우를 묘사하는 것이고, 그 경우들에서 개인 혹은 단체는 영적인 환희를 경험하고 그 결과 찬양이 터져 나온다."[20]

누가복음 10:21에 나오는 예수의 감사 기도는 방언을 연상시킨다. "그 때에 예수께서 성령으로 기뻐하시며 이르시되"(ἠγαλλιάσατο [ἐν] τῷ πνεύματι τῷ ἁγίῳ καὶ εἶπεν) 여기서 예수는 "성령의 영감을 받아 예수는 활기차고 기쁜 찬양을 내뿜는다."[21] 여기에서 우리는 '아갈리오'라는 동사가 사용된 것을 주목할 필요가 있다. 또 그 기쁨이 성령을 통해 발생한 것도 중요하다. 사도행전 2:4에서도 방언이 성령 충만함 속에서 발생했다. 여기서도 민수기 11:16-30에 나오는 성령을 받아 예언하는 70인 장로를 연상하게 하는, 누가복음에만 나오는 예수의 70인 제자들이 전도 여행을 하고 돌아와서 기뻐할(눅 10:17) 바로 "그 때에" 예수도 "성령으로 기뻐하신" 것이다. 누가에 따르면 이렇게 기뻐하면서 말하는 것은 성령 충만해서 발설하는 행위인 예언인 것이다. 사도행전 2장에서 베드로가 설명하는 바를 따라간다면 여기서 예수는 분명히 성령의 영감을 받아 말을 하고 있는 것이고, 그것은 누가의 분류에 따르면 넓게는 예언이고 구체적으로는 방언일 수 있는 것이다.

특히 여기서 주목해야 할 것은 예수는 성령의 영감을 받아 크게 기뻐하는 행위(예언, 방언)를 한 다음 사람들이 알아듣는 말을 한 것이다. "천지의 주재이신 아버지여 이것을 지혜롭고 슬기로운 자에게는 숨기시고 어린 아이에게는 나타내심을 감사하나이다. 옳소이다. 이렇게 된

---

20 Menzies, "Jesus, Tongues, and the Messianic Reading of Psalm 16," 33.
21 Menzies, "Jesus, Tongues, and the Messianic Reading of Psalm 16," 33.

것이 아버지의 뜻이니이다."

그런데 이렇게 같은 예언이지만 알아듣지 못하는 방언을 말하면서 동시에 알아듣는 영감의 말을 하는 것은 사도행전에서 방언이 나타날 때 전형적으로 나온다는 것이다. 오순절 날 예루살렘에서는 제자들이 방언을 한 일과 그것을 알아듣는 "하나님의 큰 일을 말"하는 일이 일어났다(행 2:4; 11). 고넬료 집에서 이방인들이 성령을 받을 때 "방언을 말하며 하나님 높임"이 있었다(행 10:46). 에베소에서 제자들이 성령을 받을 때 "방언도 하고 예언"도 했다(행 19:6).

이렇게 보면 예수가 누가복음 10:21에서 말한 "기뻐하다"는 방언을, "이르되"는 알아들을 수 있는 말을 가리킨다고 볼 수 있다. 누가-행전에서 예수가 영감 받아 한 말(눅 4:18-19)이 제자들의 영감받은 말의 모델이 된 것(행 2:17-18)이라면, 누가복음 10:21에서 예수가 "성령으로 기뻐하고 이르되"라고 한 것은 제자들이 사도행전에서 성령으로 방언을 하고 예언을 한 것의 모델이라고 할 수 있을 것이다.

예수가 방언과 같은 성령의 영감을 받아 말을 했다면, 우리의 방언에 대한 이해에서 무엇이 달라지는가? 첫째, 우리는 방언이 오순절 날에만 임하였고 그 뒤에는 사라졌다는 주장을 하기 어려울 것이다. 이것은 예수가 보여준 제자들이 따라야 할 영성의 모델이기 때문이다. 둘째, 예수가 성령 충만하여 기뻐하면서 하나님을 찬양하는 말을 하였듯이, 그의 제자들과 우리는 예수를 모델로 해서 성령의 영감을 받아 나오는 못 알아듣는 영감의 말(방언)과 이성적으로 알아들을 수 있게 하나님을 찬양하는 말을 동시에 하는 것이 이상한 것이 아닐 것이다. 셋째, 이러한 방언 이해는 바울이 고린도전서 14:15에서 말한 "내가 영[헬, 프뉴마: 성령]으로 기도하고 마음[헬, 누스: 이성]으로 기도하며 내가 영으로 찬송하고 또 마음으로 찬송하리라"고 한 말과 일맥상통하는 것이다. 영감 받아 사람이 못 알아듣는 말과, 알아듣는 말을 다 인정하고 같이 하는 것, 그것이 신약 성경에서 방언에 대해서 기록한 바울과 누가 모두가 가르치는 바이다.

방언의 기원

마지막으로, 신약 성경에 나오는 방언의 기원이 어디에 있는지를 살펴보려고 한다. 사실, 신약 성경에 나오는 방언을 연구하면서 학자들이 가장 먼저 뛰어들었던 영역은 이 방언의 종교사적 기원에 관한 것이었다. 학자들은 주로 헬라 종교와 철학에서 그 기원을 찾아보려고 했고, 유대교에서 그것을 발견하려고 한 이들도 있었다.[22]

먼저, 방언이 헬라 종교에서 기원하지 않았을까 하고 생각하는 학자들이 있었다. 델피의 여사제가 아폴로 제단에 올라가 종잡을 수 없는 신탁의 말을 하곤 했는데, 어떤 학자들은 이것을 방언과 연관시킨다.[23] 또 디오니수스 제의에서 흔히 울부짖음과 광란이 있었는데, 학자들은 이것을 방언과 연관시키려 했다.[24] 그 외, 일부 학자들은 헬라 시

---

22 이 내용은 김동수, "방언의 기원: 신약 시대 이전에 방언이 있었는가?," 1259-1285을 요약한 것이다.

23 James D. G. Dunn, *Jesus and the Spirit* (London: SCM, 1975), 247.

24 G. Bornkamm, *Early Christian Experience* (N. Y.: Harper & Row, 1969), 38; C. K. Barrett, *The First Epistle to the Corinthians* (2nd ed.; London: A & C Black, 1971), 278; F. F. Bruce, *Paul: Apostle of the Free Spirit* (Exeter: Paternoster, 1977), 260.

대의 마법 문서들과 영지주의와 몬타니스주의, 그리고 루시안의 글, 오리겐이 인용한 셀수스 등을 방언과 연관시키려고 했다. 하지만, 이러한 것들은 단순히 영적인 현상일 뿐, 방언과는 상당히 다른 것들이었다. 먼저, 이런 것들은 대개 황홀경 상태에서 어떤 말을 하는데 반해, 신약에서 말하는 방언은 황홀경에서 하는 것이 아니었다. 게다가, 이런 말들이 비록 알아듣기 모호한 말이라 하더라도 모두 모국어로 말하는 것이었던 반면, 방언은 근본적으로 상대방이 알아들을 수 없는 말이었다. 또한, 신탁이 신의 메시지를 인간에게 전달하는 종류의 것이었다면, 방언은 인간이 신께 기도하는 형태였다. 그래서 그 외형이 비슷하다고 해서 이러한 것들을 방언의 기원으로 볼 수 없다.

둘째, 방언이 구약 혹은 유대교에서 기원했을까 생각해 볼 수 있다. 신약 성경에 나오는 방언의 전조를 굳이 말한다면, 그것은 유대교의 예언의 영이다. 예언의 영은 유대교에서 예언보다 더 넓은 영역에 걸쳐 있는 성령의 역사를 통칭하는 말이다. 여기에는 은사적 계시와 지도, 은사적 지혜, 은사적 감동적 설교와 찬양과 감사 등이 포함되어 있다.[25] 누가도 오순절 날 임한 성령 충만의 결과로 나타난 방언과 하나님 찬양 현상을 말세에 임할 특별한 종류의 예언이라는 말로 설명하고 있다(행 2:14-21).

그런데 우리의 질문은 바울이 말한 것과 같은 하나님께 대한 기도, 찬양, 감사를 내용으로 하는 방언이 구약-유대교에서 있었는가 하는 것이다. 그 동안 구약에는 "더듬는 입술과 다른 방언"(사 28:9-13)

---

25 Turner, 『성령과 은사』, 35ff.

을 방언으로 보는 견해가 있었고, 『욥의 유언』에 나타나는 "천사의 방언"(56-51장)이 신약에서 말하는 방언의 기원이 아닌가 하는 주장도 있었다. 우선, 이사야서 29:9-13에 나오는 "더듬는 입술과 방언"은 신약에서 말하는 성령의 역사로 일어나는 그런 종류의 방언을 말하는 것이 아니라, 그야말로 외국어를 나타내는 말이다. 여기서는 하나님이 불순종하는 유대인들에게 말하는 앗시리아 말이다. 또한, 『욥의 유언』에 나오는 "천상의 말"도 모국어와 다른 어떤 말을 지칭하는 것이 아니라 여기에 등장하는 욥의 딸들이 하는 말의 아름다움을 그렇게 표현한 것이다.

한 마디로 말해, 신약 성경 이전에 나오는 여러 영적 현상들에서 방언과 똑같은 것은 없었다고 할 수 있다. 하지만, 구약과 유대교에서 예언의 영이 주로 예언자들을 비롯한 특정 사람들에게 임하는 것을 볼 수 있다. 그렇게 때문에 신약에서 모든 하나님의 백성에게 임하는 "예언"이라는 것으로 방언은 이미 예언되었다(민 11:29; 욜 2:28; 행 2:17-18).[26] 여기에서 예언은 하나님이 성령을 통해 영감을 주어 신자들이 하게 되는 영감의 말이라는 넓은 의미에서의 예언이다. 그런데, 그것이 신약에서 말하는 방언과 같은 것이라는 것은 오순절 날에야 비로소 알려진 것이다.

방언의 기원에 관한 위와 같은 결론은 현대 타 종교에서 일어나는 방언과 유사한 현상들을 우리가 어떻게 이해해야 하는 가에 대한 답

---

26 웬함은 민수기 11:24-30에 기록된 알아들을 수 없는 황홀경의 말이 신약에서 말하는 방언이라고까지 본다. Gordon Wenham, *Numbers: An Introduction and Commentary* (Downers Grove: IVP, 1981), 109.

변도 간접적으로 준다.[27] 그 동안 아르헨티나의 전통적인 토바(Toba) 의식, 힌두교에 근원을 두고 있는 금빛(Golden Light)이라고 알려진 요가 전통, 혹은 몰몬교에서 말하는 방언 비슷한 현상 등을 신약 성경에 나타난 방언과 유사한 것으로 보는 학자들이 있었다.[28] 또 불교의 고승들에게서도 이와 비슷한 현상이 나타난다는 보도도 있다. 또 심리적으로 방언을 병리적인 현상으로 설명하는 주장들도 있었다. 또 방언은 학습된 것이라는 주장도 있다. 그래서 이런 것들로 볼 때 교회에서 일어나는 방언이 성령으로부터 온 것인지 알 수 없기 때문에 방언을 통해서 어떤 사람의 신앙을 가늠해 볼 수 없다고 하면서 방언을 받아들이는데 소극적일 것을 은근히 조장하는 경우도 있다.[29]

우선, 비록 언어적 현상으로는 이것들이 방언과 비슷할 수는 있어도, 이러한 것들은 성경이 말하는 방언은 아니다. 그것들의 출처가 성령이 아님은 물론이고, 이러한 현상들에 주로 황홀경이 동반되는데 반해, 성경이 보여주는 방언은 그러한 현상들과는 일정 거리가 있다. 또

---

27 지금까지 이에 대한 연구가 미비하다. 지금까지 20년 동안 이에 대한 국내 학자의 연구는 없었고 번역 논문만이 있을 뿐이다. 게르하르트 F. 하젤/지상훈 역, "현대 세계의 기독교 방언과 비기독교 방언: 종교적 현상과 언어학적 고찰," 「신학리뷰」 3 (1995), 274-299; Turner, 『성령과 은사』, "제 17장 오늘날의 방언 현상"을 보라.

28 E. g. L. C. May, "A Survey of Glossolalia and Related Phenomena in Non-Christian Religions," *American Anthropologist* 58(1956), 75-96; Neil Ferguson, "Separating Speaking in Tongues from Glossolalia Using a Sacramental View," *Concilium* 43(2011), 39-58.

29 E. g., Donald Macleod, 『성령세례와 개혁주의 성령론』 (서울: 여수룬, 1988), 66. "오늘날의 방언을, 이슬람교와 같은 이방 종교의 사회에서 발견할 수 있다면, 방언을 탁월한 영성의 증거라고 말하기는 어려울 것이다. 그와 똑같은 문제는 로마교회 신자들에게도 나타난다. 우리는 로마교의 많은 신자들이 독실하다는 사실을 부인하지는 않는다…. 마지막으로, 신약에서는 방언이 특별한 영성의 표시라는 암시를 찾아볼 수가 없다." So Robert G. Gromacki, 『현대 방언운동 연구』 (서울: 기독교문서선교회, 1983), 63-70.

그러한 종교에서는 경전 문서 자체에 방언과 같은 어떤 것들이 없다. 다만 종교인들에게 그러한 현상이 나타나는 것뿐인데 그러한 현상은 정신적, 사회적, 종교적 측면에서 설명 가능하다. 그래서 바울과 누가에 있어 방언 현상과 방언의 신학적 기능은 모두 독특한 것이라고 할 수 있다.

또, 타 종교에 방언과 비슷한 현상이 있다고 하여 교회에서 방언을 할 때 조심하라고 하는 것은 바울과 누가가 보여준 방언에 대한 태도와는 다르다. 바울과 누가는 헬라종교가 성행한 상황 속에 있으면서도 방언을 수용하고 체험하라고 권했지, 이방 종교에 그러한 것이 있기 때문에 조심해야 한다고 말하지는 않았다. 또 처음에는 방언을 심리학 분야에서 연구하는 학자들이 방언을 병리적으로 설명하는 경향성이 많았으나 현재는 오히려 방언이 심리 치유에 공헌한다는 견해도 많다는 면에서 방언이 꼭 병리현상에서 일어나는 일이라고 설명할 수는 없다.[30] 나아가 현재 교회에서 행해지는 방언이 모두 학습된 것이라는 주장은 방언에 대한 인본주의적 설명일 뿐이다.

* * *

이상을 통해, 우리는 신약 성경 저자들이 말하는 방언에 대해서 살펴보았다. 신약 성경에서 방언을 소개한 이는 바울과 누가인데, 두 저자 모두 방언을 성령이 신자에게 주는 선물로 보았다는데 핵심적인 공

---

30 William K. Kay, "The Mind, Behaviour and Glossolalia: A Psychological Perspective," Mark J. Cartledge(ed.), *Speaking in Tongues: Multi-Disciplinary Perspective* (Milton, England: Paternoster, 2006), 174-205; Turner, 『성령과 은사』, 535-536.

통점이 있다. 바울은 이것을 보다 개인 경건에서의 기도와 찬양과 감사로 보며 또 공동체 예배 시 통역되어 공동체의 유익을 위한 것으로 기술했다. 누가는 방언을 말세에 신분과 상관없이 모든 하나님의 백성이 성령 충만하여 체험하게 될 하나님의 영감 받은 언어로 보았다. 그래서 바울은 개인적으로 방언의 은사를 개인 기도할 때 적극적으로 사용할 것을 권하고 있고, 누가는 성령이 체험되는 곳에 방언이 나타나고 있음을 사도행전에서 보여주고 있다. 바울과 누가 공히 이 은사를 폄하한 적이 없으며, 교회 시대 전에 이것이 그칠 것이라는 기술이나 암시도 전혀 하지 않았다. 다만, 바울은 방언이 통역 없이 사용되거나 무질서하게 사용되는 것을 경계했을 뿐이다. 또 아마도 방언과 같은 한 은사가 다른 어떤 은사보다 중요하다고 생각하는 고린도 교인들의 생각을 교정하려 했던 것 같다. 바울은 성령의 다른 은사들과 같이 방언도 성령이 주시는 은사의 하나로 중요하게 생각했음은 분명하다.

제 2 장

방언에는 신학이 있다

Glossolalia as a Gift of the Spirit

오순절 운동의 태동으로 오순절 교회에서 방언을 하기 시작한 것이 한 세기가 넘었고, 이것이 다른 교파로 널리 퍼진 은사갱신 운동이 일어난 지도 반세기가 넘었다. 가톨릭 교회에서도 성령은사쇄신 운동이 일어났다. 방언이 전 세계 교회로 널리 퍼지고 교회에서 점차 수용되게 된 것이다. 하지만 아직도 방언에 대해서 꺼림칙하게 생각하는 사람들이 적지 않다. 그 이유 중 하나는 계몽주의의 세례를 받은 현대인들에게 어떤 사람이 알아듣지 못하는 말을 한다는 것은 이성으로 쉽게 납득이 안 된다는 점일 것이다. 또 다른 이유 중 하나는 방언은 그저 고린도 교회에서 오용되었던 성령의 은사일 뿐 신학적으로 그렇게 중요하게 다룰 사항이 아니라는 생각 때문일 것이다.

이러한 상황에서 서구 학자들은 미국을 비롯한 전 세계에서 일어난 방언 현상에 자극 받아 방언의 신학적 의미에 대한 학문적 연구를 해왔다. 그리고 이러한 작업을 통해서 상당한 정도의 연구 성과가 발표되었다. 본 장의 일차적 목적은 구미 학자들이 방언의 의미에 대해서 우리보다 먼저 고민해 왔던 결과들을 소개하는 데 있다. 이러한 과업을 통해 우리는 지금 여기에서 방언의 신학적 의미를 되새겨 볼 수 있을 것이다. 나아가 이러한 이론을 바탕으로 우리 나름대로의 방언 신학을 확립할 수 있을 것이다.

우리 학계에서는 아직도 방언의 신학적 의미에 대해서 진전된 논의가 이루어지지 않고 있다. 그 동안 우리의 논의는 방언이 지금도 계속되느냐 중지되었느냐 하는 논의에서 더 이상 전진하지 못하고 있다. 물론 일부 예외는 있다. 그래서 서구 학자들이 먼저 고민했던 것들을 정리해 보면서 우리의 논의가 어떤 방향으로 나가야 할 지를 함께 숙고해 보고자 한다. 나는 방언에 대한 우리의 신학적 논의는 우리 문화 속에서 방언의 의미를 추구하는 것까지도 포함할 것을 제안한다. 예를 들어 "방언과 한의 치유"와 같은 주제들도 연구해 볼 수 있을 것이다.

아울러 서구에서는 방언을 일반 학문에서도 많이 연구해 왔다는 점도 알 필요가 있다. 방언에 대한 초기 연구는 사실 신학 분야 연구보다 일반 학문에서의 연구가 더 성행했었다. 이러한 연구가 신학적 연구를 대체하는 것은 아니지만 최소한 보완해 주는 역할을 해 주었다고 할 수 있다. 그래서 여기에서도 그 동안 이루어져 왔던 연구를 각 분야별로 간단히 소개할 것이다.[1] 국내 연구자에 의해서 수행된 연구도 추가적으로 소개할 것이다. 부정적인 평가를 포함해서 각 주장에 대한 보다 심도 있는 분석은 별도의 학술 논문에서 다룰 수 있을 것이다.

복음과 상황 214호(2008년 8월호)에 필자가 쓴 『방언은 고귀한 하늘의 언어』(이레서원, 2008)에 대한 토론이 특집으로 다루어진 적이 있다. 기독교 계통 출판사에서 편집 일을 하는 네 명의 기자가 필자가 다룬 방언에 대해서 여러 가지 토론을 했다. 방언을 체험한 두 기자는 필

---

1 여기에서는 각 분야를 객관적으로 조망하기보다는, 방언을 긍정적으로 보는 입장을 주로 소개할 것이다.

자의 견해를 보다 긍정적으로 보았고, 그렇지 않은 사람들은 보다 부정적으로 보았다. 그런데 그 때 제기된 문제 중의 하나가, 지금이 어느 때인데 방언을 가지고 이렇게 야단법석을 떠느냐는 것이었다. 비록 성경에 방언이 중요하게 다루어져 있다고 하더라도, 그것은 고린도 교회의 상황에 따른 문제일 뿐 현재 한국 교회는 더 중요하고 더 시급하게 다루어야 할 문제가 많다는 것이다. 나는 위와 같은 기자들의 견해에 한편 공감하지만 다른 한편으로는 이들이 신약 성경이 말하는 방언의 신학적 의미를 제대로 파악하지 못해 이러한 말을 한 것이라고 본다. 한국 교계에서 방언보다 더 시급히 다루어져야 할 주제가 많다는 것에 나는 동의한다. 하지만 방언이 신학적으로 매우 지엽적인 문제라고 생각하는 것에는 나는 동의하지 않는다. 본 장에서 방언이 신학적 의미가 매우 풍부하다는 것을 보여줄 것이다. 우리가 그 동안 이것에 무관심하여 방언의 신학적 의미를 충분히 밝혀내지 못했을 뿐이다.

방언의 신학적 의미

종말론적 삶에서 신자의 연약함 때문에 필요한 것(Gordon D. Fee)

고든 피는 미국 하나님의 성회 소속 목사이면서 동시에 저명한 신약 학자로 성령론에 관해서 신약학적으로 많은 연구를 해 왔다. 특히 우리말로 최근에 번역되기도 한 그의 바울의 성령론에 관한 저술은 학계에서 이에 관한 표준 연구서로 자리매김하게 되었다.[2] 그는 자신

---

[2] Gordon D. Fee, 『하나님의 능력 주시는 임재』 (서울: 새물결플러스, 2013).

이 오순절 교회 소속 신학자라고 해서 오순절 교회의 교리를 자명한 것으로 받아들이고 거기서부터 논의를 시작하지 않는다. 그는 신약신학자로서 성경을 읽되 특정 교파의 시각에 의존하여 읽는 것을 경계한다.

고든 피는 '바울의 방언신학'이라는 논문에서 방언을 바울 신학의 배경인 종말론과 연결시켜 설명한다. 바울은 성령의 역할을 철저하게 종말론적 구조 속에서 이해했다는 것이다. 지상에서 성령의 역사가 시작되었다는 것은 말세라는 구약의 약속이 성취되었다는 것을 말해주고 있으며, 동시에 아직 종말이 완성되지 않았다는 것을 보여주고 있는 것이다. 성령은 아직 완성되지 않은 종말의 능력을 여기에서 체험하여 종말을 보증하는 역할이 있다는 것을 말해주고 있다는 것이다.

이 때 신자들이 처하게 된 상황은 자신들의 무능력이다. 하나님의 자녀가 되었지만 신자는 하나님의 자녀로서 올바르게 살아낼 능력이 부족한 것이다. 이것 때문에 성령의 도움이 필요한 것이다. 방언은 바로 이런 연약함을 이겨낼 힘의 원천으로 주어졌다는 것이다(롬 8:17-27; 고후 12:9; 골 1:9-11).[3] 이것은 바울이 고린도후서 1:22과 5:5에서 말한 이른바 성령의 보증의 일종이라고 할 수 있다. 여기서 보증이라는 단어는 상업 용어로 선금, 보증금이라는 뜻으로 쓰이는 것인데, 성령이 보증(금)이라는 것은 하나님이 성령 체험을 통해 이 땅에서 하늘의 것을 체험하게 한다는 것이다. 물론 신자는 아직 하늘에 올라간 것

---

3   Gordon D. Fee, "Toward a Pauline Theology of Glossolalia," Wonsuk Ma and Robert P. Menzies(eds.), *Pentecostalism in Context: Essays in Honor of William W. Menzies* (Sheffield: Sheffield Academic Press, 1997), 24-37; idem,『성령이 들려주시는 하나님의 말씀』(서울: 좋은 씨앗, 2002), 123-140.

은 아니다. 하지만 이러한 체험은 미래에 실현될 하나님 나라에 대한 소망으로 작용하며 신자들에게 이 중간 시대에 사는데 꼭 필요한 것이다. 방언은 바로 이러한 선금의 일종이라는 것이다.

성령은 신자의 연약함을 돕는데, 특히 기도의 영역에서 돕는다. 방언은 올바로 기도해야 하지만 올바로 기도할 내용조차도 정확히 알 수 없는 종말의 때를 사는 신자의 연약함 때문에 필요한 것이다(롬 8:26). 하나님 앞에서 신자 자신의 무능력을 실감하고 고백할 때 성령의 직접적인 도움으로 기도하는 것이 방언이다. 이 세상의 어려운 삶 가운데 탄식하는 사람 속에서 성령이 같이 탄식으로 기도하는 것이 방언으로 표출될 수 있는 것이다(롬 8:26).

이렇게 방언을 종말의 때를 사는 신자의 연약함 속에서 강함(고후 12:9)이라는 바울 신학의 주제와 연관하여 이해하면 방언에 대한 이해에 있어 어떤 강점이 있는가? 그 동안 우리는 방언을 주로 영적 능력과 연관하여 이해해 왔다. 방언을 한다는 것은 영적으로 능력을 받은 것이며, 방언을 받은 것은 곧 이 능력을 행사하기 위함이라고 생각한 것이다. 이러한 이해에 대해서 방언을 체험하지 못한 사람들은 방언하는 사람들을 향해 영적 엘리트주의자들이라고 공격하는 경우가 많았다. 하지만 위와 같이 방언을 약함 속의 강함이라는 주제와 연관하여 이해하면 방언을 하는 사람도 방언하는 것 자체로 영적 엘리트 의식을 가질 필요가 없고, 방언을 못하는 사람도 이러한 방언에 마음이 보다 쉽게 끌리게 될 것이다.

성령이 신자의 탄식에 공감하는 것을 체험하는 것 (John Bertone)

존 버튼은 로마서 8장 26절을 통해 방언의 신학적 의미를 밝히는 논문을 발표했다. 그런데 다른 학자들이 로마서 8장 26절 나오는 "말할 수 없는 탄식"이라는 어구 중 "말할 수 없는"이라는 형용사에 집중해서 관심을 보인 반면, 버튼은 "탄식"이라는 명사에 집중한다. 바로 성령은 피조물과 신자들의 탄식에 공감하는 분이라는 것이다.[4] 그렇게 신자를 위로함으로 성령은 신자를 돕는다는 것이다. 성령은 신자가 겪는 트라우마에서 빗겨나 있는 분이 아니라 그것에 동참하고 공감하는 분이라는 것이다.

여기서 바울은 신자가 당한 트라우마에 대한 중요한 치료책으로 기도를 들고 있다. 기도는 하나님의 임재 가운데 하나님과 대화하는 것이기 때문에 거기에는 위로와 치료가 있다. 특히 바울은 성령의 도움을 받는 기도가 트라우마에 직접적인 치료의 기능이 있음을 로마서 8장 26절에서 말하고 있다. "이와 같이 성령도 우리의 연약함을 도우시나니 우리는 마땅히 기도할 바를 알지 못하나 오직 성령이 말할 수 없는 탄식으로 우리를 위하여 친히 간구하시느니라."

문맥을 보면 여기에 탄식하는 세 주체가 있다. 첫째, 말세를 당해서 피조물이 탄식한다는 것이다(롬 8:22). 둘째, 신자들도 주님의 재림을 고대하면서 탄식하게 된다는 것이다(롬 8:23). 그러면 종말을 사는 신자가 이렇게 힘들게 탄식하면 예수 재림 후 그 탄식에 대해서 보상받는 것인가? 바울은 마지막으로 성령의 탄식을 언급하면서 성령이 바

---

[4] John Bertone, "The Experience of Glossolalia and the Spirit's Empathy: Romans 8:26 Revisited," *Pneuma* 25(2003), 54-65.

로 이러한 신자들의 탄식에 동참하여 같이 탄식해 준다고 말한다(롬 8:26). 현재 탄식을 하는 사람에게 가장 중요한 것은 어떤 위로의 말보다도 그 사람의 탄식에 공감하면서 같이 탄식해 주는 것이다. 사람의 공감도 이렇게 힘이 되는데 성령이 종말이 오기 전에 이 땅에서 신자들의 탄식에 공감해 주면서 신자들이 그 탄식을 이겨내도록 돕는다는 것은 놀라운 힘이 된다.

그런데 여기서 신자가 탄식하면서 기도할 줄을 모르는 상황에서 성령이 탄식의 기도로 신자를 돕는다는 말이 나온다. 문자적으로만 보면 이것은 성령이 신자를 위해서 기도한다는 것이다. 하지만 이것은 신자가 기도하지 못하는 것을 기도할 수 있도록 돕는 것이기 때문에 이것은 신자의 영 안에서 이루어지는 것이며 그것이 표출되는 것이 방언 기도와 같은 것이라고 할 수 있다.

바울은 에베소서 6장 18절에서도 성령 안에서 기도하라고 한다. 고린도전서 14장 2절에서도 바울은 "영으로 비밀을 말하는" 방언 기도를 말하고 있다. 학자들 간에 로마서 8장 26절에 나오는 성령의 말할 수 없는 탄식의 기도가 방언 기도인지 아닌지 논란이 있기는 하지만 나는 이것이 신자의 방언 기도를 나타낸다고 본다. 그렇다면 여기서 방언 기도의 중요한 기능은 무엇인가? 한 마디로 성령의 공감이다. 성령이 신자들의 아픔에 동참함으로 신자들은 그것을 공감하게 되는 것이다. 그렇다면 그것을 신자는 어떻게 느끼는가? 바로 성령 안에서 기도할 때, 즉 방언으로 기도할 때 그러한 느낌을 받는다는 것이다. 자신이 알아듣지도 못하는 방언을 왜 하는가 하는 사람들이 많은데, 바울에 따르면 비록 그 내용은 알아듣지 못해도 방언 하는 사람은 성령이 자신의 아픔에 공감해 주는 것을 느끼게 된다는 것이다. 그것을 통해 트라우마가 치료되는 것을 경험하게 되는 것이다.

위와 같은 주장은 현대 심리학에서도 어느 정도 지지를 받는다. 영국 성공회 목회자들을 대상으로 한 연구 조사에 따르면 방언을 하지 못하는 목회자들보다 방언을 하는 목회자들에게서 신경성 수치가 훨씬 더 낮게 나타났다고 한다. 방언에는 긴장을 이완시키는 기능이 있다는 것이다.[5] 필자도 방언을 하면서 그런 경험을 자주 한다. 방언을 하면서 기도의 내용은 정확히 알지 못하지만 성령이 필자의 탄식에 공감해 준다는 느낌을 많이 받는다. 그래서 방언을 하면서 울기도 하고 감사가 넘쳐나기도 하고 기쁨이 솟아나기도 한다. 물론 방언 기도에만 이러한 기능이 있다고 말하는 것은 아니다. 성령의 인도를 받는 일반 기도에도 이런 기능이 있음은 물론이다. 하지만 방언 기도를 하는 사람은 보다 자주, 보다 쉽게 성령이 인도하는 기도의 상태에 들어간다. 그래서 삶에서 만나는 여러 가지 슬픔과 탄식을 성령의 공감을 체험함으로 이것을 이길 힘을 일상적으로 얻게 되는 것이다.

하나님의 형상을 신자 안에서 회복하게 하는 중요한 도구
(Blaine Charette)

2005년도에 L. A. 풀러 신학교에서 있은 오순절 신학회 연례 모임에 참석했을 때 방언의 신학적 의미를 새롭게 조명해준 학회장 연설을 들을 수 있었다. 그 연설가는 블래인 샤렛이라는 학자였는데, 그의

---

5   Leslie J. Francis and Mandy Robbins, "Personality and Glossolalia: A Study among Male Evangelical Clergy," *Pastoral Psychology* 51 (2003), 391-396.

주장은 방언이 바울 신학에서 중요한 하나님 형상을 신자 안에서 이루어가게 하는 중요한 요소 중 하나라는 것이다.

다음은 그것을 요약적으로 소개하는 것이다.[6] 우리는 그 동안 방언을 주로 성령의 은사론의 소 항목으로 다루어왔다. 이럴 때 흔히 갖는 태도는 방언은 은사 중 하나이기 때문에 하나님이 주면 받고, 그렇지 않으면 받지 않아도 된다는 것이다. 그래서 어떤 사람의 방언 체험 유무는 그 사람의 영성과는 무관하다는 것이다. 방언은 신자의 신앙생활에 미치는 영향은 별로 없고, 교회 안에서 봉사를 위한 하나의 능력이라는 것이다. 하지만 이러한 생각은 교정을 요한다. 방언이 통역을 통해 듣는 이에게 깨달음을 준다는 의미에서 방언은 고린도전서 12:8-10에 나오는 다른 은사들처럼 공동체의 유익을 위한 하나의 은사임에 분명하지만 바울은 고린도전서 14:4에서 방언에 대해서는 그 이상을 말한다. 바로 방언은 개인 신앙성장을 촉진하는 중요한 요소라는 것이다.

바울에게 있어 개인 신앙성장을 위한 중요한 개념 중 하나는 신자가 하나님의 형상을 그리스도 안에서 본받는 것이다(고후 4:4; 골 1:15). 그리고 그렇게 본받는 것을 바울은 집을 세우는 것에 비유한다(고전 3:9; 고후 5:1). 바울은 방언이 바로 이러한 역할을 한다고 말한다(고전 14:4). 방언만이 그 역할을 하는 것은 아니지만, 최소한도로 말해 방언이 그러한 역할을 하는 것 중의 하나라고 할 수 있다. 그렇다면 방언은 그냥 헛소리를 하는 것이 아닌 것이다. 방언은 하는 사람 속에서 그 사람을 변화시켜 하나님의 형상을 닮게 한다는 것이다. 그 하나님의 형상

---

6 Blaine Charette, "Reflective Speech: The Image of God," *Pneuma* 28(2006), 189-201.

은 종말에 완성될 것인데, 방언은 종말을 사는 신자에게 그러한 형상이 이루어지도록 하는 중요한 요소인 것이다.

뿐만 아니라 바울은 방언을 말하는 자는 '신비'(헬라어로 μυστήριον')를 말한다고 한다. 바울은 이 단어를 이전 시대에는 감추어졌던 구원의 진리를 인간에게 드러낼 때 사용한다(롬 16:25; 엡 3:9; 골 1:26). 그렇다면 방언을 하는 것은 그 '신비'(고전 14:2)가 성령으로부터 주어져(고전 12:11), 하나님께(고전 14:2) 말하는 것이다. 방언하는 자는 성령에 인도되어 하나님의 창조 세계에서 하나님의 목적이 성취될 것에 대해서 말하는 것이다. 방언하는 자는 삼위일체 하나님이 주신 것을 바로 하나님께 되받아 말하며 영적인 대화를 하는 것이다. 그렇게 영적인 대화 가운데 하나님의 형상이 방언을 통해 기도하는 자에게 새겨지게 되는 것이다.

방언이 이렇게 구원의 진리를 이해하는데 도움이 되며, 하나님의 형상을 이루어가는 신앙성숙에 이바지 하는 것이라면, 지금 우리가 매일 방언을 할 충분한 이유가 있는 것이다. 방언은 아무 의미 없는 헛소리를 하는 것이 아니다. 방언은 하나님과 기도로 교제하는 가운데 하나님의 말씀을 보다 잘 이해하고, 하나님의 형상을 닮아가게 하는 중요한 도구인 것이다. 방언은 성령의 은사 중에서 유일하게 방언하는 자 자신에게 유익을 주는 은사이다. 그래서 바울은 공적인 영역이 아니라 개인 기도의 영역에서 이 은사를 적극적으로 활용할 것을 권고하고 있는 것이다.

성경 사건의 현재화 체험(R. P. Menzies)

멘지스는 오순절 교회 출신의 신약 학자로 고전적 오순절주의가 믿었던 내용들을 현대 신약학을 통해 재설파하는 고전절 오순절주의의 파수꾼이라고 할 수 있다. 그는 특히 누가신학을 통해서 오순절 신학의 성경적, 신학적 기초가 이루어질 수 있다고 믿고 이에 관해서 지금까지 많은 연구를 해오고 있다.

멘지스는 현대 크리스천의 방언 체험은 사도행전의 세계와 오늘의 교회의 삶을 연결시켜주는 역할을 한다고 한다. 여러 학자들은 예수의 요단 강 성령 체험과, 사도들의 오순절 성령 체험과 현대 신자들의 성령 체험을 구별해야 한다는 주장을 해 왔다. 하지만 누가의 의도는 누가복음과 사도행전 본문을 읽을 때, 예수를 모델로 해서 사도들을 비롯한 제자들이 크리스천의 삶을 살아냈고, 독자들에게 그들은 예수와 바울을 따라 살아야 한다는 것이었다. 사도행전의 베드로는 이방인들이 성령받는 것을 이런 패턴으로 기록하고 있다. "…이 사람들이 우리와 같이 성령을 받았으니…"(행 10:47) 그리고 그 증거를 이들이 "방언을 말하며 하나님 높임"(행 10:46)에서 찾는다.

사도행전에서 누가는 오순절 사건을 베드로의 입을 통해서 요엘의 예언(2:28-32)의 성취로 보면서, 그것은 하나님의 백성이 "예언"을 하는 것이라고 말한다. 사실 오순절에는 방언을 발했다고 기록했는데(행 2:4), 누가는 이것을 하나님의 백성에게 예언을 말했다고 해석한다(행 2:1-19). 그렇다면 누가가 이해한 방언은 일종의 예언인 것이다. 이것은 특별한 종류의 예언이다. 이것은 성령이 임해서 하나님의 백성에게 언사가 터져 나오는 것이다. 누가는 이것을 통해서 말세에 하나님의 모든 백성이 이러한 언사를 하게 될 것이라는 모세의 소망이 실현된 것이라고 본 것이다(민 11:29).

그렇다면, 이렇게 사도행전의 기사가 오늘에도 그대로 일어난다는 것을 오늘의 신자들은 어떻게 확인할 수 있는가? 멘지스는 신자들은 방언 체험을 통해 사도행전의 세계와 오늘의 세계를 간격 없이 쉽게 연결한다고 본다. 자유주의적 성향의 신학자들은 성경의 기적이 신화적 세계관에 의해서 기록된 것이라고 하여 이것이 현재 없다고 주장하고, 세대주의적 신학자들은 기적은 사도성의 표시라고 하여 역시 오늘날에는 기적이 없다고 주장하여 복음서와 사도행전의 세계를 오늘의 세계와 연결하지 못하는 반면, 방언을 체험한 사람들은 사도행전에 나타난 여타 기적들도 쉽게 인정하고 사도행전의 세계와 오늘의 교회의 삶을 쉽게 연결한다는 것이다.[7]

또 방언 체험은 남녀노소, 민족에 상관없이 모든 하나님의 백성이 공통으로 체험하게 됨으로 인간들 사이에 있는 주요 장벽을 허무는 것이다. 사도행전에서는 오순절에 방언을 체험한 사람들의 출신 지역을 로마 지배 지역을 광범위하게 포함한 것으로 말하며(행 2:7-13), 이어서 베드로는 그것이 요엘서에 인용된 말세에 일어날 남녀노소와 신분에 상관없이 받을 수 있는 예언이라고 해석해 준다(행 2:17-18). 누가는 이어서 이러한 방언이 예루살렘에서 시작하여 사마리아와 이방인 지역인 에베소에 이르기까지 퍼지는 것을 사도행전을 통해서 보여주고 있다.

---

[7] Menzies, *Why I am a Pentecostal* (Springfield, MO: GPH, 2013), chapter 3: The Role of Tongues in Luke-Acts.

그 동안 방언은 은사중지론자들의 반대를 받았을 뿐만 아니라 개혁 마인드를 가진 복음주의자들에게도 반대 혹은 비웃음거리가 되기 일쑤였다. 기독연구원 느헤미아에서 팟캐스트에 방송되었던 것을 펴낸 『랄랄라 방언 받으셨어요?』가 이러한 점을 잘 보여주고 있다.[8] 여기서 발언자들의 방언에 대한 입장은 다 다르다. 방언을 체험한 사람들은 방언을 보다 긍정적으로 보는 경향성이 있고, 방언을 체험하지 못한 사람들은 방언을 보다 부정적으로 평가하는 경향성이 있다. 그런데 이들이 방언을 아직도 께름칙하게 여기는 것은 방언을 하면 그 사람은 흔히 내면적 신앙에 갇히고 사회적, 참여적 신앙인이 되지 못한다는 것이다. 하지만 이것은 방언이 그렇게 만들었다기보다는 한국의 보수적, 전통적 신앙이 그렇게 만든 것이라고 할 수 있다. 왜냐하면 누가에 의하면 방언 자체가 이미 남녀노소와 신분을 깨는 혁명적 요소를 포함하고 있기 때문이다. 신자 모두가 방언을 함으로써 기존의 사회적 신분과 위계적 질서가 무너지는 것이다. 방언은 전통적 인간중심적 질서를 깨뜨려 새로운 질서를 창조하는 힘이 있는 것이다.

바벨탑 사건의 성취(F. Macchia)

프랭크 마키아는 오순절계 조직신학자로 오랫동안 오순절 신학 학회지인 뉴마(Pneuma)의 편집장을 지냈고, 신학적 측면에서 오순절 신학의 기초를 놓은 논문을 계속해서 발표하고 있는 저명한 학자다. 한 논문에서 마키아는 사도행전 2장의 오순절 사건에 나타난 방언 체

---

8 기독교연구원 느헤미아(편), 『랄랄라, 방언 받으셨어요?』 (서울: 홍성사, 2014).

험을 해석한다.⁹ 그는 단도직입적으로 묻는다. 이것은 바벨탑 사건의 전복인가? 아니면 바벨탑 사건의 성취인가? 이것에 대한 전형적인 해석은 이것을 바벨탑을 뒤집는 사건이라는 것이다. 두 사건에는 대조가 있다는 것이다. 언어의 혼란 vs. 회복, 인간중심적 사건 vs. 신중심적 사건 등등이다. 그래서 오순절 사건은 바벨탑 사건의 전복을 의미한다는 것이다.¹⁰ 마키아는 이러한 전통적 해석에 약점이 있다고 본다. 창세기 11장에 나오는 바벨탑 사건을 자세히 들여다보면 이것이 꼭 바벨 사람들에 대한 저주만 의미하는 것은 아니라는 것이다. 비록 그들의 잘못을 통해 하나님의 심판이 이루어졌지만, 이것은 본래 하나님이 계획하신 온 세계에 사람들이 퍼져 나가는 사건(창 1:28; 10:18)이기도 하다는 것이다. 창세기 11:4에 말한 것처럼 사람들이 흩어지지 않으려 하는 것은 하나님의 창조 원리에서 벗어난 것인데, 언어의 혼란을 통해 사람들이 흩어짐(창 11장)은 하나님의 은혜라는 것이다.

마키아는 오순절 사건은 바벨탑 사건의 전복이면서도 동시에 성취라고 주장한다. 오순절이 바벨탑 사건의 전복으로만 보는 것은 이 사건의 한 측면만을 본 것이라는 것이다. 사도행전을 보면 누가의 생각 속에는 사람들이 세상에 흩어지는 것이 있었다. 사도행전 17:24-27에는 사람들이 세상에 흩어진 것을 묘사하는데, 이것은 부정적, 긍정적으로 모두 창세기 11장이 성취된 것으로 보는 것이다. 사람들이 흩어져서 결국 하나님을 만나게 되었다는 것이다. 마키아의 말을 그대로

---

9   F. Macchia, "Babel and the Tongues of Pentecost: Reversal or Fulfillment?," Mark J. Cartledge(ed.) *Speaking in Tongues: Multi-Disciplinary Perspectives* (Milton, England: Paternoster, 2006), 34-51.

10 조상열, "성령의 강림과 방언의 제의적 목적," 「신약논단」 20(2013), 959-984.

들으면, "사도행전 17장의 빛에서 본 사도행전 2장은 하나님이 세상의 언어와 사람들을 흩음으로써 억압적이고 완전히 통제된 일치를 파괴했다는 것을 의미한다. 그 결과 그들은 어떤 종류의 우상숭배적 환상을 포기하고 다양성 안에서 보다 높고, 보다 다양한 일치의 한 가운데서 생명의 창조자이시며 유지자이신 하나님을 발견하고 하나님께 영광을 돌리게 되는 것이다."[11] 그래서 "오순절은 바벨탑 사건에서 발생한 위협을 전복시키는 것이지 그 약속을 전복시키는 것은 아니다."[12] "하나님이 바벨의 언어와 사람들을 흩으신 목적은 그들을 오순절로 이끌기 위함이고, 또 오순절을 통해서 예수의 해방하는 이야기로 이끌기 위함이다."[13]

오순절 방언 사건에 대한 마키아의 이해는 기존의 방언 이해를 교정해 주면서 동시에 우리의 방언 이해를 보다 풍성하게 해 준다. 인간의 한 언어로 세상을 통일하여 독재자에 의해 통일되게 하는 대신 하나님은 모든 언어를 쓰는 사람들이 방언을 함으로써 자신의 독자성을 잃지 않으면서도 하나 되게 하셨다는 것이다. 방언은 곧 유대인과 이방인이 하나가 되게 하는 사건이며, 남녀노소가 하나 되는 사건이고 모든 차별과 억압을 철폐하는 사건이 되는 것이다.

하나님 임재 체험(F. Macchia)

지금까지 우리는 위에서 학자들이 바울의 방언 신학 혹은 누가의

---

11 Macchia, "Babel and the Tongues of Pentecost," 45.

12 Macchia, "Babel and the Tongues of Pentecost," 45.

13 Macchia, "Babel and the Tongues of Pentecost," 46.

방언 신학에 대해서 말하는 것을 들었다. 이제는 이것을 종합하여 전체적으로 볼 때 방언은 어떤 의미인가를 신학적으로 추구한 연구들이 있다. 마키아는 방언을 신학적으로 고찰한 논문 중에서 영원한 고전인 "말할 수 없는 탄식: 방언 신학을 위한 일고"라는 글을 발표한다. 그는 여기서 그 동안 방언을 신학적으로 숙고한 논문이 부족했음을 역설하면서, 방언의 신학적 의미를 다음과 같이 다섯 가지로 제시한다. 첫째, 바울은 종말을 사는 신자가 지금 여기에서 신현(神顯)을 맛보는 것이다. 오순절 방언 체험은 "재림 때 나타날 하나님의 최후의 현현을 미리 맛보는 것이요 그 막을 여는 것이다."[14] 둘째, 방언은 하나님의 현존 하에서 언어의 황홀을 맛보는 것이다. 셋째, 방언은 공동체에서 공동으로 체험함으로써 공동체의 교제를 이끌어낸다. 넷째, 방언은 단순한 개인의 체험만이 아니라 그리스도의 십자가 사건에 기초하고 있다. 다섯째, 방언은 만물을 새롭게 하시는 하나님의 새 창조를 보여준다.[15]

이 글을 읽으면 방언에 이렇게 깊은 뜻이 있구나 하는 생각이 절로 든다. 그리고 왜 우리는 지금까지 방언의 신학적 의미에 대해서 이렇게 무지하고 무관심했을까 하는 생각도 든다. 방언 반대자들은 오랫동안 방언을 일종의 정신적, 심리적 이상자들이 하는 것으로 여겼다. 반면, 방언을 하는 사람들도 그 유용성은 알았지만 이렇게 일목요연하게 방언의 신학적 의미를 잘 설명해 내지는 못했다. 그런데 그 자신이 오

---

14 F. Macchia, "말로 표현할 수 없는 깊은 탄식: 방언 신학을 위한 일고," 『신약이 말하는 방언』, 219.

15 이 논문을 낸 후, 마키아는 방언이 일종의 성례전처럼 하나님의 구원의 의미를 날마다 체험하는 것이라고도 한다. F. Macchia, "Groans too Deep for Words: Towards a Theology of Tongues as Initial Evidence," *AJPS* vol. 1 no. 2(1998), 149-173.

순절주의 신학자로서 마키아는 방언의 신학적 의미를 누구보다도 잘 이해하고 설명하고 있다.

청각적 성례전 체험(Neil Ferguson)

그 동안 방언 체험을 신학적으로 해석하는 것 중 하나로 방언이 일종의 성례전 체험이라는 것이 몇몇 학자들에 의해서 소개되었다.[16] 만약 성례전을 세례와 성만찬 같은 예식적인 것으로 한정하면 이러한 주장은 할 수 없을 것이다-특히 방언을 하는 오순절주의자들은 전통적인 성례전은 교회의 기구화를 조장할 위험이 있다고 보는 경우가 많다. 세례나 성만찬 예식에서보다 오히려 성령의 은사가 나타나는 것에서 이들은 하나님의 현존을 경험하고자 한다.

그런데 성만찬을 최근의 여러 신학자들이 정의하듯이 하나님을 지금 여기에서 체험할 수 있게 하는 어떤 것이라고 보다 넓게 정의한다면, 방언이야 말로 하나님의 현존 의식을 높여 주는 것으로(사마린), 방언은 "가난한 자의 성당"인 것이다(홀렌베거). 방언은 그것을 실행하면서 또 실행하는 것을 들으면서 하나님의 현존을 지금, 여기에서 맛보게 하는 것이다.

개혁주의 신학자인 헤르만 바빙크(H. Bavink)의 성례전 정의를 따라가 보아도 빙인은 이 성례선적 성의에 잘 맞아 떨어진다. 그의 정의에 따르면 성례전은 "하나님이 만드신 가시적이고 거룩한 표적이며 인침인데, 그 목적은 은혜의 언약에 대한 약속과 혜택을 신자들이 보

---

16 E. g., F. Macchia, "Tongues as a Sign: Towards a Sacramental Understanding of Pentecostal Experience," *Pneuma* 15(1993), 61-76.

다 분명하게 이해하고 이들이 그것을 재 확신하게 하는데 있으며, 신자들의 편에서 보면 하나님과 천사들과 인류 앞에서 그들의 믿음과 사랑을 고백하게 하는데 있다."[17]

퍼거슨(Neil Ferguson)은 위의 바빙크의 정의를 취하면, 방언은 성례전적 기능을 하고 있다고 주장한다.[18] 첫째, 성례전과 같이 방언도 하나님이 주신 것이다(행 2:17; 욜 2:28; 고전 12:6). 둘째, 성례전과 같이 방언도 가시적이고 거룩한 표적이다. 성례전이 신자와 비신자 모두에게 가시적인 것이듯이, 방언도 마찬가지다. 또 성례전이 하나님이 신자 공동체 안에서 일하시고 있다는 표식이듯이, 방언도 그렇다. 셋째, 성례전의 목적이 하나님의 약속을 보다 분명하게 이해하고 그것을 재 확신하게 하는 것이듯이, 방언을 비롯한 성령의 은사들은 공동체의 공동 이익을 위해 주어진 것으로(고전 12:7) 이것들의 현시를 통해 신자들은 하나님을 더 잘 예배하게 된다. 넷째, 성례전이 그렇듯이 방언도 방언하는 사람들의 신앙을 확신시켜 주는 역할을 한다. 성례전이 신자들과 예수의 연합을 의미하듯이, 방언은 공동체에서 이것을 실행하면서 신자들이 하나님이 세운 공동체의 일원임을 확인시켜주는 역할을 한다.

이렇게 방언이 성례전적 역할을 하는 측면이 있다는 것은 세례와 성만찬은 더 이상 필요 없다는 말은 절대 아니다. 우리는 이러한 성례전을 통해서 위에서 바빙크가 정의한 것을 맛보게 된다. 그런데 방언

17　Herman Bavink, *Reformed Dogmatics: Holy Spirit, Church, and New Creation*, vol. 4, John Bolt(ed.) (Grand Rapids, MI: Baker Academic, 2008), 473.

18　Neil Ferguson, "Separating Speaking in Tongues from Glossolalia Using a Sacramental View," *Concilium* 43(2011), 39-58.

도 그것을 실행하면서 위의 성례전과 같은 역할을 할 수 있다는 것이다. 방언을 개인적으로 또 공동체적으로 실행하면서 사람들은 하나님의 현존을 이곳에서 맛보고, 하나님의 약속을 더 신뢰하게 되며, 공동체적으로 방언을 할 때 자신들이 하나님의 백성임을 확인하게 된다.

누가는 방언을 하나님 백성이 말세에 하게 될 예언의 성취로 본다(행 2:17-18). 물론 여기서 예언은 바울이 말하는 예언의 은사라기보다는 보다 넓은 의미에서 하나님이 갑작스럽게 주시는 것을 말하는 것과 관계된 것이다. 그것에는 우리가 예언이라고 부르는 것도 있고, 방언도 있고, 찬양도 있고, 기도도 있을 수 있다. 이러한 방언을 하나님의 공동체 전체가 함으로써 그들은 하나님 백성으로서의 하나됨을 체험하고 그것을 확신하게 된다. 바울은 누가가 말한 예언을 보다 세분화해서 9가지 은사들로 제시한다(고전 12:8-10). 바울은 모든 신자가 이러한 것들을 체험함으로 서로 하나됨을 확인하게 된다고 말한다(고전 12:13). 밖으로 나타난 것은 방언, 예언, 지식의 말씀 등 다양하지만 이 모든 것은 한 성령의 역사이며, 그것을 체험한 사람들은 한 언약 백성임을 확인하게 된다.

우리가 지금 방언 은사의 성례전적 측면을 안다면 방언에 대한 우리의 이해가 보다 깊어질 것이다. 신자들이 정규적으로 모여서 통성으로 방언으로 기도하면서 한 하나님의 백성됨을 체험하게 되는 것이다. 그것은 우리가 성만찬을 통해서 주님의 한 몸의 지체임을 확인하듯이, 방언하는 모든 사람들이 한 지체임을 체험하게 된다. 공동으로 방언하는 것은 일종의 성례의 효과가 있는 것이다. 이 얼마나 놀라운 일인가!

방언 체험은 일종의 청각적 성례전 체험인 것이다.[19]

일종의 감성 민감 체험(Amos Yong)

아모스 용은 오순절계 조직신학자로 그 동안 오순절 신학을 새 시대에 맞게 재구성하는 노력을 많이 기울였다. 그가 관심을 가진 것은 사도행전 2장에 나오는 오순절 체험이 어떻게 신자들을 변화시켜 약자와 장애자들에게 관심을 기울이게 할 수 있는가 하는 것이다. 그는 여기서 사람들이 체험한 것은 방언 말하기(행 2:1-4)만이 아니라 그 방언을 사람들이 알아들은 체험(행 2:5-13)까지 포함한다는 것에 주목한다. 그래서 누가가 구성한 제자들의 오순절 체험은 강력한 방언 말하기뿐만 아니라 그것을 각자가 알아듣는 체험이라는 것이다. 그렇다면 방언은 선교를 위해서 능력을 받는 것만이 아니라(행 1:8), 하나님의 은혜에 대해서 보다 잘 반응해서 그것을 느끼는 것까지 포함한다는 것이다.

이러한 감각은 하나님에 대해서 뿐만 아니라 장애자와 약자에까지 이어진다는 것이 누가의 신학이라는 것이다. 누가복음과 사도행전에는 이렇게 만지는 감각을 중요하게 여긴다는 것이다(눅 8:44; 22:51; 5:13; 13:12-13; 7:14; 행 5:15-16; 19:2). 그래서 누가의 시각에 따르면 성령을 체험해서 방언을 하는 사람은 방언을 많이 하면서 더 많은 감각을 가지게 되어 사람과 세계에 대해서 보다 민감하게 반응하여 약

---

19 Randal Holm, "New Frontiers in Tongues Research: A Symposium," *JPT* 20(2011), 122-154. 이것은 본래 세 사람이 각각 쓴 논문 모음인데 저자가 쓴 부분은 "Tongues as a Blush in the Presence of God"(pp. 122-132)이다. 여기서 그는 방언 체험은 "청각적 성례전"(an acoustic sacrament)이라고 부른다.

자와 병자를 포함한 모든 사람들의 아픔을 더 쉽게 느끼고 이들을 더 포용하게 된다는 것이다.[20]

사실 이러한 주장은 매우 신선한 것이다. 그 동안 오순절 신학과 비오순절 신학 모두에서 방언은 주로 능력 언어, 선교 언어, 하나님과 교통하는 언어로만 여겨졌다. 이것을 체험하면 체험한 사람이 보다 강해져 영적 전사가 된다는 것이다. 하지만 우리가 아모스 용이 발견한 이러한 신학적 진리가 사실이라면, 방언을 하는 것은 하는 사람 자신의 영성에도 영향을 미쳐 보다 많은 사람들을 이해하고 포용하는 사람이 되게 하는 요소도 있다는 것이다. 그 동안 방언을 하는 사람과 반대하는 사람 모두 방언이 어떤 사람의 영성 형성과는 직접적으로 연관이 없다고 보았는데, 이 이론은 이러한 생각을 넘어서는 새로운 이해가 아닐 수 없다.

일반학문에서 보는 방언에 대한 다양한 시각

미국에서 오순절 운동이 일어나면서 신학뿐만 아니라 일반 학문에서도 방언에 대한 연구가 활발하게 이루어져 왔다. 초기 방언 연구는 신학분야 연구보다도 오히려 사회과학 분야의 연구가 더 활발했다고 볼 수 있다. 신학 분야 외 방언 연구는 물론 다 신앙에 유익한 것은 아니지만, 이러한 연구는 방언을 보다 폭넓게 이해하는데 도움을 줄 수 있다.

---

[20] Amos Yong, "Many Tongues, Many Senses: Pentecost, the Body Politic, and Redemption of Dis/Ability," *Pneuma* 31 (2009), 167-188.

여성주의에서 본 방언: 방언은 해방이다

방언을 반대하는 사람들이 방언에 대해서 흔히 제기하는 문제 중 하나는 방언은 소통보다는 불통을 조장하고, 신자들의 이성을 마비시키며, 탈 역사적 신앙으로 사람들을 이끌어간다는 것이다. 사회학적인 안목으로 방언을 해석하는 이들은 방언이 못 배우고, 못 살고, 소통이 안 되는 사람들이 하는 이상한 언어라고 자주 해석해 왔다.

그런데 이화여대 강사인 이숙진은 "방언과 간증"이라는 논문에서 방언이 여성을 가부장제로부터 해방시키는 역할을 한다고 주장한다. 그 동안 방언에 대한 부정적 해석은 주로 남성, 보수파에 의해서 주도되었는데, 여성주의의 시각에서 보면 방언에 대한 새로운 해석을 할 수 있다는 것이다. 여성에게 묵언이 강요되는 문화에서 여성이 방언을 함으로써 방언은 가부장제 문화에서 강요된 묵언의 상태에서 해방시키는 역할을 한다는 것이다.[21]

방언이 교회 공동체의 통합과 소통을 저해한다는 기존에 편만해 있는 해석에 대해서 이숙진은 여성주의적 입장에서 본 방언의 장점을 다음과 같이 기술한다. "…교권과 교회 위계를 수호하려는 입장에서 볼 때 방언은 사뭇 일탈적이다. 권위의 언어를 따르지 않고 통합을 저해하는 저항의 언어이기 때문이다. [하지만] '아버지 법' 안에서 습득된 언어 규칙을 무시하고, 통제 당한 언권을 행사하는 방언의 해체적 언술행위는 새로운 세상을 열어주기도 한다."[22]

기존 교회에서 말하는 자와 말을 듣는 자의 위치가 정해진 상황에

---

21 이숙진, "방언과 간증: 성령운동의 젠더 정치학," 「종교문화비평」 10(2006), 220-243.
22 이숙진, "방언과 간증: 성령운동의 젠더 정치학," 238.

서 방언은 남녀노소를 막론하고 누구나 함으로써 방언함은 누구나 하나님께 말할 권리가 있다는 것을 보여주는 것이다. 방언은 여성과 약자가 아무런 계급적 차별 없이 모두 예수의 제자라는 것을 체험하게 하는 것이다. 방언을 공동체에서 통성 기도 가운데 같이 실행함으로써 실행자는 신분과 성별에 상관없이 모두 공동체 일원이 됨을 체험하게 되는 것이다.

그런데 이러한 사실은 방언하는 것을 사회학적 분석으로 비로소 얻게 된 결론은 아니다. 이미 사도행전과 고린도전서에 나타난 방언에는 이러한 가부장제에 대한 전복의 메시지가 들어 있다. 누가에게 있어서 방언은 말세에 성취될 일종이 예언이다. 오순절의 방언 사건의 요체는 바로 이 예언으로써의 방언이 남녀와 노소를 불문하고 모든 사람에게 임한다는 요엘서 말씀이 이제 성취되었다는 것이다(행 2:17-18). 바울에게 있어서도 방언은 성령의 은사 체험의 하나다. 방언을 하는 자는 누구나 하나님과 직접 교제하게 되며, 그 결과로 하나님의 형상이 회복되는 '오이코도메'(세움)가 이루어지는 것이다(고전 14:2, 4). 여기에는 남녀노소의 구별이 있을 수 없고, 사회 계층적 차별도 있을 수 없다. 방언을 비롯한 성령 은사 체험을 통해 사람들은 인종과 성별에 상관없이 모두 한 성령을 공동 체험하게 되는 것이다.

미국이나 한국의 오순절 교회들에서 방언은 위와 같이 여성을 비롯한 약자들에게 기존의 가부장제적 질서에 대한 해방을 주었다. 여성도 하나님과 주체적으로 대화하고 교통하는 사람이라는 자인식을 갖게 된 것이나. 또 이도 인해서 여성이 사역자로 인정받고 성령운동에 주도적인 역할을 하게 되었다. 방언을 통해 여성 해방이 이루어진 것이다. 그런데 아이러니 중의 하나는 오순절 교회에서 한편으로는 이렇게 여성의 해방이 일어나면서 동시에 다른 한편으로는 교회 제도적으로 여성이 교회 안에서 지도력을 발휘하기 힘들게 되어 있는 것이다. 국내에서 오순절 교회에서는 다른 교단보다 일찍부터 여성에게 안수를 주었지만 남성과는 다른 기준으로 되어 있어, 실제로 여성이 안수 받기가 매우 어려우며, 유교적 가부장제적 교회 문화로 인해 여성이 교회에서 차별 없이 사역할 공간이 오히려 다른 교단에서보다 더 좁다는 것이 현실이다. 신약 시대에는 성령 체험이 남녀노소와 유대인과 헬라인, 심지어 주인과 종의 신분도 해방하며 그리스도 안에서 모든 사람을 해방하게 했는데 말이다(고전 12:13; 갈 3:28-29).

한국 교회에서 방언은 사람을 기존의 문화 속에 있는 억압으로부터 해방하는 역할을 했다. 심리적으로 방언하는 여성들은 해방감을 맛보았다. 하지만 교회 자체는 여전히 가부장제적 틀에서 벗어나지 못하고 있다. 문화가 구속(救贖)되어야 여성들이 보다 온전함 해방감을 맛볼 수 있을 것이다. 교회 공동체가 같이 방언하는 것이 이러한 문화를 구속할 수 있다.

심리학에서 본 방언: 방언은 심리 치료 효과가 있다

현대 심리학에서는 방언 현상을 어떻게 볼까?[23] 19세기 말 심리학이라는 학문이 생겨나고, 19세기말과 20세기 초중반에 걸쳐서 프로

---

23 다음의 내용은 실천신학자인 윌리암 케이(William K. Kay)의 안내를 따라 필자 나름의 견해로 요약, 정리한 것이다. William K. Kay, "The Mind, Behaviour and Glossolalia-A Psychological Perspective," Mark J. Cartledge(ed.) *Speaking in Tongues: Multi-Disciplinary Perspectives* (Milton, England: Paternoster, 2006), 174-205.

이드(1856-1939)와 융(1875-1961)에 의해 정신의학이 도입되고, 20세기에 들어서면서 오순절 교회에서 방언이 등장하면서 심리학 혹은 정신의학에서 때마침 방언을 연구하기 시작했다.

처음에 오순절 교회들에서 방언을 할 때 이것은 여타 교단 교인들에도 생소한 것이었고, 일반인들에게는 더더욱 그러했다. 그래서 심리학자들 혹은 방언을 하지 않는 그리스도인들은 방언을 무엇인가 비정상적인 것으로 보는 경향이 많았다. 롬바르드(E. Lombard)는 방언을 정신적 질병의 징후로 보았고, 커튼(G. B. Cutten)은 히스테리와 정신분열과 연관된 인격의 분열과 연관시키려했다.

1960년대에 방언에 관해 비오순절 교단들에서 은사갱신 운동이 일어나면서, 또 심리학이 발전하면서 새로운 국면의 연구가 일어났다. 비비어(L. M. Vivier)는 방언을 병리현상으로 보기보다는 사회 경제적으로 낮은 계층의 사람들에게서 나타나는 현상으로 보려했다. 방언은 인생의 출발이 어려웠던 사람들에게서 나타나는 것이지, 방언하는 사람에게 어떤 정신병적인 요소가 있는 것은 아니라는 것이다.

켈시(Morton Kelsey)는 세계관과 연관하여 방언 현상을 설명한다. 이 세상에서 신적인 것과의 직접적이 접촉이 절대 있을 수 없다고 믿는 사람들과, 비물리적 실제에 대해서 이 세상에서 직접적인 접촉을 할 수 있다고 믿는 사람들이 있다는 것이다. 그는 후자를 믿는 사람으로 융을 들며, 융에 의하면 인간의 정신은 의식 아래 있는 층들과 의식 위에 있는 층들이 있는데, 무의식은 양자에 다 걸쳐 있으며, 바로 방언은 부의식의 생각이 의식의 생각에 침입하는 것임과 아울러 인격의 통합을 위한 준비가 될 수 있다고 한다. 방언은 신경증을 무의식에서 해결하는 것이라는 것이다. 그래서 프로이드에게는 방언이 병적인 것인데 반해, 융에게는 이것이 치료의 수단일 수 있다는 것이다.

1970년대에 들어서면서 방언에 대한 심리학적 연구는 더욱 활발히 진행되었다. 이 중 특기할 만한 인물로는 사마린(William Samarin)과 킬달(John Kildahl)과 굿맨(Felicitas Goodman)을 들 수 있다. 사마린은 방언을 언어학적으로 연구했는데 연구 결과 방언은 지상에 존재하는 어떤 언어도 아니며, 종교적 예배 상황 등에서 학습될 수 있다고 주장한다. 킬달은 방언을 최면술과 연관된 것으로 보려 하며, 다른 종교에도 방언과 비슷한 것이 있기 때문에 방언이 성령의 은사일 수 없다고 주장한다. 굿맨은 방언을 황홀경 혹은 정신분열과 연관시키려 한다.

1980년대에 들어서면서 방언 연구가 활발해져 이제 종교 심리학에서 방언 연구는 하나의 자리를 차지하게 되었다. 이 때는 방법론과 입장에 있어서 매우 다양한 연구가 이루어졌고, 학제 간 연구도 활발했다. 또 심리학자들은 이 때 종교 문제 연구에 있어서 학자연하면서 보다 중립적인 태도를 취했다. 당시 연구 중 하나의 예만 들면, 허치(R. A. Hutch)는 방언을 무엇인가 비정상적이거나(사마린의 견해), 혐오스러운 것이거나(킬달의 견해), 혹은 이상한 것(굿맨의 견해)이 아니라 '웃음과 울음을 종교적 의식으로 하나로 혼합한 것'이라고 주장한다. 방언은 인간 실존 속에서 이 세상 속에서 만나는 기쁨과 슬픔을 개인적으로 종교적으로 심화하는 것이라는 것이다.

1990년대에 들어서면서 이제 오순절주의자들이 심리학적으로 방언을 연구하면서 연구의 새로운 국면이 발생했고, 새로운 주제와 새로운 제안들이 나왔다. 한 연구에 의하면 방언을 하는 영국의 성공회 목사는 방언을 하지 않는 성공회 목사보다 신경증에서 더 약하게 나왔고, 방언이 긴장을 낮추는 효과가 있다는 결과도 발표되었다. 이것에 따르면 바울이 방언을 하는 사람 자신의 영적 성장을 위해서 도움이 된다고 한 것(고전 14:4)이 심리학에서 설명된 셈이다.

이상과 같은 심리학적 방언 연구를 통해서 우리는 다음과 같이 이 문제를 정리할 수 있을 것이다. 첫째, 서구에서는 심리학과 정신의학의 등장과 함께 방언 현상이 나타나면서 지금까지 이에 대해서 많은 연구가 이루어져 왔다. 둘째, 심리학적 방언 연구에 있어서 연구자의 세계관과 방언관이 그 결과에 상당히 많은 영향을 미쳤다. 방언에 대한 첫 심리학적 연구들이 방언을 주로 부정적으로 평가한데는 그 당시 교회와 사회에서 일반적으로 방언을 대하는 태도와 무관하지 않았다. 셋째, 윌리암 케이에 따르면 현재 방언에 대한 초기 연구 결과들의 결론은 최근의 연구 결과에 의해서 대부분 뒤집혀진 상태다. 최근의 결론들은 이런 것들이다. "방언은 방언을 할 때 황홀경 상태에 있지 않다; 방언은 정신병리 현상을 보이지 않는다; 방언은 특별히 최면술과 연관되어 있지 않다; 방언은 신경정신병과 무관하다; 방언이 사회적으로 학습된 것이라는 증거는 낮다."[24]

서구 세계와는 다르게 한국 교회에서 방언을 세계 어느 나라 교회 못지않게 많이 하면서도 심리학적 방언 연구는 매우 빈약했다. 아니 거의 없었다고 할 수 있다. 기독교인 심리학자, 정신과 의사, 목회상담학자 등 전문가 집단에 의해서 한국 교회의 방언 문제가 연구되기를

---

24 Kay, "The Mind, Behaviour and Glossolalia-A Psychological Perspective," 205.

희망한다. 그래서 그 연구 결과를 통해 신학 분야의 연구에서 얻지 못했던 새로운 연구 결과를 기대한다.

사회학에서 본 방언: 방언의 효과는 그것을 인정하는 공동체에서 발휘될 때 극대화된다

오순절 운동을 사회학적 안목으로 오랫동안 연구해온 폴로마(Margaret M. Poloma)는 "방언, 한정성, 강력한 하나님 나라 건설"이라는 논문에서 방언의 유익과 그 방언을 하는 공동체의 관계에 대해서 흥미로운 연구 보고서를 내 놓았다.[25] 그에 의하면 어떤 신자가 방언을 통해서 유익을 얻는 것은 방언하는 사람 개인의 문제이면서 동시에 그가 속한 공동체의 방언관의 문제이기도 하다는 것이다. 방언이 그것을 인정하고 행하기를 격려하는 공동체에서 실행되면 개인과 사회 구조를 변화시킬 잠재력이 훨씬 더 커진다고 한다. 그래서 그녀는 방언은 그 실행을 격려하고 방언의 의미가 무엇인지 설명해 줄 사회적 정황이 필요하다고 역설한다. "방언이 사람들에게 능력을 부여하고 하나가 되게 하는 데는 이 성령의 은사가 주어지고 실행되는 정황과 방식에 달려 있다. 분명히 방언말하기는 사회적 의미가 필요 없는 외로운 경험은 아니다. 방언 실행은 그것이 나타나는 사회적 정황으로부터 그 의미와 형태가 이끌려져 나오는 것이다. BNF라는 기구의 정황에서 방언은 하나님과의 하나됨의 느낌을 통하여 기도에 힘을 부여하는

25　Margaret M. Poloma, "Glossolalia, Liminality and Empowered Kingdom Building: A Sociological Perspective," Mark J. Cartledge(ed.) *Speaking in Tongues: Multi-Disciplinary Perspectives* (Milton, England: Paternoster, 2006), 147-173.

기능을 하며, 이것은 계속해서 공동체 생활을 유지하고 양육하는 행동에 공헌한다."[26]

결국 그녀는 방언에 대한 사회학적 연구에서 이러한 결론에 도달한다. "비록 방언이 성령의 은사 중 가장 낮은 급수의 은사라는 낙인을 종종 받아오긴 했지만, 방언은 분명히 복음 전도와 예배 가운데에 행해지는 여러 은사가 시행되는 생동하는 은사 공동체를 산출해 내고 유지하는데 촉매와 같은 것으로 간주될 수 있다."[27] 이러한 폴로마의 연구는 그 동안 왜 방언 중지론적 입장 혹은 방언에 대한 소극적인 입장에 있는 성숙한 크리스천이 방언을 체험하지 못하고 나아가 체험했더라도 그것을 계속하지 않아 그 유익을 얻지 못하는 경우가 많고, 또 비록 아직 신앙성숙도는 떨어질지라도 방언사용을 긍정하고 격려하는 교회에서는 방언을 보다 쉽게 체험하고 그 유익을 더 많이 얻게 되는지를 설명해 준다.

방언하는 것이 자연스러운 교회에서는 방언을 보다 자유롭게 할 수 있고 방언에 대해서 마음이 쉽게 열려 방언을 체험하기 쉽다. 하지만 방언에 대해서 부정적인 평가의 기운이 흐르고, 그것이 설교 메시지의 일부로 전파되는 교회에서는 방언이 잘 체험되지 않고 하던 사람도 그치게 되는 경우가 많다. 그래서 이것은 왜 초대 교회에서는 방언이 쉽게 터졌고 중세 교회에서는 그것이 드물었는지 설명이 된다.

힌슨(E. G. Hinson)은 방언과 관계해서 기독교 역사를 네 국면으로

---

26 Poloma, "Glossolalia, Liminality and Empowered Kingdom Building: A Sociological Perspective," 172-173.

27 Poloma, "Glossolalia, Liminality and Empowered Kingdom Building: A Sociological Perspective," 173.

나누었다. 첫째, 초기 샤워 기간으로 예수 부활 후 첫 오순절부터 3세기에 이르는 기간이다. 처음에는 폭발하다가 3세기에 이르러 거의 잦아들었다. 둘째, '오랜 가뭄' 기간으로(대략 250-1560) 방언의 은사가 거의 나타나지 않은 기간이다. 셋째, '나중 샤워' 기간으로 여러 단체들에서 방언이 간헐적으로 나타난 시기이다(1560-1900). 넷째, 늦은 비 기간으로 오순절 운동과 은사갱신 운동 그 이후에 미국을 비롯해서 전 세계적으로 방언이 광범위하게 체험된 시기이다.[28]

고전적 오순절주의자들은 자신들이 방언을 체험한 것이 바로 '늦은 비' 사건으로 말세에 나타날 징조로 보았다. 즉 방언이 초기 교회에서 이른 비로 나타났고, 오랫동안 가뭄이 일다가 이제 '늦은 비'로 나타난 것이 하나님의 섭리에 의한 것이라는 것이다. 이러한 설명은 교회 역사상 왜 오랫동안 방언이 나타나지 않았는가에 대한 설명이 되면서 동시에 새롭게 등장한 방언의 의미도 설명해 준다. 이 방언은 이제 선교를 위한 외국어로 주어졌다는 것이다. 하지만 내가 보기에 방언이 초기에는 나타나고 오랫동안 교회에 나타나지 않은 것은 방언에 대한 교회 공동체의 가르침과 그 분위기 때문이었다. 초기 교회에는 오순절에 모여 기도하던 모든 예수의 제자들이 방언을 체험했고(행 2:1-4), 바울은 선교지에서 방언 체험을 격려했으며(행 19:1-7), 방언이 매우 광범위하게 체험되었다(막 16:17). 그런데 그 이후에 성령의 역할에 교직과 교리가 들어가면서 성령의 은사에 대한 공간이 교회 교리와

---

28 E. G. Hinson, "The Significance of Glossolalia in the History of Christianity," W. E. Mills(ed.), *Speaking in Tongues: A Guide to Research* (Grand Rapids, MI: Eerdmans, 1986), 181-203.

분위기 가운데 별로 없었던 것이다. 그러다가 웨슬레 운동과 미국의 부흥운동, 이어서 결정적으로 오순절 운동을 통해서 초기 교회의 모습으로 교회가 돌아가야 한다는 분위기가 형성되면서 방언이 교회 안에서 체험되게 되었고, 그것이 전 세계적으로 퍼진 것이다.

지금도 여전히 방언에 대해서 부정적인 평가를 하는 교회에서는 방언이 잘 체험되지 않는다. 반면, 공동체 예배와 기도 가운데 방언하는 문화가 형성되는 교회에서는 방언이 더 쉽게 체험되고, 그 안에 있는 사람들은 방언의 여러 좋은 기능들, 예를 들어 하나님과의 친밀성 체험, 마음의 치유 경험 등을 하게 되는 것이다.[29]

현대 언어학과 방언: 방언은 저항 언어다

현대 언어학 혹은 언어 철학의 관점에서 볼 때 방언은 과연 어떤 범주에 속할까? 학자들은 방언이 전통적인 의미에서 언어라는 범주에 들 수 없지만, 현대 언어 이론들, 그 중에서도 언어를 행동의 수단으로 보는 언어 행위 이론(speech act theory)에 의하면 방언은 일종의 행위로써 언어의 범주에 속할 수 있다고 한다.[30] 방언은 "지시, 표현, 소통의 기능"을 가지고 있는 것이다.[31] 하지만 여전히 방언은 기존의 언어의 범주에서는 매우 특이한 것으로 스미스(James K. A. Smith)는 이것

---

29 서광선은 방언에 대한 또 다른 사회학적 연구를 했다. 그는 서울 대형 교회에서 방언하는 사람들을 조사한 결과 방언을 하는 사람들은 주로 언어 구사력이 부족한 하층민들이라고 하였다. 서광선, "한국 교회 성령운동과 부흥운동의 신학적 이해," 크리스챤 아카데미(편), 『한국 교회 성령운동의 현상과 구조』 (서울: 대화출판사, 1976), 23-99.

30 유명복, "언어학적 관점에서 본 방언," 『기독교 교육정보』 33(2012), 259-281; idem, "언어학 및 심리학적 관점에서 본 방언," 『기독신학저널』 10 (2006), 271-292.

31 유병복, "언어학적 관점에서 본 방언," 276.

을 저항 언어라고 부른다.³² 계속해서 그는 사회 정치 철학적 관점에서도 볼 때도 방언은 하나의 행동으로써 힘을 행사하는 것들에 대한 일종의 저항이라고 할 수 있다고 한다. 이러한 분석에 따르면 방언은 힘에 의해 소외된 신앙 공동체의 언어라 할 수 있다. 방언은 종말론적으로 힘을 추구하는 기존의 문화적 규준과 기존의 기구에 저항하는 언어다.

기독교 교육학에서 본 방언: 방언은 영성 훈련의 도구다

어떻게 보면 기독교 교육학과 방언에는 어떤 연결점이 없는 것 같다. 하지만 기독교 교육의 지향점이 크리스천 인격을 함양하는 것이라는 측면에서 방언의 목적과 맞닿아 있다. 방언은 통역을 통해서는 공동체 구성원의 인격 함양을 하는 기능이 있고, 개인적 기도를 통해서는 기도하는 자 자신의 인격이 함양되는 기능이 있는 것이다(고전 14:4). 여기에다 기독교 교육학자인 이재환은 방언의 교육학적 기능으로 방언이 영적 싸움의 도구가 될 수 있다는 것과 영적 예배로 인도하는 기능이 있다는 것을 든다.³³

종교 의식에서 본 방언: 방언은 개인 예배 의식을 구현하는 것이다

허치(Richard A. Hutch)는 방언을 비종교적 현상으로만 보려는 것

---

32 James K. A. Smith, "Tongues as 'Resistance Discourse'-A Philosophical Perspective," Mark J. Cartledge(ed.) *Speaking in Tongues: Multi-Disciplinary Perspectives* (Milton, England: Paternoster, 2006), 81-110.

33 이재환, "기독교 교육에서 방언의 역할," 「오순절 신학논단」 6(2008), 135-163.

에 반기를 든다.³⁴ 사회학, 심리학, 인류학 등에서 방언을 이상 행위나, 비상한 행위, 혹은 이례적인 행위로 보는 것에 약점이 있음을 그는 지적한다. 이 모든 것들은 방언을 사회과학적 방법에 의해서 관찰한 것으로 방언을 하나의 종교 의식으로 보지 못하게 하고 있다는 것이다. 그래서 그는 "방언으로 기도하는 것은 누구나 다른 종류의 종교 의식 과정에 들어갈 때에 하는 것처럼 종교적인 혜택을 받기 위해 목적을 가지고 행해진 의도적인 행위이다"라고 제안한다.³⁵

허치가 주장하는 것은 무엇보다도 방언은 개인적인 종교 체험 현상이라는 것이다. 그리고 그 종교 체험은 성만찬 체험과 같은 체험을 할 때와 예식적으로 볼 때 같은 체험이라는 것이다. 그러한 개인 종교 의식을 통하여 방언은 울음(상처)과 웃음(기쁨)의 소리를 혼합시켜 죽음과 삶인 인생 실존의 상황으로 우리를 몰아간다고 한다. 그래서 방언은 어떤 이의 현상적인 세계가 방언하는 이 속에 자세히 스캔되어 인생에서 생존을 더 용이하게 한다는 것이다. 결국 "방언 행위는 인간 실존의 영적 차원을 보다 깊게 해 줄 수 있는 개인적인 예배 의식이다."³⁶ 그는 방언을 비종교적 심리 현상 혹은 사회 현상이라고 치부하는 상황에서 방언이 고유한 예배 의식 기능이 있다는 것을 잘 밝혀주었다. 지금도 방언을 사회에서 박탈된 사람들에게서 나오는 이상한 말이라거나, 심리적으로 불안성하여 스트레스 받아서 나오는 말이라고 하는

34　Richard A. Hutch, "The Personal Ritual of Glossolalia," *Journal for the Scientific Study of Religion* 19(1980), 255-266.

35　Hutch, "The Personal Ritual of Glossolalia," 261.

36　Hutch, "The Personal Ritual of Glossolalia," 265.

주장이 있는데, 이것들은 방언의 개인 예배적 기능을 제대로 보지 못한 것에서 기인한 것이다.

기독교 목회학에서 본 방언: 방언 체험은 회심 모델 체험이다

오성춘 교수는 국내 심리학적, 목회학적 방언 연구의 선구자다. 그는 25년 전 목회학적으로 방언을 연구한 연구서를 냈는데, 국내에서 아직도 이에 필적할 만한 연구서가 나오지 않고 있다.[37] 그는 본서에서 방언 체험의 현상학적, 심리학적, 신학적 의미를 밝히려 하고 있다. 전반적으로 그는 방언 체험을 성령 체험으로 보면서 이것을 여러 다른 측면으로 볼 때 보다 그 의미가 풍성해 질 수 있다고 보고 있다.

방언의 목회학적 의미를 다룬 논문에서 그는 방언 체험을 회심 체험 모델로 설명한다.[38] 방언 체험이 회심 체험은 아니지만 회심이 전 생애에 걸쳐 삶을 재조정하는 것이듯이, 방언 체험도 그러한 성격이 있다는 것이다. 오성춘 교수는 방언 체험에 회심 모델의 특징이 나타나는 것을 다음과 같이 정리한다. 첫째, "방언 체험은 삶의 방향을 재조정하는 체험이다." 둘째, "방언 체험은 하나님과의 인격적인 만남을 경험케 한다." 셋째, 방언 체험은 같이 체험한 사람들 간에 친밀한 공동체를 형성하게 한다. 넷째, 방언 체험은 치유 공동체를 제공해 준다. 오성춘 교수는 방언 체험은 회심체험이지만 심리적인 체험으로도 설

---

37 오성춘, 『성령과 목회』 (서울: 대한예수교장로회총회출판국, 1989).
38 오성춘, "목회학적 관점에서 본 방언 체험의 가능성과 제한성," 「교회와 신학」 17 (1985), 96-129.

명가능하다고 본다.[39] 이 논문은 이전까지 방언에 대한 성경적, 신학적 논의에서 다른 방향의 연구로 한 걸음 진전된 것으로 방언을 어떻게 목회적으로 이해하고 목회에 적용할 것인가에 대한 방향제시를 해주고 있다. 아쉬운 것은 이 논문 이후 이러한 종류의 후속 연구가 다른 학자들에 의해서 계속 연구되지 않고 있다는 것이다.

* * *

오순절 운동하면 연상되는 것이 방언이다. 오순절 운동가들은 흔히 방언운동가들로 알려져 있다. 한 세기 전 오순절 운동이 태동하면서 전 세계 교회에서 방언하는 사람들이 엄청나게 증가했다. 우리 한국 교회에서도 방언하는 사람들이 적지 않다. 이렇게 방언이 전 세계 교회에 퍼져 나가면서도 정작 방언이 신학계에서 아직도 인정받지 못하는 경우가 많다. 그 이유는 아마도 하는 사람이나 듣는 사람 모두 방언의 내용을 알아듣지 못하기 때문일 것이다. 이성에 바탕을 두고 사고를 하는 현대인들에게는 방언은 '비이성적인' 것의 전형으로 여겨지고 있는 것이다.

또 한 가지 방언이 인정받지 못하는 것은 방언의 신학적 의미가 아직도 제대로 설명되지 않아서일 것이다. 아직도 많은 사람들은 방언을 그저 이상한 영적 현상의 하나라고 여긴다. 이것이 신학적으로 어떤 중요성을 갖고 있는지를 학자들이 아직도 제대로 밝혀내지 못한 것이다. 그래서 그런 설명을 듣지 못한 것이다. 그런데 이렇게 방언의 신학

---

39 이 논문은 후에 같은 제목으로 오성춘, 『성령과 목회』 (269-295) 부록으로 출판되었다.

적 의미에 대한 연구가 없었던 것은 아마도 주류 신학자들이 방언을 하지 못했고, 방언에 대해서 관심을 기울이지 않았기 때문이었을 것이다. 또 방언을 하는 신학자들도 아직 이러한 연구에 깊이 몰두하지 못해서였을 것이다. 다행히도, 서구 오순절 신학자들을 중심으로 방언에 대한 신학적 연구가 지속적으로 이루어지고 있다.

본 장을 통해서 우리는 방언이 아무런 뜻 없이 말하는 것이 아니라 그 안에 신학적 의미가 깊다는 것을 알 수 있었다. 또 방언은 신학적 분석뿐만 아니라 심리학 등 여러 분야에서 연구하여 방언에 대한 보다 폭 넓은 이해를 할 수 있다는 것도 본 연구를 통해 알 수 있었다. 다만 심리학적 연구 등 사회과학적인 연구만으로는 영적인 현상인 방언을 다 이해할 수 없을 것이다. 이것들은 신학적 분석에 보조적으로 사용될 때 도움이 될 것이다. 국내에서 방언에 대한 신학과 다른 학문에서 방언을 연구하는 것이 아직도 매우 부족한 실정이다. 앞으로 각 분야에서 이 부분에 대한 연구가 보다 활발해지기를 기대한다.[40]

---

40 좀 오래 되긴 했어도 밀스(Watson E. Mills)의 다음의 책은 이러한 연구를 시작하는데 중요한 서지적 정보를 제공해 준다. 여기에 최신의 정보를 더하면 훌륭한 연구를 위한 좋은 출발점이 될 것이다. Watson E. Mills, *Glossolalia* (Lewiston, NY: Edwin Mellen Press, 1985).

제 3 장

이것이
교회사에 나타난
방언이다

Glossolalia as a Gift of the Spirit

신약 성경에는 방언을 성령의 은사의 하나로(바울), 혹은 말세에 하나님의 백성에게 주어질 예언의 일종으로(누가) 제시하고 있다. 주후 30년 오순절에 예루살렘에서(행 2:1-13), 또 대략 주후 60년경 에베소서에서(행 19:1-6)의 방언 체험 사건과 바울 자신의 체험(고전 14:18)이 신약 시대 방언의 역사를 말해주고 있다. 그리고 2세기 초에 기록된 것으로 여겨지는 마가복음 긴 끝에 나오는 예수의 방언에 대한 말씀(16:17)이 있다.[1] 즉 신약 성경이 기록된 1세기와 그 영향력이 아직도 살아있던 2세기 초에는 방언이 활발하게 나타났었다고 볼 수 있다.

그렇다면 2세기 중반부터 현재에 이르기까지 교회 역사 속에서 방언은 계속되었는가? 우선, 방언이 사도 시대 이후에는 더 이상 존재하지 않았다는 주장이 있어왔다. 어거스틴과 칼빈도 여러 이유에서 이러한 주장을 했지만 이것을 철저하게 하나의 이론으로 확립한 이는

---

1 마가복음 긴 끝(막 16:9-20)은 고대 사본에 나오지 않는다. 그래서 이것이 마가의 작품이 아니라는데 거의 모든 신약 학자가 동의한다. 다만 이것이 누구에 의해서 언제 쓰여 여기에 첨부된 것인가에 대해서는 이견이 있다. 나는 이 부분이 사복음서 전승과 연결되어 있고, 2세기 말에 여러 사람들에 의해 인용된 것으로 보아 2세기 초에 이것이 기록되어 이곳에 첨부되었을 것으로 본다. Cf. John Christopher Thomas and Kimberly Ervin Alexander, "'And the Signs Are Following': Mark 16.9-20: A Journey into Pentecostal Hermeneutic," *JPT* 11(2003), 147-170. 이들은 이 부분이 110 C. E. 경에 기록된 것으로 본다.

워필드(B. B. Warfield)였다.[2] 이에 반해, 비록 그것이 신약 성경 시대에서처럼 활발히 나타나지는 않았지만, 방언은 기독교 역사상 명맥을 꾸준히 이어왔다고 보는 입장도 있다.[3] 필자는 교회 역사 속에서 방언이 계속 이어져 왔다고 본다.[4] 본 장에서 필자는 이 점을 세계 교회 역사와 한국 교회 역사 속에서 보여주려고 한다. 또 비록 방언이 완전히 그치지 않았지만 교회사 속에서 적게 나타났다면 그 이유는 무엇일까를 결론에서 제시해 보려고 한다.[5]

세계 교회 역사 속에서의 방언

신약 성경 시대 이후 중세 이전 시대(100-590)

2세기부터 중세 전까지 교회에는 방언 현상이 있었을까? 이에 대

---

2 B. B. Warfield, 『기독교 기적론: 사이비 기적과 성경적 기적의 구분』 (서울: 나침반사, 1989); cf. George W. Dollar, "Church History and the Tongues Movement," *BSac* 120(1963), 316-320.

3 R. P. Spittler, "Glossolalia," Stanley M. Burgess(ed.), *The New International Dictionary of Pentecostal and Charismatic Movements* (rev. ed.; Grand Rapids, MI: Zondervan, 2002), 673-674.

4 우선, 교리적으로 보아 방언이 그쳤다는 것은 그 주석적, 신학적 정당성이 없다. 신약 성경 자체가 방언이 그쳤다고 한 적이 없다는 사실과 그것이 그칠 하등의 신학적 이유도 없기 때문이다. 은사중지론에 대한 반박이론에 대해서는 다음을 보라. Jon Ruthven, *On the Cessation of the Charismata: The Protestant Polemic on Postbiblical Miracles* (Sheffield: Sheffield Academic Press, 1997).

5 방언 역사에 대해서는 다음을 보라. Robert G. Gromacki, 『현대 방언운동 연구』 (서울: 기독교문서선교회, 1983), 제2장 방언의 역사적 고찰; Anthony A. Hoekema, 『방언연구』 (서울: 신망애출판사, 1982), 제1장 방언의 역사; 김신호, 『성령세례 받으면 방언하나요?』 (서울: 서로사랑, 2011), 제3부: 방언의 은사의 역사적 고증; 유명복, "언어학적 관점에서 본 방언," 「기독교 교육정보」 33(2012), 261-263; 이재범, 『성령운동의 역사』 (서울: 보이스사, 1985).

해서는 학자들의 견해가 엇갈린다. 오순절주의자인 지(Donald Gee)는 교부들이 방언을 비롯한 여러 성령의 은사들이 존재하고 있었다고 생각했다는 입장이고,[6] 로저스(Cleon L. Rogers)는 교부들에게서 방언의 은사가 전혀 언급되지 않았다는 입장이다.[7]

1세기 말 혹은 2세기 초에 기록되었을 것으로 생각되는 디다케는 방언을 직접적으로 언급하지는 않지만 예언 행위를 높이 평가하고 예언자를 사도들과 함께 언급한 것으로 보아(특히 디다케 11) 같은 성령의 은사인 방언도 인정했다고 볼 수 있다. 클레멘트는 1세기 말에 쓴 로마인들이 보낸 고린도인들에게 보낸 클레멘트일서 38:1에서 "성령의 은사"라는 말을 사용하고 있다. 그렇다면 이것은 바울이 고린도전서 12-14장에서 말하는 그 은사들을 가리키는가? 키드(Ronald A. N. Kydd)에 의하면 그렇다. 먼저, 이것을 말한 37:5-38:1이 고린도전서 12장에서처럼 교회를 몸에 비유한 것이며, 다음으로 그 기능이 바울과 클레멘트 모두에서 교회 구성원의 축복을 위한 것이기 때문이라는 것이다.[8]

이그나시우스(35-107), 폴리캅(69-159), 순교자 저스틴(100-165)과 같은 이들이 성령의 은사에 대해서 호의적이었다는 것은 잘 알려

---

[6] Donald Gee, *Concerning Spiritual Gifts* (Springfield, MO: The Gospel Publishing House, 1994), 10.

[7] Cleon L. Rogers, Jr., "The Gift of Tongues in the Post Apostolic Church," *BSac* 122(1965), 134-143; William M. Green, "Glossolalia in the Second Century," *Restoration Quarterly* 16(1973), 231-239.

[8] Ronald A. N. Kydd, *Charismatic Gifts in the Early Church: An Exploration Into the Gifts of the Spirit during the First Three Centuries of the Christian Church* (Peabody, MA: Hendrickson, 1984), 11-13.

진 사실이다. 이그나시우스는 폴리캅에게 보낸 편지에서 "어떤 것도 부족하지 않고 모든 성령의 은사가 풍부하기 위해, 당신에게 그것이 나타날 수 있도록 보이지 않은 것들을 구하시오"라고 말한다.[9] 이 구절은 바울이 고린도전서 14:1에서 신령한 것들을 사모하라고 말한 것과 14:12에서 "그것이 풍성하기를 구하라"고 말한 것을 상기시킨다. 순교자 저스틴은 유명한 '트라이포와이 대화'에서 성령의 은사에 대해서 가르치기까지 한다. 그는 신자들이 받는 성령의 은사로써 이해력의 은사, 자문의 은사, 선지식의 은사, 가르침의 은사, 하나님을 두려워하는 은사를 든다(트라이포와의 대화 39장). 여기에는 바울이 제시한 성령의 은사도 있고 또 그와 유사한 은사도 있고, 약간 새로운 것들도 있다. 어쨌든 이러한 은사들이 교인 각자들에게 주어졌고 사용되어야 한다고 그가 가르친 것은 특기할 만하다.

이렇게 2세기에 활동했던 위 사람들은 성령의 은사를 적극적으로 인정한다. 하지만 이들이 방언의 은사에 대해서 직접적으로 언급한 것은 아니다. 방언의 은사를 직접 거론하며 인정한 인물로는 이레니우스(120-202)를 들 수 있다. 그는 『이단을 반박함』이라는 유명한 저술에서 고린도전서 2장 6절을 주석하면서 예언과 방언에 대해서 이렇게 말했다. "우리는 교회 안에 있는 많은 형제들이 예언의 은사를 소유한 사람과, 또 성령의 말하게 하심을 따라 모든 방언으로 기도하는 사람과 사람들의 감추어진 일들을 공동의 유익을 위해 밝혀내는 것과 하나님

---

9   Ignatius, "Polycarp," *Ignace d'Antioch: Letter*, P. Th. Camelot(ed.)(Paris: Cerf, 1969), 148. Kydd, *Charismatic Gifts in the Early Church*, 15에서 재인용. 또 이그나시우스는 자신이 성령의 음성을 들은 것을 말하기도 한다(빌라델피아서 7:1, 2).

의 신비를 강해하는 사람에 대해서 듣는다."(『이단을 반박함』, V. 6. 1.) 그는 여기서 예언, 방언, 설교, 가르침의 은사에 대해서 말하고 있다.

터툴리안(160-220), 오리겐(185-204), 시프리안(195-258) 등도 자신들의 시대에 성령의 은사들이 존재했음을 말했다. 터툴리안은 마르시온과의 싸움에서 누가 진정 하나님으로부터 온 사람인가를 질문하며 그 대답으로 성령의 은사가 나타나는 사람을 든다. 그는 마르시온에게 "예언, 찬양, 황홀경의 기도, 방언 통역", 혹은 환상이 나타났는지를 반문한다.[10] 즉 터툴리안은 성령의 은사를 믿었으며, 그것이 당시 교회 생활에 나타난다고 믿었다는 것이다. 특히 오리겐은 방언을 요엘서의 성취로 보며 당시에 방언을 하는 사람들이 있었음을 증언하고 있다.

이제 4세기 넘어가 보면 암브로스(339-397)는 방언이 하나님에 의해 주어진 것이라고 말하고 있다.[11] 어거스틴(354-430)은 요한일서를 주석하면서 은사중지론을 편다. 방언을 비롯한 성령의 은사들은 "그 당시에만 보이신 것이며 지나간 일이다"라고 한 것이다.[12] 어거스틴은 당시에 기독교가 모든 알려진 세계에 전파되었는데, 이제는 교회에서 모든 언어가 말해지고 있었다고 말한다.[13] 그래서 그는 방언을 비롯한 성령의 은사 자체는 사도들의 사라짐과 함께 그쳤다고 주장했다.[14] 오순절에는 성령의 역사의 증거로 외국어인 방언이 존재했었지만, 그 이

---

10 Kydd, *Charismatic Gifts in the Early Church*, 67.

11 김신호, 『성령세례 받으면 방언하나요?』, 270-271.

12 Augustine, "The Homilies on the First Epistle of John," *The Nicene and Post-Nicene Fathers* VI, 10(University Park: Pennsylvania State University, 1964).

13 Spittler, "Glossolalia," 674.

14 하지만 말년에 쓴 『신의도성』에서 어거스틴은 기적이 계속된다고 믿기도 했다.

후에는 "평화의 연대에 의한 성령의 임재의 시험"으로 그것이 대체되었다고 한다.[15]

이 시기에 가장 문제가 되는 인물은 몬타누스(126-180)일 것이다. 그는 방언과 예언을 했던 인물로 알려져 있기 때문이다. 유세비우스에 따르면 그는 예언을 했고, 방언으로 추정되는 이상한 말을 했다(*Ecclesiastical History* V, 17. 7.). 그는 영적 체험을 절대화하는 등 문제를 일으켜 이단으로 정죄되었다.[16] 하지만 최근에 몬타누스와 그를 따랐던 이들에 대한 평가가 달라지고 있다. 하워드 스나이더(Howard A. Snyder)는 이 운동을 교회 시대에 나타난 "최초의 카리스마 운동"이요 갱신 운동이라고 생각한다.[17] 그는 이렇게 몬타누스주의를 "열광적이기는 했으나 결코 이단적인 것은 아니었다"고 주장하는 라이트(David Wright)를 인용하고 있다.[18] 종말론 등 그의 신학 전반을 분석해 볼 때 몬타누스에게 분명히 이단적 요소가 있었다고 할 수 있을 것이다. 우리는 몬타누스 운동을 통해 2세기 후반기에도 방언과 예언이 소아시아 지역의 교회들에서 행해지고 있었던 것을 알 수 있다.

---

15 Stanley M. Burgess(ed.), *Christian Peoples of the Spirit: A Documentary History of Pentecostal Spirituality from the Early Church to the Present* (N. Y.: N. Y. University Press, 2011), 60.

16 Gromacki, 『현대 방언운동 연구』, 23-24.

17 Howard A. Snyder, 『교회사에 나타난 성령의 역사: 교회갱신은 어떻게 일어나는가?』 (서울: 정연, 2010). So E. Glenn Hinson, "The Significance of Glossolalia in the History of Christianity," Watson E Mills(ed), *Speaking in Tongues: Let's Talk about it* (Waco, TX: Word Books, 1973), 63. "몬타누스주의 자체가 최근에는 역사가들로부터 긍정적인 평가를 받아오고 있다…. 그러므로 몬타누스주의를 교회들로 하여금 최고의 헌신을 되새겨주는 일종의 영적 부흥운동이라고 보는 것이 가능하다."

18 David F. Wright, *The Montanists*, Tim Dowley(ed.) (Grand Rapids, MI: Eerdmans, 1977), 74.

이상을 통해서 2세기에서 6세기까지 방언을 비롯한 성령의 은사가 비록 1세기에서처럼 많이 나타나지는 않았지만, 방언의 은사가 인정되고 나타났었다는 것만은 확실하다. 기독교 첫 3세기 동안에 교회에 나타난 성령의 은사에 대해서 연구한 키드에 의하면 초기 교회에서 주후 200년까지는 교회가 성령의 은사에 대해서 매우 긍정적으로 다루었고 성령의 은사가 나타난 것도 기록하고 있는데, 그 이후 100년 동안에는 성령의 은사가 비교적 잘 나타나지 않았었다고 한다.[19] 이러한 입장은 그 후 중세 시대 내내 지속되었다.

중세 시대(590-1517)

중세기는 가톨릭교회가 지배했던, 일종의 영적인 은사에 있어서는 암흑기로, 이 때 성령의 은사가 나타난 것에 대한 보도는 매우 적다. 하지만 이 때에도 간헐적이기는 하지만 방언의 은사가 있었던 것이 기록되어 있다. 힐데가드(1098-1179)는 그녀가 배우지 않은 라틴어로 성경을 해석하고, 여러 책을 썼다고 알려져 있다. 빈센트 페러(1350-1419)도 자신의 모국어로 설교하는 것을 외국에서 온 많은 이들이 알아들었다고 한다.

> 싱 빈센트 페러가 설교했을 때 모는 외국인들이 그의 말을 이해했다. 성 빈센트 페러는 설교하러 다녔다. 50명의 사제들과 성 도미니칸 소속의 회원들과 많은 고백자들이 그와 함께 했다.

---

19 Kydd, *Charismatic Gifts in the Early Church*, 4.

외국인 청중이 때로 만 명에 이르렀는데, 청중이 그렇게 많았음에도 불구하고 그에게서 가장 멀리 떨어져 있는 사람들도 그의 곁에 있는 사람처럼 그의 설교를 들었다. 비록 청중의 국적이 모든 나라들, 즉 프랑스인, 이탈리아인, 독일인, 영국인, 스페인사람, 포르투갈인이었음에도 불구하고 모두가 그가 말한 것이 각자 자신의 언어로 말해진 것처럼 들려 모든 단어를 모두가 이해했다….[20]

그 이외에도 왈도파(The Waldenses)와 폴리시안(The Paulicians)과 니콜라스 카바실라스(Nicolas Cabasilas)도 성령의 은사를 인정하였고, 이들에게 그러한 은사들이 나타난 것으로 알려져 있다. 중세의 최고의 신학자였던 토마스 아퀴나스(1225-1274)는 어거스틴의 초기 주장을 받아들여 방언중지설을 따랐다. 하지만 그도 초자연적 은사를 인정하고 실제 체험했던 것으로 알려져 있다.[21]

종교개혁 시대(1517-1648)

종교개혁 시대로 넘어가 보면, 루터(1483-1546)와 칼빈(1509-64) 모두 방언에 대해서는 잘 알지 못했다. 아마도 루터에게 있어서 방언은 사람들이 알아듣지 못하는, 가톨릭 예배에서 라틴어로 행해지는 그 라틴어 자체였을 것이다. 루터는 어거스틴을 따라 방언이 그친 것으로

---

20 From Peter Ranzano, *Life of St. Vincent Ferrier*, in Stanley M. Burgess(ed.), *Christian Peoples of the Spirit*, 127.

21 Burgess(ed.), *Christian Peoples of the Spirit*, 118.

보았다. 방언은 유대인들에게 성령의 역사의 표적이었지 크리스천들에게는 더 이상 성령의 표적이 아니라고 한다.[22] 또 마가복음 16:17-18을 주석하면서 여기에 나오는 축귀, 방언, 뱀을 집는 것 등만이 성령의 임재의 표시가 아니며, 신자라면 이러한 표적이 나타나야 되는 것도 아니라고 한다.[23]

뮌쩌(1488/9-1525)는 초기 교회의 사도들처럼 그 이후의 그리스도인들도 그렇게 강력하게 성령을 체험해야 한다고 보았다.[24] 이 당시에 쯔빙글리(1484-1531)는 예외적으로 방언을 언급하며, 이것을 성령세례의 외적증거로 보았다.[25] 흥미롭게도 당시 종교개혁자는 아니었지만 사비에르(1506-1552)는 방언을 했던 것으로 알려져 있다. 그는 배우지 않은 언어로 설교했으며, 그가 한 언어로 말할 때 이것을 여러 언어권의 사람들이 각각의 언어로 알아 들었다는 것이다.[26] 로욜라의 이그나시우스(1491-1556)는 "로켈라"(언어, 연설)라는 것을 체험했는데 이것은 내적으로는 즐거움을 외적으로는 하늘의 음악과 같은 아름다운 어조를 체험한 것으로 이것은 오늘날 은사주의 운동에서 일어나는 방언 찬양과 같은 것이었다.[27]

---

22 Burgess(ed.), *Christian Peoples of the Spirit*, 136. 하지만 루터는 치유의 은사 등 다른 성령의 은사들은 인정했다.

23 Burgess, *Christian Peoples of the Spirit*, 141. 거기에 있는 루터의 승천일 설교문을 보라. 하지만 루터는 고린도전서 12장에 나오는 다른 성령의 은사에 대해서는 인정했다.

24 Burgess(ed.), *Christian Peoples of the Spirit*, 142.

25 김문기, "'방언: 한국 기독교 속의 역사적 개관'에 대한 논평," 「성경과 신학」 39(2006), 104. note 104.

26 Burgess(ed.), *Christian Peoples of the Spirit*, 151-155.

27 Burgess(ed.), *Christian Peoples of the Spirit*, 148.

칼빈은 오순절 날 예루살렘에서 일어난 방언 사건은 이방인을 구원에 포함시키는 상징이라고 보았다.[28] 그는 방언을 사도행전적으로 이해하여 선교를 위해서 일시적으로 필요했던 은사로 보았다. 그는 당시 대부분의 사람들이 그러했듯이 그가 말하는 "가시적"(visible) 은사가 그쳤다는 은사중지론을 폈다.[29] 여기서 "가시적" 은사란 기적을 통해서 모든 사람에게 볼 수 있게 되는 은사를 말한다. 그는 성령의 주요 역사인 말씀의 조명, 신자의 성화 등에 많은 관심을 가졌지만, 성령의 은사에 대해서는 비교적 관심이 덜했다.[30] 엘버트(Paul Elbert)에 따르면 이렇게 칼빈이 기적적 은사에 대한 중지를 선언한 것은 그러한 은사가 나타났다고 하는 것에 대한 관찰에서 비롯되었는데, 가톨릭에서 주장하는 기적에 대해서 매우 격분해서 논쟁하는 정황에서 그러한 입장이 형성되었던 것이다.[31]

종교개혁 이후 오순절 운동 이전 시대(1648-1900)

이제 17-18세기에 오면, 루이 14세가 프랑스 개신교도들을 박해하자, 이들은 프랑스 남중부인 쎄벤산 가에 모여들었는데, 이들에게

---

28 Spittler, "Glossolalia," 674.

29 J. Calvin, 『기독교강요 하』, 김종흡, 신복윤, 이종성, 한철하 공역, (서울: 생명의 말씀사, 1986), 555. 하지만 칼빈의 견해는 확고한 것은 아니었고, 은사가 당시 나타나지 않는 것이 하나님의 형벌이라고 하여 애매한 태도를 보이기도 했다. J. Calvin, 『성경주석 19』 (서울: 성서원, 2001), 413. 칼빈의 성령의 은사 이해에 대해서는 다음 논문들을 참조하라. Paul Elbert, "Calvin and the Spiritual Gifts," JETS 22(1979), 235-258; 이신열, "칼빈의 은사 이해," 「성경과 신학」 53(2010), 79-107.

30 Elbert, "Calvin and the Spiritual Gifts," 236.

31 Elbert, "Calvin and the Spiritual Gifts," 255.

예언과 황홀경과 기절과 흔들림 같은 것이 있었다는 보도가 있다. 특히 한 증언에 의하면 한 어린아이가 자신이 배우지 않은 언어로 말했으며 배우지 않았는데도 고상한 언어로 말했다고 한다. 이것은 일종의 방언과 같은 것이었다.[32] 이들 중 몇몇이 영국으로 피신했는데, 거기서 그들은 "프랑스 예언자들"이라고 불렸고, 이들이 존 웨슬리에게 방언에 대해서 관심을 갖게 했다고 한다.

존 웨슬리(1703-1791)의 설교에 대해서 사람들이 "굉음 같은 소리를 낸다"고 비난한 것으로 보아, 그의 집회는 열정적인 것을 포함하고 있었던 것으로 보인다. 또 그는 성령의 은사 전반에 관해서 긍정적이었다. 초기 교회에서 경험한 그런 기적과 은사를 지금도 경험해야 하고 그러한 은사를 인정한 "프랑스 예언자들"과 같은 사람들을 진정한 크리스천으로 인정했다. 그는 올더스 게이트에서 "이상하게 가슴이 따뜻해지는" 체험과 페터 레인에서 놀라운 환희의 체험을 한다. 그럼에도 불구하고 그가 방언주의자였다고 보는 것은 지나친 해석이다.

교회 역사상 방언이 어느 정도 활발히 나타나기 시작한 것은 19세기 미국의 부흥운동에서이다. 1820-30년대에 미국에서 소위 쉐이커 교도들(Shakers)과 어빙(Edward Irving)의 추종자들에게 방언이 나타났다. 어빙은 "성령의 기적적인 은사가 그친 것은 이것들이 교회에서 더 이상 필요 없으시가 아니라 교회의 믿음이 차가워지고 죽었기 때문이다"라고 말한다.[33] 19세기 미국에서 성결 운동이 자라났는데, 웨

---

32 Burgess(ed.), *Christian Peoples of the Spirit*, 163.

33 Burgess(ed.), *Christian Peoples of the Spirit*, 193. Jean Christie Root, *Edward Irving: Man, Preacher, Prophet* (Boston: Sherman, 1912)에서 재인용.

슬리가 주창했던 "온전한 성결"과 "크리스천의 완전"을 되살린 것이었다. 19세기 말에는 성결파 중에서는 이 체험을 "성령세례"로 선포해서 표현하는 사람들이 나타났다. 이 때 고든(A. J. Gordon), 토레이(R. A. Torrey), 심프슨(A. B. Simpson) 등은 성령 충만을 모든 신자가 체험하도록 촉구했다.

성결파 중에서 성결의 체험 외에 또 하나의 체험, 이른바 제3의 축복을 주장하던 자들은 성결과 능력 체험인 성령세례를 구분했다. 그리고 이 파에서 성령세례의 증거로 방언을 제시한 것이 오순절 운동이다. 이 운동은 파함(Charles F. Parham) 목사의 토페카 성경 학교에서 사도행전을 연구하다가 성령세례의 증거를 방언으로 학생들이 일치해서 증거 했고, 여학생 오즈만이 방언을 체험함으로 시작되었다. 그는 방언을 성령세례의 증거이며 실제 언어로 보았고, 방언이 주어진 목적은 선교라고 생각했다.

고전적 오순절 운동 시대(1901-1960)

20세기 시작과 함께 태동된 오순절 운동 이전에 기독교 역사상 방언 역사가 이렇게 활발하게 일어났던 때는 없었다. 교회에서 방언이 널리 보편적으로 나타난 것은 20세기 들어서다. 찰스 파함의 제자 윌리엄 시무어(William J. Seymour)가 이끄는 운동이 L.A. 아주사 거리에서 1906년 방언을 통한 큰 부흥을 이루었는데, 이 운동을 통해 방언이 널리 퍼져나갔다. 1913년까지 계속된 이 운동에는 방언뿐만 아니라 여러 인종이 같이 섞여 생명력 있는 예배를 했다. 이 운동은 당시 교회 내외의 관심을 지대하게 받았는데, 여기에 와서 참여하여 체험한 사람을 제외한 대부분의 외부 관찰자들은 방언에 부정적인 반응을 보였다. 특히 성결파의 비판은 매우 혹독했다. 많은 경우 이 방언을 사탄의 역사로 규정했었다.[34]

오순절 운동이 미국의 19세기 성결 운동에 그 신학적 뿌리를 두고 있는데, 성결 운동 측에서 오순절 운동의 방언을 혹독하게 비판한 것은 흥미롭다. 이혜진은 최근에 이 문제를 집중 연구한 결과 다음과 같은 결론을 내렸다. 첫째, 교리상의 문제로써 성결 운동가들은 자신들이 주창한 성령세례의 증거가 방언이라는 오순절주의자들의 견해를 받아들일 수 없었다. 또 오순절파가 성령세례의 본질을 성결이 아닌 사역을 위한 능력 체험이라는 것에 성결파는 동의하지 않았다. 둘째, 성결파가 느끼기에는 오순절주의자들은 자신들이 방언을 한다고 오만한 태도를 가지고 있었다. 셋째, 많은 성결파 신자들이 오순절파로 간 것은 성결파 지도자들의 마음을 불편하게 했다.[35] 그는 한국 성결교회에서 초기에 방언을 반대했던 것은 미국 성결파의 위와 같은 입장과 무관하지 않다고 본다.

그렇다면 고전적 오순절주의자들이 이해한 방언은 어떤 것이었을까? 역사신학자인 배덕만은 이를 다음과 같이 9가지로 잘 정리해 주

---

34 영국에서의 오순절파와 여타 복음주의 파와의 논쟁에 대해서는 지금까지 우리에게 잘 알려진 것이 없었다. 그런데 조규형은 우리에게 이것을 잘 설명해 주고 있다. 영국 내 복음주의자들도 방언을 하는 오순절주의자들의 기원을 마귀로 보려했으며, 이에 반해 오순절주의자들은 자신들이 복음주의의 일부라는 것을 애써 설명하려 했다는 것이다. 조규형, "방언에 대한 영국 오순절주의자들과 복음주의자들간의 논쟁," 『성령과 언어』 (대전: 복음신학대학원대학교출판부, 2010), 253-270.

35 이혜진, "웨슬리언 성결 운동과 방언," 「성결 교회와 신학」 24 (2010), 175-192.

고 있다.[36] 그는 이 분야의 전문가로서 오순절 운동 초기의 방언의 배경에 대해서 잘 설명한다.

(1) 방언이란 무엇인가?: 오순절주의자들은 방언을 성령세례 체험의 증거로 보았다. 성결파와는 다르게 이들은 성결 체험과는 별도의 성령세례 체험이 있어야 하는데 그 체험의 증거가 방언이라고 본 것이다.

(2) 방언을 사수하라: 이렇게 오순절파와 성결파의 성령세례에 대한 해석이 달랐기 때문에 양 진영은 각자의 교리를 사수하기 위해 극렬한 신학적 대결을 했다. 당시에 오순절파는 주로 간증 등을 출판해, 자신들의 주장이 옳다는 것을 논증하려고 했다.

(3) 왜 그렇게 방언에 집착했을까?: 우선 방언 체험은 신자 개인과 교회의 하나님 임재 체험이기에 대단히 매력적이었다는 것과, 또 하나 중요한 이유는 당시 오순절주의자들은 이렇게 방언이 임한 것은 종말의 표시이며, 이 방언은 바로 종말에 복음전파를 위해 주어졌다고 믿었기 때문이다.

(4) 왜 방언을 받아야 하는가?: 오순절주의자들에게 방언을 받아야 하는 이유는 복음전파를 위해서였다. 이들은 방언을 복음전파를 위한 외국어라고 생각했다. 그래서 방언을 체험하면 외국에 선교사로 나가야 된다고 생각했던 것이다.

(5) 방언에도 다양한 종류가 있었는가?: 당시 오순절주의자들은 방언을 존재하는 현대어 혹은 고전어로 이해했다. 그래서 그들은 자신들

---

36 배덕만, 『성령을 받으라: 오순절 운동의 역사와 신학』 (서울: 대장간, 2012) "제3장 성령의 말하게 하심을 따라: 오순절 운동과 방언."

이 하는 방언을 외국어라고 생각했다. 하지만 이들은 그 언어를 이해할 수 없었기 때문에, 자신들이 하는 말을 알 수 없었다.

(6) 방언이 어떤 모양으로 나타났는가?: 현대에는 방언이 주로 기도의 형태로 나타나지만, 당시에는 이것이 주류가 아니었다. 방언은 당시 설교, 예언, 찬양의 모습으로 나타났다.

(7) 도대체 방언은 어떻게 받았는가?: 안수와 열정적인 기도가 방언 체험하는 대표적인 방법이었다. 하지만 당시에 방언을 체험하는 형태는 말씀을 읽을 때, 혼자서 찬양할 때 등 다양하게 나타났다.

(8) 방언의 내용은 무엇이었을까?: 당시의 방언 통역을 통해서 볼 때, 방언의 주된 내용은 예수 재림에 대한 예언과 하나님에 대한 찬양과 신자들을 향한 하나님의 훈계였다. 여기에는 구체적인 삶에 대한 지시도 있었고, 성경 말씀 자체도 있었다.

(9) 방언 때문에 무슨 일이 벌어졌는가?: 여기에는 긍정적인 결과와 부정적인 결과가 다 있었다. 방언을 통해 많은 신자들이 하나님에 대한 신앙이 더 견고해졌다. 하지만 방언하는 사람들은 그것 때문에 교회 안팎으로부터 큰 핍박을 받았으며, 이 교리 때문에 교회가 갈라지기도 했다.

고전석 오순절주의 그 이후(1961-현재)

오순절주의에서 방언이 성령세례의 증거라고 하면서, 교회에서 큰 신학적 논쟁이 일어났다. 그래서 오순절주의자들은 교회에서 쫓겨났으며, 오순질 교단을 설립할 수밖에 없었다. 그러다가 1960년대에 이르러 미국의 주요 교파 교회 내에서 방언을 체험하는 일이 일어났고,

그들은 성령세례와 무관하게 방언 체험을 주장했다. 즉 사도행전 본문에 의해서가 아니라 고린도전서 12-14장의 성령의 은사의 하나로 방언을 말한 것이다. 그래서 이들은 방언을 한다고 자신의 교회를 나갈 필요는 없었던 것이다. 이러한 조류를 우리는 은사갱신 운동이라고 부른다. 이러한 은사갱신 운동의 대표적인 인물은 베넷(Dennis J. Bennett, 1917-91)이다. 성공회 신부였던 그는 1960년 어느 주일에 교인들에게 나타나 자신이 성령세례를 받아 방언을 받았다고 선언한 것이다. 이 때 개신교에서 뿐만 아니라 가톨릭교회에서도 은사갱신 운동이 일어났다.

그 후 방언만이 아니라 여타 은사, 특히 치유 은사를 강조한 사람들이 나타났는데 피터 와그너(Peter Wagner)는 그들을 제3의 물결이라고 불렀다. 그 이후에도 방언만이 아니라 여러 은사를 인정하는 파라처치 운동들이 많이 나타났다. 예수 전도단이 대표적인 예이다. 반면, 이 때 방언은 주로 개혁파 사람들에 의해서 극력한 반대에 직면했다. 이들은 워필드(B. B. Warfield)의 은사중지론을 받아들였고, 개핀(Richard Gaffin, Jr.)은 이를 성경신학적으로 정리해서 다시금 주장했다. 목회자 중에서는 존 맥아더(John McArther) 등이 격렬하게 방언하는 것을 반대했고, 방언중지론을 설파하고 있다.

한국 교회 역사 속에서의 방언

1990년대 이전

한국에 기독교가 전래된 1884년에는 방언이 신학적인 이슈가 될 수 없었다. 이 때는 기독교를 소개하는 시기였다. 평양대부흥운동에서는 회개와 성령에 대해서 관심이 일어났으나, 방언에 대해서는 역시 큰 이슈가 되지 않았다. 일제시대의 한국 교회는 열정적으로 기도하는 교회였다. 아마도 이 때 개별적으로 또 간헐적으로 방언 현상이 일어났을 것이다.[37] 방언이 본격적으로 문제가 된 것은 오순절 교파인 순복음 교회가 한국에 들어오고, 성장하면서부터이다. 순복음 교회는 앞에서 말한 미국의 오순절주의자들이 주장한 그 방언을 선포했다. 또 실제로 순복음 교회에서 많은 사람이 방언을 체험했으며, 그것으로 인해 다른 교파에서 순복음 교회로 이동하는 경우가 많았다.

  20세기 초 미국에서 일어난 일이 비슷하게 한국에서도 일어났다. 교리상의 문제, 교인이동의 문제, 방언을 못 받은 사람이 방언 받은 사람에게 느끼는 일종의 심리적 콤플렉스 등 여러 가지가 작용하여 한국 교회에서도 방언이 극렬한 반대에 부딪혔다. 성결 교회에서는 미국의 성결 교회들처럼 교리 상으로 방언이 성결의 교리를 약화시킬 수 있다는 면에서 반대했다. 장로교에서는 주로 은사중지론에 입각해서 방언을 반대했다. 이러한 논쟁은 급기야 장로교 통합 측에서 1983년에 여의도순복음 교회를 사이비성이 있다고 판정하기에 이른다. 오성춘 교수는 여의도순복음 교회를 사이비성이 있다고 판단한 주 이유가 빙인이있다고 본다.[38]

  1980년대에는 복음주의 권에서도 방언을 반대했고, 이 문제에 대해서 오순절 진영과 복음주의 진영의 대립이 있었다. 강남을 중심으로

---

37 Cf. 배본철, "방언: 한국기독교속의 역사적 개관," 「성경과 신학」 39 (2006), 87-100.

38 오성춘, 『성령과 목회』 (서울: 대한예수교장로회총회출판국, 1989), 271-272.

연합한 장로교 교회들이 모여 일 년에 한 번씩 당시 이슈가 되는 문제를 가지고 세미나를 했었는데, 당시 성령론을 논한 적이 있었다. 이 때 연사로 나섰던 옥한흠 목사와 홍정길 목사는 방언 운동에 대해서 신학적, 목회적으로 우려를 표현했다.[39]

1990년 – 현재

1990년대에 들어서면서, 오히려 극렬한 논쟁을 통해서 오순절파와 개혁파 교회들은 서로를 이해하게 되었고, 개혁파 교회에도 방언이 많이 나타나면서 방언에 대한 논쟁은 수그러들었다. 또 2000년경부터 온누리 교회가 방언을 강조하면서, 이제 교파를 통해 방언 찬성파와 반대파는 나눌 수 없게 되었다. 오순절 교회도 1990년 이후에는 개혁파의 교리와 교회 생활 방식을 많이 받아들였다. 일종의 정반합이 이루어진 것이다. 뿐만 아니라 개혁주의 서클의 성경신학자들이 은사중지론이 성경적 사상이 아님을 설파하였다. 개혁주의 출신의 조직신학자들과는 다르게 이들은 현대 신약학에서 볼 때 은사중지론은 바울을 비롯한 신약 성경 저자들의 생각 속에 없던 사상임을 용기 있게 주장했다.[40]

그러다가 2008년 갑자기 교회 내에서 방언 열풍이 일어났다. 김우현이라는 평신도가 방언 사역을 하면서 열매를 맺게 되었고, 그것을

---

39 옥한흠(편), 『현대교회와 성령운동』 (서울: 엠마오 1988).
40 이러한 학자들로는 다음과 같은 이들을 들 수 있다. 유영기, "한국 교회 안에서 일어나는 은사체험에 대한 소고," 『성경과 신학』 15(1994), 32-83; 조석민, "χάρισματα의 계속성 문제 연구: 고린도전서 13:8-13을 중심으로," 『성경과 교회』 1(2003), 155-179; 이한수, "신약의 전망에서 평가한 은사중지론," 『신학지남』 195(2008), 157-178.

책으로 내서 방언에 대한 사람들의 관심을 자극한 것이다. 이에, 역시 다른 평신도였던 옥성호가 이를 적극적으로 반대하고 나섰다. 그는 현대에 방언이 존재하는 것 자체를 반대했다. 물론, 그는 개핀 등의 장로교 신학자의 영향을 깊이 받았다. 최근에는 개정판에서도 그는 자신의 주장을 굽히지 않고 있다. 이에 대해서 필자는 옥성호의 주장이 성경적으로 유지될 수 없다는 것을 보여주려고 했다. 평신도의 논쟁에 신학자가 끼어든 것이다. 여기에 고신대 박영돈 교수가 필자를 비판하고 나섰다. 그는 소극적 은사인정론자로 방언의 은사가 지금도 지속되는 것은 인정하지만 이것이 적극적으로 추구되는 것은 반대하였다.[41] 이에 필자는 『방언은 고귀한 하늘의 언어』 개정증보판을 통해 그의 주장이 성경적 근거가 약함을 비판했다. 이렇게 지금 방언에 대한 논쟁은 계속되고 있다.

방언에 대한 세 가지 입장

이상을 통해서 교회사를 통해서 나타난 방언에 대해서 간략히 살펴보았다. 교회 역사상 방언에 대한 태도는 다음의 세 가지로 요약될 수 있다.

적극적 부정론

여기에도 두 가지 입장이 있다. 첫째, 방언을 언급한 성경 저자 자체

---

41 박영돈, 『성령의 일그러진 얼굴』 (서울: IVP, 2011).

가 방언을 부정적으로 취급했다는 것이다. 바울은 방언 혐오자였다는 것이다. 고린도전서 12-14장에서 바울은 고린도 교회의 방언관을 꾸짖으며, 방언을 하지 말라고 했다는 것이다. 이것은 주석적인 결론에 의한 것인데, 앞 장들에서 고찰한 대로 이러한 주장은 설 수 없는 것이다. 다른 한 가지는 이른바 방언중지론이다. 방언이 여러 가지 이유로 현재는 중지되었다는 것이다. 가장 흔한 주장은 방언이 계시의 은사이기 때문에, 또 기적적인 은사이기 때문에 이 은사는 사도들에게만 한정되었던 것이기에 지금은 존재하지 않는다는 것이다. 이것이 어거스틴-칼빈-워필드-개핀에 이르는 오랜 교회사적 전통의 해석이다. 하지만 앞에서 우리가 고찰한 대로 이러한 주장도 주석적으로 유지될 수 없는 것이다. 국내에서도 비록 전문 학자들에 의한 것은 아니지만 옥성호, 문효식 등에 의해 위와 같은 주장이 개진되었지만, 앞의 사람들의 견해를 반복한 것에 불과하다.[42]

소극적 인정론

최근에 방언을 체험하지 못한 자들에게 호응을 얻고 있는 것은 소극적 인정론이다. 사실, 이 주장은 고린도전서 12-14장을 주석하는 많은 학자들의 의견이기도 하다. 방언이 성령의 은사라는 것, 성령의 은사는 교회 시대에 지속된다는 면에서 방언의 은사는 지금도 존재한다는 것을 이들은 인정한다. 그런데 방언은 음란과 분쟁 등에 휩싸였던 고린도 교회가 행했던 것이며, 바울은 이것을 부정하지는 않았지만

---

42 문효식, 『방언! 무엇인 문제인가?』 (서울: 크리스챤서적, 2008).

적극적으로 추구하라고 하지도 않았다는 것이다. 교회사에서도 이런 입장이 있었다. 미국의 부흥운동 기간 중의 한 성결파의 입장이 이런 것이었다.[43] 이러한 입장은 주석적 결론에 따라 어느 정도 가능한 것이기도 하다. 하지만 필자의 주석적 결론에 따르면 이것 또한 바울의 입장과는 어느 정도 거리가 있는 것이다. 바울은 방언 자체에 대해서 어떤 경우에도 소극적으로 인정하지 않았다. 다만, 방언을 실제 사용하는데 있어서 주의해야 할 것을 말했을 뿐이었다.[44]

이러한 입장에 서는 사람들은 대개 방언을 하지 못하지만 성경에 나오는 방언은 인정하되 그렇게 중요하게 여기지 않은 사람들이거나, 혹은 방언 체험자 중에서 자신이 속한 교단의 신학을 유지하려고 하는 자들에게서 흔히 발견된다. 손석태는 방언을 성령의 은사의 하나로 오늘날에도 지속된다고 말하지만 이것을 적극적으로 활용할 것에 대해서는 침묵한다.[45] 이승현은 바울의 입장은 방언을 인정하는 것뿐만 아니라 방언에 제한을 두는 것이라고 본다.[46] 박찬호는 방언의 은사를 인정하지만 역시 제한적으로 그 유용성을 인정하는 입장이다.[47]

---

43 이혜진에 따르면 미국 A. B. 심프슨의 기독교 선교 연맹(Christian and Missionary Alliance)도 이런 입장이었다고 한다. 이 단체의 주장은 "Seek not, Forbid Not"(추구하지도 말고 금하지도 말라)이었다고 한다. 이혜진, "웨슬리언 성결 운동과 방언," 176.

44 이에 대해서는 김동수, 『신약이 말하는 방언』 (서울: 킹덤북스, 2009); idem, 『방언은 고귀한 하늘의 언어』 (개정판; 서울: 이레서원, 2012)를 보라.

45 손석태, "성령의 은사," 「개신논집」 11(2011), 1-21.

46 이승현, 『성령』 (서울: 킹덤북스, 2012).

47 박찬호, 『주의 성령을 거두지 마옵소서』 (서울: 킹덤북스, 2011), 277-283.

적극적 인정론

오순절 운동과 은사갱신 운동과 제3의 물결 운동 등에 나타난 것은 방언을 적극적으로 인정하는 것이었다. 특히 고전적 오순절 운동에서는 방언을 말세와 선교와 연결시켜 가장 적극적이었다. 그런데 '방언 메시지' 등을 주장하여 신약 성경이 말하는 것보다 한 걸음 더 나간 경우도 있었다.[48] 하지만 이 운동들을 통하여 방언이 전 세계 교회에 퍼졌으며, 교회 성장이 이루어졌고, 많은 사람들이 방언 체험을 통하여 하나님 임재를 동시에 체험하고, 깊은 기도를 통하여 개인 신앙이 성장했다.

국내에서 이러한 입장에서 계속해서 자신의 입장을 발표한 이는 이천수 목사다. 그는 『방언의 이해와 유익』이라는 책에서 방언이 성경에서 적극적으로 지지하는 것이고, 그것을 체험하려면 어떻게 해야 되는지를 구체적으로 말하고 있다.[49] 대천덕 신부도 방언의 유익에 대해서 자주 말했던 분이다. 한국의 많은 개혁주의 전통의 사람들이 대 신부의 인격과 말씀을 신뢰하고 그의 가르침을 받아들여 방언을 체험한 경우가 많았다. 정원 목사는 방언에 대한 실체 체험에 대해서 깊이 있는 혜안을 제공해 주고 있다. 그는 방언에 대해서 3권의 두꺼운 책을 냈을 정도다.[50]

바울과 누가는 각각의 신학 속에서 방언을 중요하게 취급하고 있는데, 기독교 역사 속에서 방언은 그리 활발하게 나타나지는 않았다.

---

48 '방언 메시지'란 방언에는 하나님이 인간에게 주시는 메시지가 포함되어 있다는 것이다. 하지만 바울은 방언을 신자가 하나님께 말하는 무엇(기도, 찬양, 감사 등)이라고 말한다(고전 14:2).

49 이천수, 『방언의 이해와 유익』 (인천: 영성목회, 2008).

50 정원, 『방언 기도의 은혜와 능력』 3 vols. (서울: 영성의 숲, 2012).

하지만 방언이 그친 것은 아니었다. 비록 주류가 아니라 소수 그룹에서 나타나기는 했지만 기독교 역사상 방언이 그친 적은 없었다. 20세기 들어서면서 일어난 오순절 운동을 통해서 방언이 활발하게 체험되었으며, 또한 은사갱신 운동을 통해 전 세계적으로 퍼지게 되었다. 특히 한국 교회에서 어느 나라 교회에서보다도 방언이 널리 나타나고 있다.[51] 그런데 기독교 역사상 20세기에 이르기까지 방언이 신약 성경 시대처럼 활발하게 일어나지 않았던 이유는 무엇일까? 방언이 완전히 그친 것은 아니었지만 주류 교단에서는 방언이 잘 나타나지 않았던 것은 사실이다. 이에 대해서는 두 가지 해석이 있을 수 있을 것이다. 그것은 하나님의 특별한 섭리였다는 주장과, 그러한 은사를 교회에서 신학적으로 부정했기 때문이라는 해석이다. 필자는 후자가 더 설득력이 있는 이론이라고 본다. 하나님의 섭리라는 주장에는 은사중지론과 늦은 비 이론이 있다. 은사중지론은 성경적 근거가 전혀 없는 것이고 또 이것이 초기 교회에서는 이른 비로, 그리고 20세기에 늦은 비로 내렸다는 것도 성경적 근거를 찾기 어렵다. 그것은 나타난 현상에 대한 설명일 뿐이다.

* * *

방언이 이렇게 활발하게 나타나지 않은 것은 성경에 있는 방언을 비롯한 초자연적 성령의 역사를 2세기부터 교권이 대신하게 되고, 그

---

51 1992년 10월 유영기 교수가 연구를 위해 조사한 바에 따르면 방언의 은사를 선호하지 않는 교단 신학교인 자신의 학교에서 신학생의 절반 이상이 방언을 하고 있었다고 한다. 유영기, "한국 교회 안에서 일어나는 은사체험에 대한 소고," 34-35.

러면서 이러한 성령의 역사를 인정하지 않게 되었기 때문이다.[52] 특별히 2세기 후반에 일어난 몬타누스 운동을 정통 교회가 경계하면서 몬타누스의 다른 사상과 함께 그와 추종자들이 행했던 방언과 예언까지도 멀리하게 된 것도 하나의 요인이 될 것이다. 또 신학이 철학의 옷을 입으면서 교회가 바울의 체험보다도 바울의 사상에 중점을 둔 것에서도 일부 기인했을 것이다. 어거스틴과 칼빈 같이 기독교 역사 전체에 영향을 미쳤던 신학자들이 방언이 그쳤다고 믿었던 것도 이후의 신학자들과 교회의 방언관에 적지 않게 작용했을 것이다.[53] 또 웨슬리가 말했던 것처럼 사람들의 사랑이 식어지고, 이 은사에 대한 믿음이 없어졌기 때문이기도 하다.[54]

기존 교파의 자리로부터 출발하면, 어거스틴-종교개혁자들-청교도들이 중요하게 여기지도 않았던 방언을 현대 오순절-은사주의 교회를 비롯한 여러 교회에서 이렇게 강조하는 것은 꽤 이상해 보일 수 있다. 하지만 신약 성경에서 출발하면 좀 다른 생각을 할 수 있다. 성령의 역사가 활발했던 1세기 신약 성경 시대를 지나 2세기에 오면서 교권이 성령의 역사를 대체하게 되고, 그것이 오랫동안 기독교 역

---

52 So Carl Brumback, *What Meaneth This?* (Springfield, MO: Gospel Publishing House, 1947), 83-87.

53 힌슨은 중도적 입장을 취한다. 그는 기독교 역사상 방언이 나타난 것도 오순절주의자들이 주장하는 것처럼 그렇게 자주 나타나지 않았고, 비오순절주의자들의 주장처럼 사도들 이후에 전혀 나타나지 않은 것이라고 주장하며 방언 운동의 신학적 평가는 사도행전에서 가말리엘이 기독교에 대해서 취했던 행동처럼 일단 이 운동을 두고 보자는 입장이다. Hinson, "The Significance of Glossolalia in the History of Christianity," 78-79.

54 John Wesley, *The Works of John Wesley* (Grand Rapids, MI: Eerdmans, 2007), 7:27.

사를 지배했던 것이다. 2세기에는 그나마 1세기와 연결되어 있어 성령의 은사가 인정되었지만 3세기를 넘어서면서 방언에 대한 언급과 역사는 현저하게 줄어들고 이것이 중세 시대를 이어 "오직 성경"으로만을 외쳤던 종교개혁시대까지 이어졌다. 웨슬레와 19세기 미국의 성결 운동을 거치면서 성령의 은사에 대해서 보다 긍정적인 분위기가 이어지다 20세기가 들어서면서 기존 신학의 영향을 비교적 덜 받았던 사람들에 의해 방언이 주창되고 체험되었으며 그것이 오늘에 이어지고 있다. 종교개혁이 가톨릭교회를 향해서 성경에서 변질된 것을 오직 성경으로 고쳐야 함을 주로 구원론에서 외쳤다면, 20세기에 방언이 활발하게 나타난 것은 그 동안 방언에 대한 부정적 혹은 소극적 인정의 태도에서 우리의 눈을 돌려 신약 성경을 바라보게 한 것이었다.

제 4 장

방언중지론은 중지되어야 한다

Glossolalia as a Gift of the Spirit

성령의 은사를 논할 때마다 우리는 은사중지론자들과 만난다. 그런데 은사중지론은 최근에 생겨난 사상이 아니다. 이것은 성령의 은사현상이 1세기에 비해 현저히 줄어든 2세기에서부터 싹터, 어거스틴, 칼빈, 워필드, 개핀, 그 외 여러 사람들에 이어져 오는 것으로 역사적 뿌리가 깊다. 위 인물들이 은사중지론을 설파한 것에는 정황에 따른 이유가 있었을 수도 있다. 그들의 사상에 동의하지는 않지만 왜 그러한 사상이 나왔는지는 때로 이해될 때도 있다. 그런데 오늘날에는 그러한 정황을 무시한 채 그들의 사상을 앵무새처럼 반복하면서 은사중지론을 설파하는 경우가 많다. 물론 필자는 어떠한 종류든지 은사중지론 사상에 동의하지는 않는다. 그것은 성경이 명확하게 말한 것에 반대되는 것이기 때문이다.

본 장에서 다루려고 하는 것은 은사중지론 전반이 아니다. 또 은사중지론에서 가장 중요한 학자들만의 견해만도 아니다. 여기서는 국내 신앙인들에게 영향을 끼치는 사람들을 주로 다룰 것이다. 그래서 본장은 주로 국내에 번역되어 소개되거나 혹은 국내에서 출판된 은사중지론적 저술들과 대회를 시도할 것이다. 그래서 각 저자가 주장하는 핵심 사상과 논거는 무엇이며, 그것에 어떤 문제가 있는가를 밝혀 낼 것이다. 여기에 덧붙여 은사가 지속된다는 것이 당연하다고 생각하는 사람들도 소개할 것이다. 이것을 통해서 독자들이 지금 우리 교계에서 논쟁하고 있는 은사중지론에 대해서 실체를 잘 파악하기를 소망한다.

방언 중지론자들

워필드(Benjamin B. Warfield)

현대 은사중지론의 뿌리는 워필드다. 그는 『기독교 기적론』(원제: Counterfeit Miracles[가짜 기적들])이라는 저서에서 기적이 사도들의 생애와 운명을 같이 했다고 주장한다.[1] 그의 주장의 요지는 다음과 같다.

> 신약 시대에 기적은 오직 예수님과 사도들만 행한 것이었다. 예수님이 기적을 행한 목적은 그것을 통해 그가 하나님으로부터 온 분임을 나타내는 것이었다. 또한 사도들이 기적을 행한 것은 그들이 예수님의 과업을 이어받고 있다는 표시였다. 기적은 곧 사도들이 하나님의 보내심을 받은 자들이라는 것을 확증해 주는 것이었다. 또 더 깊은 원칙은 기적은 계시를 위해서 주어졌다는 것이다. 사도들만이 계시의 담지자였기 때문에 사도들이 죽으면서 기적은 더 이상 필요하지 않게 되었고 방언은 당연히 종결된 것이다.

---

1   B. B. Warfield, 『기독교 기적론』 (서울: 나침반사, 1989).

흥미롭게도 워필드는 위와 같은 자신의 주장을 성경주석을 통해 설파하지 않는다. 사실 그의 책에서 그의 주장은 설득보다는 선언에 가깝다. 기적의 은사가 중지되었다는 것을 선언한 후 그는 자신의 주장이 정당함을 기독교 역사를 통해서 증명해 나가려고 한다. 첫째, 그는 기적이 교회 설립을 위해서 주어져서 3세기 말엽까지 계속되다 사라졌다는 주장을 논박한다. 기적이 교회 유아기였던 초기 교회에는 필요했지만 그 이후에는 필요 없었다는 이론에 반대하는 것이다. 만약 이 이론이 옳다면 현대 오지 선교에서도 기적이 필요하다고 말할 수 있기 때문이라는 것이다. 둘째, 그는 가톨릭교회에서 일어났다고 여겨지는 상흔을 비롯한 여러 기적들이 거짓 기적이었음을 주장한다. 셋째, 그는 어빙파들이 체험했다는 방언과 예언 등의 은사들이 거짓임을 주장한다. 마지막으로, 저자가 본서를 쓸 때 당시 교회에서 일어난 신앙 치유와 정신 요법도 사실이 아님을 논증한다.

사실, 워필드의 교회사에 나타난 기적에 대한 해석은 매우 주관적이다. 그는 앞에서 사도 시대에 기적이 그쳤다는 전제를 가지고 역사를 거기에 끼워 맞추어 해석해 나간 것이다. 어떤 사람의 주장이나 기적 체험이 성경적이 아니라거나 가짜라는 설득력 있는 주장보다도 이미 전제한 것에 모든 증거를 짜 맞추는 것이다. 카슨도 신학자들이 성령의 은사에 대한 기독교 역사를 연구할 때 자료를 미리 정해진 자신의 입장에 따라 해석하는(곡해하는) 경우가 많다고 본다.[2] 아마도 워필드는 가톨릭교회에서 인정하는 기적들이 실제로 기적이 아니라고 보

---

2 D. A. Carson, *Showing the Spirit: A Theological Exposition of 1 Corinthians 12-14* (Grand Rapids, MI: Eerdmans, 1987), 165.

면서 기독교 역사 전체를 그 눈으로 본 것 같다. 또 설혹 그의 이러한 주장이 100% 옳다 하더라도 그가 기적중지론의 성경적 근거를 설득력 있게 제시한 것은 아니기 때문에 성경적으로 볼 때 기적이 사라졌다는 주장은 할 수 없는 것이다.

워필드의 성경 본문 해석도 성경 각 저자의 의도된 해석이 아니라 워필드 자신이 해석한 것을 본문에 집어넣은 것뿐이다. 예를 들어 고린도전서 12-14장에 나오는 은사를 기적적인 은사와 비기적적인 은사로 분류하고, 기적적인 은사는 사도들만을 위한 것이었다고 하며 고린도전서 12:26 이하에 나오는 예배의 상황을 아무런 설명 없이 사도 시대만의 특징으로 보아야 한다고 주장한다. 여기에 나오는 은사들은 사도들의 "신임장"이었다는 것이다. 사도행전 8장에 나오는 사마리아에서의 기적도 오직 사도들의 권위 확증을 위해 주어졌다고 주장한다.

문제는 위와 같은 워필드의 주장이 성경 각 본문에서 각 저자가 의도한 것은 전혀 아니라는 것이다. 신약 성경에서 기적이 사도의 신임장으로 일어났다는 해석이 들어 있는 구절은 전혀 없다. 고린도 교회에 나타난 은사는 지역 교회의 예배 시간에 전형적으로 있었던 일이었고, 이것이 사도들의 사역에만 해당된다는 어떤 암시도 없다. 또 사도행전 8장에 있는 사마리아에 나타난 기적도 성령이 임한다는 사도행전 1:8의 내용을 보여주기 위해 누가가 기록한 것이지 사도들만 기적을 행할 수 있다는 것을 보여주기 위해 그것을 기록한 것은 아니다.

워필드의 주장은 두 가지로 요약될 수 있고, 그 성경적 근거는 전혀 없는 것이다. 첫째, 워필드는 신약 성경이 예수와 사도들만 기적을 행할 수 있다고 가르친다고 주장하는데, 이것은 신약학도에게는 매우 생소한 것이다. 신약 성경 본문 자체로 사도의 직책과 기적 행하는 것을 연결시켰다는 것을 증명하는 것은 거의 불가능한 일이다. 열두 사도는 새 이스라엘의 상징이었다. 이것은 예수의 사역이 구약과 연결되어 있음을 보여주는 것이다. 또 누가가 복음서와 사도행전을 쓴 기도에 대한 의도를 추적해 보면, 복음서에서 그는 예수를 기도와 삶의 모본으로 제시하고, 사도행전에서는 사도들을 예수를 따라간 사람들의 모본으로 제시한 것이다. 즉 독자에게 촉구되는 것은 예수처럼, 예수의 첫 제자들처럼 그렇게 사는 것이다.

둘째, 더 중요한 것은 워필드가 기적이 하나님의 구원의 도리를 계시하기 위한 방편으로 주어졌다고 보는 것이다. 복음서를 보면 예수의 기적은 하나님 나라와 깊은 연관성 하에서 행해진다. 그의 기적은 하나님 나라 도래의 표지 중 하나였으며(마 4:23-25), 그 하나님 나라는 그의 제자들에 의해서, 또 그 이후의 제자들에 의해서 계속 이어가게 된 것이었다. 하나님 나라가 선포되는 곳에 치유와 기적이 일어나게 되어 있는 것이지 이것이 무슨 구원의 계시를 위한 단순한 방편으로 제시된 것은 아니다.

존 루스벤(Jon Ruthven)도 워필드의 은사중지론이 잘못되었음을 다음과 같이 올바로 지적하고 있다. 첫째, 워필드의 은사중지론은 성경의 성령론과 하나님 나라 사상에 배치된다. 워필드가 현새 성령의 역사가 회심과 성화에만 국한된다고 주장하는 것은 신약 성경의 성령에 대한 이해에서 일부만을 취한 것이고, 신약 성경의 하나님 나라 사상에서 기적은 단순한 표적이 아니라 하나님 나라 도래의 필수 사항이기 때문이다. 둘째, 은사에 관한 신약 성경의 핵심 구절들은 예수의 재림 때까지 성령의 은사가 지속됨을 지지하고 있다(고전 1:4-8; 13:8-12; 엡 4:7-13).[3]

개핀(Richard B. Gaffin, Jr.)

워필드가 기적중지론, 나아가 초자연적 은사중지론을 주로 교회 역사를 통해서 설파했다면 개핀은 보다 신학적, 특히 성경신학적 관점에서 이를 피력하고 있다. 어떤 면에서 개핀은 그의 책 『성령은사론』에서 관련 신약 성경 구절들을 자세히 주석하면서 자신의 주장을 펼쳐 나가고 있지만, 전반적으로 그의 주장은 주석적이기보다는 교리적이다.[4] 그는 신약 성경 본문을 다룰 때 현대 신약학에서 기본적으로 학자들이 동의하는 토대를 거의 무시하다시피 한다. 예를 들어 '사도'라는 직책에 대한 이해가 저자나 사용된 문맥에 따라 다를 수 있다는 것을 거의 인정하지 않고, 신약 성경에서 저자와 개별 책에 상관없이 이 문제가 일관성 있게 전개되었을 것이라고 전제한다.

개핀의 주장의 전제는 신약 성경에 나타난 사도직이 일시적이었다는 것이다. 그런데 신약 학자에게 이 주장의 의미를 되묻는다면 아마도 이렇게 말할 것이다. "이 때 당신이 사용하는 사도라는 말의 의미는 구체적으로 어떤 것인가? 예수의 12제자인가? 아니면 여기에 바울과 바나바 등 신약 성경에 사도라고 지칭된 사람을 더한 것인가?" 또 이런 질문도 할 것이다. "그러한 주장은 신약 성경 어느 저자의 생각이었

---

3 Jon Ruthven, *On the Cessation of the Charismata: The Protestant Polemic on Postbiblical Miracles* (Sheffield: Sheffield Academic Press, 1993), 제3장.
4 Richard B. Gaffin, Jr., 『성령은사론』 (서울: 기독교문서선교회, 1983).

는가? 또 그 이유는 무엇이었는가?" 누가는 사도를 12제자 혹은 이에 준하는 사람으로 이해한 것 같다. 요한은 복음서에서 사도라는 말을 아예 사용하지도 않는다. 바울은 매 서신에서 자신을 사도라고 주장하는데, 이 때의 뉘앙스는 자신이 특수 사명을 위해 보내심을 받은 그리스도의 일꾼이라는 뜻이다. 또 에베소서 2:20에서 사도라는 말은 교회의 설립을 위한 일시적인 직책이라고 말할 수 있을지 모르나 고린도전서 12:27에서는 지역 교회에서의 직책을 말하는 것이기 때문에 여기서는 지역 교회 내의 교직으로 보아야 한다. 바울은 이것을 은사와 연관시키고 있는 것이다. 현대 교회에서는 이 명칭을 지역 교회에서 쓰는 것이 자연스럽지 않지만 바울이 고린도 교회에 편지를 쓸 때 바울은 이런 역할을 하는 직책 혹은 은사가 필요함을 언급하고 있는 것이다.

개핀의 은사중지론은 사도직의 일시성이라는 주장을 확장하여 사도와 연관된 은사들이 중지되었다는 것이다. 그는 사도의 주요 임무 중 하나가 하나님의 계시를 받는 일인데, 방언과 예언의 은사는 바로 계시의 은사이기 때문에 당연히 중지되었다는 것이다. 예언은 에베소서 2:20에 의하면 교회 창설 은사 중 하나이기 때문에 지금 당연히 중지되었고, 통역을 통해서 그 내용이 드러나면 계시성이 있는 방언도 당연히 중지되있다는 것이다. 또 이러한 은사들은 사도들에게만 나타나거나 혹은 사도들에 철저하게 의존적인 은사였기에 지금은 더 이상 이러한 은사가 나타나지 않는다고 말한다.

현대 신약 학자라면 개핀의 주장을 받아들일 수 없을 것이다. 그의 주장이 성경 저자가 명시적으로 말한 것이 아니라 여러 추론에 추론을 거듭한 것이고 모두 다 특정 교리를 말하기 위해 그 추론을 한 것이기 때문이다. 일단, 신약 성경 어떤 저자도 사도나 예언이나 방언이 당시를 포함한 교회 시대에 사라질 것이라고 명시적으로 말하지 않았다. 또 신약 성경 저자들은 자신의 글이 구약 성경과 같은 성경이 될 것을 알지 못했으며, 자신들이 성경을 쓰기 위해서 사도의 임무를 수행하고 있다고 생각하지도 않았다. 물론, 고린도 교회 예배에서 하는 예언이 구원과 연관된 계시이기 때문에 그것이 기록되어 성경이 될 것이라고는 감히 누구도 생각하지 않았으며, 자신들이 하는 방언이 계시적 성격이기 때문에 얼마 후에 사라질 것이라고는 고린도 교인들도 바울도 생각해 보지 못한 것들이다.

그런데 개핀은 성경 저자가 아예 생각하지도 않은 주제와 내용들을 하나님의 경륜과 섭리라는 눈으로 읽으면서 저자도 알지 못했던 일들을 주장하고 있는 것이다. 예언에 대해서도 신약 성경에서 여러 관점과 의미로 다루고 있는데 유독 에베소서 2:20이 원칙이고 나머지는 모두 이 원칙에 의해서 해석해야 된다고 하는 것은 도대체 어떤 근거에서 나온 것인지 이해 불가능하다.

사실 신약 성경 학자의 눈으로 보면 신약 성경 개별 저자 중에 그 누구도 사도 시대와 함께 은사가 중지될 것이라는 생각을 가진 사람은 없었다. 은사중지론은 워필드가 그의 책에서 보여주듯이 교회사에서 볼 때 주류 교회에서 은사가 잘 나타나지 않은 것에 대한 해석에서 비롯된 것이다. 또 은사를 오용하는 자들에 대한 지나친 정죄에서 나온 것이기도 하다. 그래서 워필드는 은사중지론을 말하기 위해 성경이 아닌 교회사에 기댈 수밖에 없었고, 개핀은 성경주석적 방법을 사용하기는 했지만 개별 저자의 생각은 무시한 채 성경이 명시적으로 말하지 않은 교리에 의존하여 성경 본문 짜 맞추기를 할 수밖에 없었던 것이다. 고든 피의 말을 빌리면 개핀의 책은 "기본적으로 바울이 전혀 말하지 않은 문제들을 제기하고 그것들에 답하면서, 자신의 견해를 뒷받침하기 위해서 바울의 견해를 인용한다."[5]

존 맥아더(John MacArthur)

워필드와 개핀의 주장은 존 맥아더에 의해서 목회라는 정황의 옷을 입고 다시 등장한다. 존 맥아더의 주장에는 특별히 새로운 것은 없다. 앞의 학자들의 말을 목회의 정황에서 새롭게 펼친 것이다. 한 마디로, 존 맥아더는 은사중지론을 설파한다. 그는 우리말로 번역된 책만도 수십 권에 이를 정도로 수많은 기독교 저술로 많은 신자들에게 감동을 주고 있는 복음주의자 목회자로 잘 알려져 있다. 그는 국내에서도 상당한 정도의 마니아층을 확보한 기독교 저술가다. 그의 책이 나오면 기독교 서적 중 베스트 셀러에 곧바로 들어가곤 한다. 나는 이 책들을 다 읽어보지 못했지만 이것들은 신앙에 유익한 점을 많이 포함하고 있을 것으로 본다.

그런데 그의 최근 저서 『다른 불』은 그의 성령운동에 대한 편견을 그대로 보여준다. 오순절 운동으로 시작된 20세기 성령운동을 통째로 부정하는 것이다. 그의 평가에 따르면 이 운동에 선(善)이 있을 일말의 여지도 없어 보인다. 물론, 그가 이런 주장을 한 것은 처음이 아니다.

---

5   Gordon D. Fee, 『바울, 성령, 그리고 하나님의 백성』(서울: 좋은 씨앗, 2001), 239, 각주 6.

이전에 『무질서한 은사주의』(Charismatic Chaos)라는 책에서 같은 논조로 말한 바가 있다.[6] 하지만 본서에서 그는 더 과격해 진 것 같다. 20세기에 시작되어 지금까지 이어지고 있는 전 세계의 성령운동을 기독교의 본질과는 완전히 '다른 불'로 묘사하고 있는 것이다.

최근에 저술된 그의 책 『존 맥아더의 다른 불(이하 다른 불)』의 내용은 한 마디로 충격적이다.[7] 이렇게 저명한 복음주의 목회자에게서 어떻게 이런 험한 말들이 쏟아져 나올 수 있을까! 그는 본서에서 현대 오순절 운동과 은사갱신 운동 등 이른바 성령운동을 하는 사람들을 하나님이 명령하지 않은 '다른 불'(레 10:1-2)로 제사하는 자들로 규정한다. 아론의 아들 나답과 아비후처럼 하나님께로부터 심판받을 사람들이라는 것이다. 그는 본서에서 자신의 입장에서 이 운동에 가담한 자들의 비리를 고발하면서 이들을 모두 '다른 불'을 지피는 자들로 규정해 버린다. 본서에서 그의 말은 매우 거칠다. 그의 말은 심판자의 목소리다.

이 책은 저자 자신의 관점이 분명하게 들어 있는 책이다. 저자는 철두철미한 은사중지론자다. 그는 방언, 예언, 치유와 같은 은사들은 사도들만 행할 수 있었던 것이라고 한다. 그래서 사도들과 함께 이 은사들은 사라졌기 때문에 이런 은사들은 지금은 절대로, 절대로 나타날 수 없다고 주장한다. 사실 성령운동에 대한 모든 비판은 그의 은사중지론에 바탕을 두고 있다. 만약 그의 은사중지론이 성경적 근거가 없다면, 그의 주장은 다 무너지는 것이다.

교회 시대에 사도 시대라는 특수한 시대가 있었다고 가정하는 것

---

6 John MacArthur, 『무질서한 은사주의』 (서울: 부흥과개혁사, 2008).

7 John MacArthur, 『존 맥아더의 다른 불』 (서울: 생명의 말씀사, 2014).

은 신약 성경 저자들에서는 낯선 개념이었다. 누가는 구속사 신학자로 역사를 구약 시대, 예수 시대, 교회 시대로 나누었다고 잘 알려져 있다. 바울의 사상은 예수 재림에 대한 고대를 빼놓고는 말할 수 없다. 그도 자신의 시대에 예수님의 재림이 임하기를 고대하면서 살았던 사람이었지, 자신의 시대는 사도 시대로 기적이 일어나고, 그 이후에는 그런 것이 없는 시대가 올 것이라고는 생각하지 않았다. 요한은 뚜렷하게 예수 시대와 교회 시대를 구별하며 그 중간에는 어떤 간극도 없다고 본다. 예수 시대에는 예수가 제자들의 선생이고, 교회 시대에는 성령이 그 역할을 한다고 묘사하고 있다. 요약하면, 누가와 바울과 요한의 사상에 사도 시대라는 특수한 시대는 없었다. 예수 시대 후에는 바로 교회 시대인 것이다.

하지만 존 맥아더에게 있어서는 누가와 바울과 요한에게 낯선 은사중지론이 성경을 해석하는데 있어 절대절명의 토대이다. 이러한 해석은 기독교 역사상 오래 지속되어온 하나의 입장이기는 하나, 그 성경적 근거는 찾아 볼 수 없는 것이다. 국내에도 은사중지론을 신봉하는 신학자들이 있기는 하지만 신약 학자로는 드물다. 개혁주의 전통의 신학대학에서 가르치는 총신대학교 신학대학원의 이한수 교수와 에스라성경대학원대학교의 조석민 교수 등도 각자의 논문에서 은사중지론에 반대하고 있다.

은사중지론에 대한 것을 제외하면, 이 책의 내용 중 일리가 있는 내용이 전혀 없는 것은 아니다. 은사주의자들의 비리를 고발하는 그의 묘사는 20세기에 은사 운동을 하는 사람들의 모습을 어느 정도 반영하는 것은 틀림없다. 현대 은사주의의 잘못된 행태에 대한 고발 부분에서는 필자 자신도 동의할 수 있는 내용들이 적지 않다. 아마도 독자들은 이 부분에 공감해서 이 책의 내용에 어느 정도 동의하는 것 같다. 성령의 은사 체험이 크리스천의 신앙성숙을 말하는 것은 아니다. 성령의 은사를 체험하면서도 이기심에 사로잡혀 있는 사람들이 너무도 많은 것도 사실이다. 현대 성령운동 진영에서 무엇인가 수정해야 할 요소가 있는 것은 분명해 보인다.

그럼에도 불구하고, 은사 운동에 대한 존 맥아더의 보도와 평가는 너무도 일방적으로 부정적이다. 이 책을 읽다보면 은사주의자들은 악마들과 거의 다름없어 보인다. 은사주의자들이라는 집단은 비리의 백화점이요, 비이성적 집단이며, 성경의 진리를 배격하는 자들뿐인 것처럼 느껴진다. 이 책을 쓰는 그의 태도도 지나치게 교조주의적이다. 20세기의 성령운동이 하나님의 역사하심이 1%도 없는 완전히 '다른 불'이라는 것이 그것이다.

사실 본서의 내용을 보면 존 맥아더의 주장은 기본적으로 한 쪽으로 많이 치우친 것들이다. 왜곡, 곡해, 무지 등이 심하게 나타난다. 첫째, 그는 오순절 운동, 은사주의 운동, 신사도 운동, 긍정의 힘 주창자 등을 구별하지 않는다. 여기에 그는 나쁘다고 생각하는 모든 집단들을 은사주의자들이라는 이름으로 다 모아다 놓은 것처럼 보인다. 둘째, 성경해석에 있어서도 매우 편협하게 자료를 해석하고 있다. 예를 들어 성령 충만에 대해서 말하면서 아무 설명 없이 에베소서 5:18을 대표구절로 드는데 누가복음과 사도행전에 나오는 대부분의 구절을 언급하지도 않는다. 신약 성경에서 성령 충만이라는 용어는 15번의 용례 중 누가복음과 사도행전에만 나오고(눅 1:15, 41, 67; 4:1; 행 2:4; 4:8;

6:3, 5; 7:55; 9:17; 11:24; 13:9, 52) 다른 문서에는 예외적으로 에베소서 5:18에 한 번 나오는데도 말이다. 그래서 성령 충만이라는 용어에 성령으로 인한 성화 사상과 성령으로 인한 역동적 증인 감당 체험이 다 나오는 것을 무시했다.

존 맥아더는 성령의 사역을 얼굴로 비유하자면, 그에게는 오직 하나의 얼굴 밖에는 없는 것 같다. 그것은 바로 성경교사의 얼굴이다(필자도 성령의 이 역할이 매우 중요한 것이라고 본다). 그는 지금 시대의 성령의 사역은 성령이 성경을 깨닫게 하고(조명), 그래서 신자를 성화시키는 데 국한한다고 본다. 그에게는 사도행전에서 역동적으로 제자들을 인도하는 '헬스 트레이너'로서의 성령의 얼굴이 보이지 않는다. 또 신자와 하나님, 신자와 신자간의 코이노니아를 가능하게 하는 비유하자면 '페이스북 매니저'로서의 성령의 얼굴도 보이지 않는다. 성령은 그리스도를 증거하고, 성경을 조명해 주는 하나의 얼굴만 있을 뿐이다(성령운동을 사람의 얼굴로 비유한 것에 대해서는 졸저, 『방언은 고귀한 하늘의 언어』개정증보판 참조). 신약 성경에 나오는 성령은 다양한 얼굴을 하신 분이지 결코 하나의 얼굴을 가지신 분이 아니다.

만약 이 책에서 주장하는 핵심 논지가 옳다면 현재 한국 교회는 방언에 관계되어 조금 잘못된 정도가 아니라 완전히 사탄에게 미혹된 상태라고 말해야 할 것이다. 이 책에서 존 맥아더가 그토록 부인하는 방언의 은사를 한국 교회 안에서 상당한 정도의 신자가 체험하고 있기 때문이다. 이 부분에 대한 정확한 통계는 없지만 이렇게 말할 수 있을 것이다. 우리 한국 교회에서는 목사님 사모님들과 권사님들의 상당한 정도가 방언으로 매일 기도하고 있다. 이 정도는 안 되더라도 많은

수의 목사님들과 신학생들도 방언을 하고 있다. 순복음 교회의 대다수 교인들이 방언을 함은 물론이다. 정확한 통계는 가지고 있지는 않지만, 어림잡아 한국 교회에서 주일 출석하는 성인 신자의 대략 20%, 사역자들은 그 이상의 사람들이 방언을 하고 있다고 할 수 있다. 존 맥아더의 견해가 옳다면 이들은 모두 사탄에게 미혹된 사람들이라고 보아야 한다.

정이철

정이철은 미국 미시간 주에서 목회하는 지역 교회의 목회자다. 그가 은사중지론을 대표할 만한 어떤 주장을 한 것은 아니다. 다만 『신사도 운동에 빠진 교회: 한국교회 속의 뒤틀린 성령운동』이라는 그의 책이 여러 사람들에 의해 읽히고 있기 때문에 그가 책에서 말한 내용을 여기서 다루려고 한다.[8] 그는 현대 성령운동을 비판하는데, 그 핵심 근거는 은사중지론이다. 그는 방언과 예언의 은사가 지금 그쳤으며, 그래서 지금 행해지고 있는 것들은 모두 가짜라고 한다. 첫째, 정이철은 방언이 지금 그쳤다고 본다. 그가 이해하는 성경적 방언은 외국어다. 현대 방언은 뜻 없는 소리이기 때문에 성경적 방언이 아니라는 것이다. 둘째, 그는 예언은 그쳤다고 보는데 그 이유는 예언이 계시적 성격이 있기 때문인데 만약 예언을 인정하면 정경이 완성된 지금도 계시가 계속된다고 보아야 하기 때문이라고 한다.[9]

---

8 정이철, 『신사도 운동에 빠진 교회: 한국교회 속의 뒤틀린 성령운동』 (서울: 새물결플러스, 2012).

9 정이철, 『제3의 물결에 빠진 교회』 (서울: 에스라서원, 2014).

사실, 정이철의 주장에는 특별히 새로운 것이나 특이한 것은 없다. 그는 앞에서 말한 워필드, 개핀, 존 맥아더를 따라가고 있다. 다만, 그는 이 모든 은사가 나타나는 성령운동을 신사도 운동이라는 범주에 넣어 비판한다는 것이 새롭다면 새로운 것이다. 그도 방언이나 예언에 대한 해석에 있어서 앞의 은사중지론자들처럼 성경 각 저자의 정황과 신학으로 본문을 해석하지 않고, 일단 교리를 만들고 그것에 대입한다. 그래서 엉뚱하게도 바울이 방언은 영으로 말하는 것이어서 아무도 알아들을 수 없는 말이라고 했음에도(고전 14:2) 사도행전 2장에 근거해서 이것도 외국어라고 주장한다. 또 신약 성경에 나타난 예언에 대한 다양한 이해와 설명을 배제하고 예언이 계시의 은사이기 때문에 그쳤다는 성경에 없는 교리로 성경을 해석하고 있는 것이다.

한국 복음주의권 목회자의 대표자격인 이동원 목사는 최근 국내판 크리스채너티 투데이(Christianity Today) 2013년 3월호 사설에서 개혁주의적 복음주의자들에게 애정 어린 충고를 한 마디 던진다. 자신의 신앙과 신학도 내용을 따지고 보면 이와 별반 다르지 않다고 말하면서, 하지만 개혁주의적 복음주의가 다른 신앙전통을 가진 사람들에 대한 태도에 있어서는 보다 열린 복음주의로, 다른 교파의 신학에 대해서 보다 포용적으로 바뀌어야 함을 역설한다. 유독 한국의 개혁주의적 복음주의는 타 교파의 신학을 포용하지 못하고 성쇠하는 경우가 많다는 것이다. 그는 미국의 복음주의의 대표적 신학교인 트리니트 신학교를 다니면서 열린 복음주의를 경험하고 이렇게 말한다고 했다.

최근에 한국 교회의 성령운동을 신사도 운동이라는 카테고리로 몰아넣고 비판한 정이철의 『신사도 운동에 빠진 교회』을 읽고 나도 이동원 목사와 같은 말을 저자에게 하고 싶다. 본서의 저자는 기독교 교파 신학의 다양성을 거의 인정하지 않고 매우 편협한 자신의 시각에서 한국에서 일어나고 있는 거의 모든 성령운동을 비판하고 있다. 또 성경학자가 볼 때 그의 성경해석은 아마추어 수준을 약간 벗어난 정도로, 성경 본문 본래의 정황과 저자의 신학을 제대로 파악하지 못하고 한 교파 혹은 자신의 도그마적 해석에 빠져 있다. 본서는 성령운동이 성경이 말하는 정도를 벗어난 사례들에 대해 정당한 비판도 포함하고 있으나, 그가 전제하고 있는 도그마는 매우 편협하며, 그의 판단은 극단적으로 단정적인 경우가 많다.

필자는 본서가 주장하는 구체적인 것보다도 본서의 저자가 당연시하고 있는 그의 전제를 비판하려고 한다. 이 책의 저자는 일종의 이데올로기적 도그마에 빠져 있다. 그것은 이런 것이다. (1) 성경의 성격은 하나님의 계시다. (2) 사도들의 역할은 계시를 기록하는데 있었고, 계시는 사도들로 인해 종결되었다. (3) 대부분의 기적적인 은사들(치유는 예외)은 사도들의 계시의 방편이었기 때문에 그것들은 사도들의 사라짐과 함께 그쳤다. (4) 그래서 이러한 은사들(사도, 예언자, 방언, 예언 등)이 지금도 계속된다고 하는 것은 사도들이 지금도 존재한다고 하는 것이기 때문에 이것들을 주장하는 것은 일종의 신사도 운동이다. (5) 한국에서 많은 성령운동이 위와 같은 은사들을 인정하기에 그것들은 신사도 운동일 수밖에 없다.

필자는 다른 책들(『신약이 말하는 방언』;『방언은 고귀한 하늘의 언어』)에서 이미 바울이 말하는 방언과 예언과 방언 통역이 이른바 계시적 은사가 아니라는 것을 밝혔다. 그래서 여기서는 다른 문제에 집중해서 위 견해를 비판하려고 한다. 우선, 성령의 초자연적 은사가 지금도 존재한다고 믿는 것과 신사도 운동과는 아무런 연관성이 없다. 신사도 운동은 피터 와그너가 그의 책『신사도적 교회로의 변화』(서울: 쉐키나, 2006)에서 제기한 대로 이천 년 이후를 '제2의 사도 시대'로 규정한 것에 근거한다. 아마도 정이철이 신사도 운동이라고 몰아붙인 대부분의 인물이나 단체는 지금이 '제2의 사도 시대'라고 본 와그너의 견해에 동의하지 않을 것이다. 그는 신사도 운동이라는 말을 너무 확대해서 해석하고 있다.

필자는 성경에서 옛 언약 시대(구약 시대)와 새 언약 시대(신약 시대)를 명확히 구분했다고 본다(렘 31:33). 그리고 신약 시대는 예수 시대와 교회 시대로 구분된다. 요한은 그 분기점을 제자들이 성령을 받는 때라고 본다(요 7:39). 사실 이것들 외에 신약 성경은 어떤 의미 있는 시대 구분도 하지 않는다. 사도 시대와 그 이후 시대의 구분도 인위적일 뿐 성경이 우리에게 제시한 것은 아니다. 그런 의미에서 사도 시대를 교회 시대에서 따로 떼어 놓은 정이철이나 이 시대를 '제2의 사도 시대'라고 보는 와그너의 구분은 모두 인위적인 것이라고 할 수 있다. 물론 교회사적으로 이런 구분은 가능하다고 본다. 하지만 내가 말하고자 하는 것은 성경이 이것을 구분하여 그에 따른 성령의 역사가 다르게 일어난다고 기록하고 있는 것은 아니라는 것이다.

다음으로, 정이철의 문제는 그의 비판이 초자연적 은사중지론의 입장에서 은사가 지금도 있다고 하는 사람들을 비판한 것이다. 그가 여러 사람들을 신사도 운동의 카테고리 안에 넣어 비판한 것은 결국 은사가 지금 지속된다고 믿고 그러한 신앙을 전개한 사람들에 대한 것이다. 그는 방언을 주장하는 김우현, 치유를 주장하는 손기철, 예언을 주장하는 김하중을 비판하는데, 그 내용을 보면 사실 이들 각각이 이러한 은사가 지금도 존재한다고 믿고 그러한 신앙 행동을 한다는데 있다. 내가 볼 때 그가 비판한 많은 내용은 그가 오순절적 신앙 행습에 익숙하지 않고, 그러한 신앙 형태를 부정하는 것에서 온 것이다. 그는 치유는 인정하지만 방언과 예언이 현재에 지속된다고 믿지 않는다. 이는 논리적 모순이다. 이러한 은사들이 지금도 계속된다는 것을 믿는 사람들에게 있어서는 별 문제가 되지 않는 것들이 그에게는 문제가 되었던 것이다.

마지막으로, 본서 저자의 문제는 그는 하나의 정통 신앙이 있고, 그것으로 다른 신앙 형태를 다 재단해 낼 수 있다고 본 것이다. 그는 웨슬레는 인정하는 것 같다. 하지만 그 이외에 알미니안적 신앙 전통에 대해서는 그는 매우 교조적으로 비판한다. 그에게 있어서 정통은 오직 '웨스트민스터 신앙 고백'을 따르는 자들이다. 반면, 오순절 운동과 그것을 잇는 20세기 이후의 성령운동은 모두 비정통인 것처럼 간주한다. 그에게 있어서 정통은 지금은 성경이 완성된 시대이기 때문에 성령으로부터 조명을 받아 성경을 이해하고 그에 따른 신앙생활을 하는 것, 그것만이다. 신약 성경이 우리의 삶의 모델이며, 신약 성경에 예수님이 약속한 성령의 역사들이 예수님이 재림하실 때까지 그대로 일어난다고 믿는 사람들은 비정통인 셈이다. 사도행전을 우리 신앙생활의 모델로 보고 사도행전을 읽는 오순절주의는 그에게 당연히 비정통일 수밖에 없는 것이다.

예일대학교 신학부 조직신학 교수인 미로슬라브 볼프(M. Volf)는 최근 우리말로 번역된 그의 저서 『하나님의 말씀에 사로잡혀』라는 책에서 성경의 목소리의 다양성과 통일성은 물론, 본문의 다의성(多意性)에 대해서도 말하고 있다.[10] 성경이 하나님의 말씀이지만, 그 안에서도 다양성이 있고, 그 말씀의 해석 자체에도 어느 정도 다의성이 있다는 것이다. 물론, 본문에 대해서 어떤 해석도 가능한 것은 아니다. 본문은 기호화된 의미이기 때문에 개연성 있는 해석은 있는 것이다. 그렇다면 현재 기독교인 간에 이런 정도의 합의는 있어야 하지 않을까? "개신교 정통 안에는 개혁주의적 입장(장로교, 침례교 등)과 알미니안적 입장(감리교, 성결교, 오순절파) 등이 있고, 각자는 자신의 입장에서 성경을 해석하고 있다. 그 역사적 기원이나 내용으로 볼 때 모두 의미 있는 해석 전통이다."

만약, 위와 같은 입장에서 본다면 성령의 초자연적인 은사를 인정하고 그것이 실제로 교회 사역에서 활용되어야 한다고 믿는 사람들을 비판해서는 안 된다. 이들이 그것을 성경이 말한 대로 하고 있는지 우리는 늘 감시의 눈을 가지고 있어야 하지만 말이다. 구소련 출신 불신자 우주 비행사와 신자였던 미국 우주 비행사가 우주를 여행하고 와서 하나님의 존재에 대해서 다른 말을 했던 것을 생각해 볼 필요가 있다. 한 사람의 지적 체험과 한 교파 전통의 체험은 늘 한계가 있기 마련이다. 보다 열린 마음으로, 또 성경이 기록하고 있는 것을 실제로 체험하고 성령의 은사를 보면 한국에서의 성령운동에 대해서 다른 시각으로 보게 될 것이다.

---

10 M. Volf, 『하나님의 말씀에 사로잡혀』 (서울: 국제제자훈련원, 2012).

팔머 로버트슨(O. Palmer Robertson)

팔머 로버트슨은 웨스트민스터 신학대학원을 졸업하고 성경신학자와 목회자로 활동했던 사람으로 『오늘날의 예언과 방언, 과연 성경적인가』라는 책에서, 이 책 제목에 나온 질문에 대해서 그 대답으로 "아니다"를 말하고 있다.[11] 신구약 성경에서 예언의 본질은 계시이기 때문에 계시가 성경으로 완성된 지금은 더 이상 예언이 존재할 필요가 없다고 한다. 방언에 대한 그의 주장은 오늘날의 방언은 신약 성경에 나오는 방언과 다른 것이라고 한다. 그 근거로 다음과 같이 네 가지를 들고 있다(38).

첫째, "신약에서 방언은 계시적이었다." 고린도전서 14:2에서 방언은 '비밀'이라고 하는데 바로 그 단어는 계시를 나타내는 것이다. "방언은 계시를 전달하는데 사용한 하나님의 도구였다."(43). 방언이 통역되면 예언과 같이 계시가 된다.

둘째, "신약에서 방언은 외국어였다." 그 증거는 고린도전서 12-14장에 나오는 방언이 통역 가능하다는데 있다(54).

셋째, "신약에서 방언은 공적인 활용을 위한 것이었다." "…신약의 방언이 사적인 용도로 사용되기 위해 주어진 것이 결코 아니"다(59).

넷째, "신약에서 방언은 구속사를 향한 급진적인 변화를 보여주는 징조였다." 오순절의 방언은 "언약적 저주를 나타내는 신

---

11 O. Palmer Robertson, 『오늘날의 예언과 방언, 과연 성경적인가』 (서울: 부흥과개혁사, 2009).

호였다."(69) "방언은 징조지만 이제는 필요 없다."(70)

그래서 로버트슨은 이런 결론에 이른다. "교회는 의사 예언주의(pseudo-prophetism)나 의사 방언(pseudo-tongues)이 필요 없다. 교회는 하나님이 그분의 비밀을 충만함 가운데 계시하셨고 분명하게 선포한 사실에서 벗어날 필요가 없다. 오늘날 교회와 세상에서 필요한 하나는 이미 주어진 하나님의 말씀이 충실하게 선포되는 것이다. 이보다 더 필요한 것은 없다."(71)

나는 로버트슨과 분명 같은 성경을 읽고 있는 사람으로서 고린도전서 12-14장을 읽고 방언에 대해서 어떻게 위와 같은 규정을 하는 이론이 나왔을까 참으로 의아하다. 나는 그가 여기서 주장한 그 어떤 한 가지도 본문의 지지를 받지 못한다고 생각한다. 본문에서 바울이 말하고 있는 바는 그가 해석한 것과 사실 정반대였다. 첫째, 바울이 방언의 은사를 분명히 신자가 하나님께 하는 것이라고 말했기 때문에(고전 14:2) 그 방향으로 볼 때 분명히 사람이 하나님께 말하는 것으로 그것은 계시가 될 수 없다. 계시는 하나님이 사람을 통해 사람들에게 말하는 것이다. 둘째, 여기서 방언이 외국어였다는 것은 사도행전 2장의 오순절 현상을 여기에 집어넣으려는 것 이외의 아무 것도 아니다. 바울은 본문에서 분명히 빙인이 이성으로 알아들을 수 없고, 그 영(성령 혹은 방언 말하는 자의 영)으로 말하는 것이라고 했기 때문이다. 셋째, 바울은 본문에서 분명히 공적인 방언(회중 모임에서 하는 방언)과 사적인 방언(고전 14:18, 29)을 구별하고 있다. 이것을 반대로 해석하는 것은 억지다. 넷째, 바울이 고린도전서 14:20-25에서 방언을 불신자들에 대한 표적이라고 말한 것은 통역되지 않은 공적인 방언에 대한 효과에 대해서 말한 것이지, 개인 기도로써의 방언에 대해서 말한 것이 아니다.

월터 챈트리(Walter J. Chantry)

월터 챈트리는 은사중지론의 본산 중의 하나인 웨스트민스터 신학대학원을 졸업하고 오랫동안 침례교 목사로 목회를 해온 저명한 목회자다. 그는 『오늘날의 은사주의 운동, 과연 성경적인가』(원제: 사도의 표적, 신구 오순절주의에 대한 관찰)라는 책에서 방언과 예언을 비롯한 기적적인 은사들이 그쳤다는 입장을 피력하고 있다.[12] 그의 주장에는 새로운 것은 거의 없다. 기존 학자들이 주장했던 것을 목회자의 필치로 정리한 것뿐이다. 그의 주장은 이렇게 요약할 수 있다.

> 첫째, 신구약 성경에서 모두 기적은 표적이다. 모세의 기적은 그가 하나님의 보내심을 받은 사람이라는 표적이며, 예수가 행한 기적은 그가 그리스도라는 표적이고, 사도들이 기적을 행한 것은 그들 각각이 사도라는 직분의 증거(표적)였다.
> 둘째, 기적적 은사들을 인정하는 것은 성경의 충분성을 부정하는 것이다. 방언과 예언은 계시다. 이것들을 주장하는 것은 현대에도 계시가 계속된다고 주장하는 것이다.
> 셋째, 고린도전서 13:8에서 예언과 방언 등의 은사가 그친다고

---

12 W. J. Chantry, 『오늘날의 은사주의 운동, 과연 성경적인가』 (서울: 부흥과개혁사, 2010).

했는데 그 시점은 성경이 완성될 때다.

이미 이러한 주장에 대해서는 성경적, 실제적 근거가 없음을 앞에서 밝혔다. 몇 가지만 덧붙이면, 첫째 예수의 기적이 단순히 그가 메시아였다는 것을 증명한다고 하는 것은 예수의 기적에 대한 매우 협소한 해석이다. 그의 기적은 그가 메시야라는 표적이기도 했고, 하나님 나라 도래의 표징이기도 했으며, 하나님 나라의 삶의 한 모습이기도 했다. 또 단순히 예수의 불쌍히 여기심에서 발원한 것이기도 하다. 둘째, 챈트리는 아무 충분한 근거도 없이 방언의 은사를 계시의 은사로 취급하면서, 동시에 성령의 인도함을 받았다는 오순절주의자들의 간증을 계시를 받았다는 것으로 지나치게 확대 해석한다. 셋째, 고린도전서 13:8에 대한 주석에서 그는 개핀 등을 답습한 것이기는 하나 바울이 전혀 생각하지 않은 후에 발전된 교리를 성경에 집어넣어 해석하고 있다.

한 가지 긍정적인 것은 그의 책 초판에 비해서 재판에서는 자신의 제한성을 인정하면서, 오순절주의자들의 교리는 부정하지만 그들을 그리스도 안에서 하나의 형제로 인정하면서 본서를 쓰고 있다는 것이다.

평가

사실 은사중지론은 성경적 근거가 전혀 없는 것이다. 나아가 은사중지론은 성경을 있는 그대로 믿지 않는 것이다. 그래서 은사중지론을 말하는 사람들은 교회사에서 볼 때 2세기 이후 성령의 은사가 잘 안 나타났다든가, 자신들이 믿는 교리로 볼 때 은사는 지금 꼭 필요하지는 않다고 주장한다. 이것은 성경에 근거하기보다는 그것의 하위에 있는 교회사적 증거와 교파의 교리를 앞세우는 것이다. 은사를 다루고 있는 신약 성경 자체는 지금 은사중지론자들이 말하는 은사중지에 대해서 사실상 전혀 말하고 있지 않는데 말이다. 그래서 비록 은사중지론이 주류인 개혁주의계 신학자들 중에서 의식 있는 신학자들은 성경적 근거를 들어 은사중지론을 반대한다. 국내 학자로는 고신대학교 신학대학원의 박영돈 교수를 들 수 있다. 비록 그는 방언, 치유, 예언 등이 실제 나타나는 모습에서는 이것들이 많이 수정되어야 함을 주장하지만 그는 은사가 현재 중지되었다는 것도 반대한다.[13] 미국에 있는 앤도버-뉴톤 신학교의 이승현 교수도 같은 입장이다. 그는 현대 교회에 나타나는 은사에 잘못된 실행과 이해가 있음을 주장하지만 이러한 은사가 중지되도록 바울이 의도했다고는 전혀 보지 않는다.[14] 개혁주의 조직신학자인 박찬호도 마찬가지다.[15]

은사중지론이 신약학에서는 매우 낯선 것이기에 개혁주의 신약 학자들 중 총신대학교 신학대학원의 이한수 교수, 에스라성경대학원대학교 조석민 교수, 합동신학대학원대학교에서 가르친 유형기 교수 등 많은 사람들이 이미 은사중지론은 성경적 사상이 아님을 밝혔다.[16] 홍

---

13 박영돈, 『일그러진 성령의 얼굴』 (서울: IVP, 2011).
14 이승현, 『성령』 (서울: 킹더북스, 2012).
15 박찬호, 『주의 성령을 거두지 마옵소서』 (서울: 킹덤북스, 2011).
16 이한수, "신약의 전망에서 평가한 은사중지론," 「신학지남」 195(2008), 157-178; 조석민, "χαρισματα의 계속성 문제 연구: 고린도전서 13:8-13을 중심으로," 「성경과 교회」 1(2003), 155-179; 유영기, "한국교회 안에서 일어나는 은사체험에 대한 소고," 「성경과 신학」 15 (1994), 32-83.

미롭게도 국내에서 은사중지론은 주로 교리로 접근하는 조직신학자들, 그들을 따르는 목회자들, 앞뒤를 잘 모르고 외국 책 몇 권 읽고 주장하는 몇몇 평신도들에 의해서 주장될 뿐이다.

방언을 인정하는 신학자들

카슨(D. A. Carson)

시카고의 트리니티 신학대학원 교수인 카슨은 대표적인 복음주의 신약 학자다. 요한복음과 마태복음에 대한 그의 주석은 각각 복음주의권에서 이미 각 책의 표준주석서 중 하나로 자리매김 되어 있다. 그는 성경 본문에 대한 전문적인 주석가일 뿐만 아니라 현실 교회의 문제를 신학적으로 다루는 신학자이기도 하다. 그는 1985년 당시 전 세계 교회에서 뜨거운 논쟁 거리였던 은사주의자들의 성령의 은사 이해에 대한 주석적이고 신학적인 강의를 했고 그것을 정리해서 책으로 엮어 냈다.[17] 그는 이 책의 서문에서 은사주의자와 비은사주의자가 서로를 상당한 정도로 의심스러운 눈초리로 바라보아 진정한 대화가 어려운 상황에 이르게 된 것을 안타깝게 여기면서 일종의 중재자적 역할을 하기 위해 본서를 썼다고 한다. 그는 두 진영 모두 성경의 권위를 인정하는 것에 긍정적인 의미를 둔다. 주석을 통해서 그는 전통적인 오순절적 방언론(성령세례의 첫 육체적 증거)에도 수정을 요구하며, 동시에 조직신학적 계시 개념에 근거한 초자연적 은사중지론도 반대한다. 그는 고린

---

17   D. A. Carson, *Showing the Spirit*.

도전서 12-14장을 주석하고 또 사도행전에 나타난 방언을 연구한 후 "방언이 속사도 시대에 사라졌다는 것을 근거로 모든 현대 방언 현상을 배제하는 것은 성경적 정당성이 없다"고 결론 내린다.[18]

존 파이퍼(John Piper)

존 파이퍼 목사는 신약 학자로 훈련받은 강해설교가요 목회자다. 또 스스로 칼빈주의자라는 것을 자랑스럽게 여기는 사람이기도 하다. 그는 최근 논란이 된 『존 맥아더의 다른 불』에 대해서 논평하면서 자신은 은사중지론을 따르지 않음을 분명히 했다. 자신은 방언의 은사를 체험하지 못했지만 그것이 지금도 있다고 믿으며, 또 성령의 은사를 사모하라는 성경의 명령(고전 12:31; 14:1, 39)을 지키는 것이 마땅하며 자신은 특히 예언의 은사를 사모하고 있다고 말한다.[19] 그는 예언이 중지되지 않았음을 고린도전서 14:29, 데살로니가전서 5:20-21, 고린도전서 11:4-5, 13:8-10 등을 그 성경적 근거로 든다.[20]

---

18 Carson, *Showing the Spirit*, 183.

19 http://www.christiantoday.co.kr/view.htm?id=268461. 2014년 5월 20일.

20 물론 파이퍼는 방언과 예언을 주장하는 현대 은사주의자들의 여러 가지 오용을 비판한다. 또한 그는 그러한 오용은 은사주의자들뿐만 아니라 비은사주의자들에게서도 흔히 일어나는 일이라고 한다.http://www.desiringgod.org/blog/posts/piper-addresses-strange-fire-and-charismatic-chaos. 2014년 5월 20일. 그는 은사주의자들이 성경의 교리를 잘 배운다면 이들의 체험이 올바른 패도에 오를 것이라고 조언한다. 나는 그에게 이런 조언도 하고 싶다. 비은사주의 복음주의자들이 은사 체험을 하면 그들도 올바른 신앙의 패도에 오르게 될 것이다.

웨인 그루뎀(Wayne A. Grudem)

웨인 그루뎀은 미국 필라델피아 소재 웨스트민스터 신학대학원에서 목회학 석사학위를, 영국 캠브리지 대학에서 신약학 박사학위를 받은 후 시카고의 트리니티 복음주의 신학대학원에서 오랫동안 가르친 그의 경력으로 보아 그는 분명 개혁주의계 복음주의자다. 하지만 그는 영국 캠브리지 대학교에서 바울의 예언의 은사에 대해서 박사학위 논문을 쓴 후 예언과 방언의 은사에 대해서 전통적인 개혁주의적 복음주의자들과는 사뭇 다른 목소리를 내 왔다. 그는 은사중지론자들까지도 존중하며, 은사주의자들과 비슷한 입장에 서 있지만, 양 진영에 있는 사람들에게 자신들의 진영 논리에 갇히지 말고 자신의 입장을 조금씩 수정할 것을 요구한다. 그는 은사중지론 자체에 대해서는 성경적 근거를 들어 이를 단호히 반대한다. 예언의 은사 문제를 집중취급하면서 그루뎀은 고린도전서 13:8에 나오는 온전한 것이 올 때 부분적으로 하던 것이 그치겠다고 했을 때, 그 때는 예수 재림의 때를 의미한다고 본다. 이러한 그의 주장은 이 구절에 대한 해석에 있어서 신약 성경학자는 거의 대부분이 따르고 있는 극히 상식적이면서 동시에 전문가적인 견해다. 그루뎀은 이 은사들 중 예수 재림 이전에 그치는 은사들이 있을 수 있다는 개핀의 주장, 신약 성경이 완성될 때 예언이 그치게 되어 있다는 챈트리의 수장, 예언은 사도들과 관련된 기적적 은사이기 때문에 사도의 사라짐과 함께 사라졌다는 주장, 초기 교회에서 실제로 예언이 그쳤다는 주장 각각을 소개하면서 매우 정교한 논리로 각각의 주장을 반박한다. 여기에, 현대에도 예언이 계속된다고 주장하는 것은 성경의 충족성의 원리에 반하는 것이라는 주장에 대해서도, 현대 교회에서 예언의 은사를 주장하는 책임 있는 교단의 사람들 중 예언의 권위를 성경과 같이 놓아야 한다고 하는 사람은 아무도 없다고 말하면서 이를 반박한다. 성경을 전체적으로 본다면 성령의 은사는 새 언약(신약) 시대의 특징인데 이것이 어떻게 신약 시대에 없어질 수 있는가 하고 그루뎀은 은사중지론자들에게 반문한다.[21]

그루뎀은 고린도전서 14:20-25을 심도 있게 다룬 논문에서 바울이 여기서 방언 자체를 불신앙을 표시하는 은사라고 본 것이 아니라 방언이 통역되지 않고 회중 예배에서 사용되었을 때 불신자를 신자로 만드는 데 공헌하지 못하는 것이라고 생각했다고 설명한다. 그럼으로써 그루뎀은 흔히 바울이 방언을 매우 싫어했다는 의견이나, 혹은 마지못해 인정했다는 의견에도 반대하며 바울은 방언 자체에 대해서는 성령의 은사의 하나로 높이 평가했다는 입장에 서 있다. 결국 그루뎀은 은사중지론은 성경적 근거가 없으며, 바울이 방언을 폄하했다는 의견도 분명히 거부한다.[22]

막스 터너(Max Turner)

『성령과 은사』의 저자 막스 터너는 영국 출신의 저명한 신약 신학자다. 본래 캠브리지 대학교에서 의학을 전공했다가 후에 소명을 받고 이곳에서 신학을 공부하여 신약학으로 박사학위를 받았다. 그의 논문은 누가-행전의 성령론에 관한 것이었고, 그는 신약 학자가 된 이후 신약

---

21 Wayne Grudem, 『예언의 은사』 (서울: 솔로몬, 2013).
22 Wayne Grudem, "고린도전서 14:20-25: 하나님의 태도에 대한 표식으로서의 방언과 예언," 「오순절 신학논단」 6(2008), 279-298.

성경 성령론에 관해서 수많은 연구 논문과 연구서를 냈다. 그 중의 하나인 『성령과 은사』는 비교적 쉬운 필치로 쓴, 신학생과 관심 있는 일반인들을 위한 저술이다.[23]

본서는 크게 세 부분으로 나눌 수 있다.[24] 첫 번째 부분은 성경학적으로 신약의 성령론을 다룬 부분이다(1-8장). 성경학적으로 신약의 성령론을 기술했다는 것은, 성경 각 책의 저자가 각각의 책에서 그 주제에 대해서 말한 바를 밝혀내려고 했다는 것이다. 그는 신약 성경에서 성령에 관해서 언급한 주요 저자인 누가, 요한, 바울의 성령론을 기술한다. 그리고 신약 성령론의 배경으로 구약과 유대교의 성령론을 먼저 기술하고, 이어 공관복음에 따른 예수의 성령 이해를 다룬다.

본서의 두 번째 부분은 조직신학적으로 성령론을 기술한 부분이다(9-11장). 이 부분이 비록 짧기는 하지만 그는 우리가 이해해야할 궁극적 성령론을 단순히 신약 저자들이 기술한 것을 그대로 펼쳐놓는 것이라고 생각하지 않는다. 그는 신약 각 저자가 말한 것을 신학적으로 종합할 수 있고 또 나름대로 이것을 하나의 신학체계로 구성할 수 있다고 믿는다. 실제로 그는 "성령을 받는 것"과 관계되어 바울과 누가와 요한을 묶어 하나의 교리를 만들어 낼 수 있다는 것을 보여주었다. 그는 바울과 누가와 요한이 모두 성령받는 것을 신앙에 입문하는 것으로 보았다고 주장한다. 또 너는 위 각 저자가 성령론을 삼위일체적 관점에서 기술하고 있다는데도 일치하고 있다고 하였다.

본서에서 세 번째 다루고 있는 내용은 신약 성경에서 말하고 있는

---

23 Max Turner, 『성령과 은사』 (서울: 새물결플러스, 2011).
24 다음 부분은 목회와 신학 2011년 11월호에 게재했던 내용을 일부 수정한 것이다.

은사들을 오늘의 교회에서 일어나는 은사와 연결시키고 있는 부분이다(12-20장). 터너는 여기서 주로 논쟁이 되는 은사를 심도 있게 다룬다. 그는 20세기 초부터 지금까지 신학계와 교계에서 가장 논란이 일었던 방언의 은사를 성경적으로 다루고 이것을 오늘날 교회에서 일어나고 있는 방언 현상과 연결시킨다. 또 예언에 관해서도 마찬가지다. 예언을 잘 준비된 설교와 연결시키려는 오래된 개혁주의적 입장에 반대하면서 그는 신약 성경에 나오는 예언과 오늘날 교회에서 행해지는 예언의 유사성과 차이점을 기술하고 있다. 또 한 가지 그가 다루고 있는 것은 치유다. 역시 이 주제도 그는 먼저 신약 성경에서 말하는 치유의 의미가 무엇인지 기술하고, 오늘날 교회에서 이루어지고 있는 치유와 비교한다. 전반적으로 말해, 그는 은사중지론에 반대하면서 오늘날 교회에서 이루어지고 있는 은사에 대해서 한편으로 긍정하고, 한편으로는 교정이 필요함도 역설하고 있다. 본서는 단순히 성경신학적 저술만도 아니고, 그렇다고 성경 주석을 충분히 이해하지 못하고 교리적 주장만을 하는 저술도 아니며, 더구나 교회 현실과 상황을 전혀 모르는 책상물림의 저술도 아니다. 본서는 성경학자로서 본문을 주석하고, 그것을 조직신학적으로 종합한다. 또 단순한 관망자가 아니라 그것을 체험하고 교회에 적용하는 한 성경학자/신학자/체험자의 저술인 것이다.

터너가 본서에서 성령의 은사론에 관해서 기술한 내용은 중도적이라고 할 수 있다(620). 그는 이 주제에 관해서 극단적인 입장을 취하는 은사중지론을 배격한다. 또 그는 신약 성경에 나오는 성령의 은사가 지금도 계속된다고 믿으면서도 동시에, 그것이 신약 성경 시대의 그 은사들과 무조건적으로 일치한다고도 생각하지 않는다. 그는 이 주제에 관해서 은사중지론자인 개핀(Richard Gaffin, Jr.)을 비판하고 있으며, 개인적으로 그의 스승으로 모시는 개혁주의적 입장을 취하는 패커(J. I. Packer)와도 거리를 두고 있다. 또 그와 학문적 교류를 오랫동안 해온 은사에 대해서 소극적 인정론자라고 할 수 있는 던(James D. G. Dunn)도 그의 비판에서 제외되지 않았다. 또 주석적, 신학적 근거가 미약한 상태에서 주로 체험적으로 은사를 주장하는 자도 그는 비판의 도마에 올려놓는다. 전반적으로 말해, 성령의 은사론과 관계해서 그의 입장은 개혁주의적 복음주의를 넘어서, 오순절적 혹은 은사주의적 견해에 가깝다고 할 수 있다. 이 부분에 관해서 그는 개혁주의적 복음주의 출신이지만 오순절주의적 입장과 가까운 의견을 낸 그루뎀(Wayne Grudem)과 비슷한 입장에 서 있다.

또 한 가지 터너가 본서에서 중요하게 다루는 문제는 "성령을 받는다"는 것에 관계된 것이다. 이 부분에서 그의 주요 대화 상대자는 고전적 오순절주의자인 멘지스(Robert P. Menzies)다. 성령의 은사에 관해서는 멘지스와 많은 부분에서 동의하면서도 터너는 이 부분에 관해서는 그와 첨예하게 대립하고 있다. 멘지스도 터너와 같이 바울에게 있어서 성령을 받는다는 것은 곧 회심하는 것을 의미한다고 믿는다. 하지만 멘지스에 따르면 누가는 구약과 유대교의 예언의 영을 이해하는 전통에 따라 성령의 역할이 회심하는 것과 관계된 것이 아니라 능력을 체험하게 하는 것이라고 한다. 그래서 누가는 그리스도인이 된 이후에 복음전도를 위해 성령의 능력을 체험해야 한다고 주장했다는 것이다. 이것은 신약에서 구약과 유대교적 성령 이해에 바탕을 두고 있지만 신약 성경에서는 독특하다는 것이다. 멘지스는 이 주제에 관해서 요한은 누가에서 바울로 가는 중간 지점에 있다고 한다. 이런 멘지스의 견해에 대해서 터너는 주석적, 신학적, 목회적 근거를 제시하여 집요하게 그를 비판한다. 한 마디로 말해, 터너는 신약 성경 모든 저자는 성령 체험을 기독교에의 입문/회심 체험이라는 복음주의적 입장을 취하고 있다. 그가 범 복음주의적 성령론 논쟁에서 중도적 입장을 취한다고 해서 그의 의견이 단순히 은사중지론자와 오순절주의자 사이의 중간지점이라는 것은 아니다. 그는 어떻게 보면 화해자다. 은사중지론자들과 오순절주의자를 비판하면서 동시에 여기 모두에서 긍정적으로 배울 수 있는 점이 있다고 제안한다. 오순절주의자들을 통해 그는 구원이 단순히 영혼의 구원뿐만 아니라 몸의 치유도 포함할 수 있고, 방언과 예언의 은사를 통해서 하나님이 신자들을 지금도 직접적으로 인도하신다는 것을 배울 수 있다고 하였다. 반면, 전통적 복음주의자들(은사중지론자들 포함)을 통해서 우리는 복음에 대한 올바른 이성적 이해와 그것을 가르치는 것이 얼마나 중요하다는 것을 배울 수 있다는 것이다. 또한 그는 양 진영에 대해서 경고도 잊지 않는다. 기독교 복음에 대한 철저한 연구와 분석 없이 체험에 의존하여 신앙을 유지하려고 하면 "교회는 그저 더 많은 목회적 재앙과 충분히 피할 수 있는 오해로 인해서 발생하는 더 심각한 교회의 분열을 경험하고 세상에서 교회의 신뢰성을 더 많이 상실하게 될 것이 뻔하다"(620)고 하였다. 또 주로 이성적인 형태의 기독교에 대해서는 오늘날 교회에서 체험되고 있는 성령의 은사들이 성경에 나오는 바로 그 은사들과 공통점이 있다는 것을 간과해서는 안 될 것을 적절히 지적하고 있다.

사실, 터너가 결론적으로 제시하는 것은 화해다. 그가 책의 마지막 문단에 제시한 것도 "평안의 매는 줄로 성령이 하나 되게 하신 것을 힘써 지키라"(엡 4:3)는 것이었다. 그는 전통적 복음주의와 오순절주의의 화해를 제안하고 있다. 서로 배우려고 하고 자신을 돌아보자는 것이다. 이런 의미에서 나는 터너가 본서에서 추구하는 것이 단순한 중도가 아닌 화해로서의 "제3의 길" 모색이라고 본다. 여러 입장의 토론을 했지만, 같은 한 하나님과 같은 성령 안에 있는 그리스도인들에게 성령론에 관한 어떤 부분의 입장이 다르더라도 화해를 하는 것이 바로 성령의 기본적인 역사라는 것이다.

터너는 전통적 복음주의자의 전통에 서 있었지만, 오순절주의자와 화해한 신학자였다. 그의 자신의 진영에 대한 비판은 더 날카롭다. 하지만 그는 오순절주의자들과 부드럽게 학문적 대화를 하고 있다. 오순절 진영에서 비슷한 태도를 취하고 있는 이로는 저명한 신약 학자 고든 피(Gordon D. Fee)를 들 수 있다. 그는 미국의 대표적 오순절 교단인 하나님의 성회 집안에서 자랐고, 그 자신이 그 교단의 목사이지만, 던 등과 같은 복음주의자들과 교류하면서 그들로부터 배워 성령세례에 관해서는 복음주의자들의 입장을 취하게 되었다. 그것 때문에 오순절 진영으로부터 많은 비판을 받았지만, 개인적으로 화해자요 저명한 주석가인 그는 모두에게서 존경받고 있다. 터너도 중요한 부분에 있어서 전통적 복음주의자의 입장을 고수하면서도 그 자신이 방언을 비롯한 성령의 은사에 대한 체험을 통해 오순절주의자들의 입장을 이해하게 되었다. 그래서 그 또한 성령세례에 관해서는 전통적 입장을 취하시만 방언을 체험한 후 신약 성경을 새롭게 읽으면서 성령의 은사에 관한 입장에 있어서는 오순절주의자들과 생각이 비슷하게 되었다. 그는 성령의 은사론에 있어서 화해를 제안했다. 그런데 화해자가 되기 위해서는 사실 상대방을 이해하는 것이 필수다. 고든 피가 화해자가 될 수 있었던 것도 그가 오순절 배경에서 자랐지만 신학을 학문적으로 공부하면서 전통적 복음주의자들의 말에 귀기울였기 때문이다. 그들을 이해하고 성경을 새롭게 읽게 되었다. 터너도 마찬가지다. 그가 오순절주의와 전통적 복음주의자의 화해를 제시한 것도, 그 자신이 복음주의자면서도 동시에 성령의 은사 체험자이기 때문에 가능했다. 그는 오순절주의자가 체험하는 것이 무엇인지 진정으로 이해할 수 있었던 것이다.

필자도 최근 성령의 은사론 논쟁에 뛰어든 사람 중 하나다. 은자중지론에 대해서 반대하는 입장을 표현했을 뿐만 아니라 은사를 적극적으로 체험하자고 제안하기도 했다. 여기에 박영돈 교수가 필자의 적극적 은사 수용적 입장을 반박하기도 했다.[25] 나는 그 학자의 글을 통해서 내 주장에 약점이 있고, 보완이 필요하다는 것을 알게 되었다. 그 부분에 대해서 그분에게 감사한다. 하지만 역시 그 분에게 촉구하고 싶은 것이 있다. 그 분은 은사를 체험하지 못하고 주장하고 있기에-비록 그 학자 자신은 체험에 근거하지 않고 성경만 의존한다고 하지만- 그 주장의 힘이 약하다. 상대방이 주장하는 것을 귀 기울여 이해하고 나아가 체험까지 해야 화해자로서 힘이 생긴다. 터너가 본서에서 취한 것이 바로 이런 입장이며 그렇기 때문에 본서는 전통적 복음주의자들과 오순절주의자들에게 공히 힘 있는 메시지가 되고 있다.

25　박영돈, 『성령의 일그러진 얼굴』(서울: IVP, 2011).

고든 피(Gordon D. Fee)

고든 피는 오순절 교회 출신의 신약 신학자로 그의 고린도전서 주석은 표준주석서의 하나가 되었으며, 그의 바울의 성령론에 관한 책도 이미 고전이 되었다.[26] 그는 오순절 교회 출신이면서도 오순절 교회의 교리를 자명한 것으로 받아들이지 않는다. 교리가 성경의 진리에 의해 검증되어야 함을 실천하며 산 사람이다. 고든 피의 성령의 은사론은 이렇게 정리할 수 있을 것이다. 첫째, 고린도전서 12-14장에 나타난 성령의 은사는 예배의 정황에서 사용된 것이다. 이것은 일상생활이나 사역을 위한 재능이나 능력이 아니다. 둘째, 바울은 기도의 은사로써 방언을 높이 평가했다(고전 14:4, 5, 15, 17-18; 롬 8:26-27; 엡 6:18). 셋째, 당시 교회는 지금보다 더 은사적이었다. 넷째, 이미와 아직의 두 세대 사이에서 사는 말세의 그리스도인들에게는 성령의 은사가 계속해서 필요하다. 그래서 고든 피는 바울의 입장에서 은사중지론에 대해서 이렇게 결론내린다.

> 바울은 이런[은사중지설] 문제가 제기되는 것을 이해할 수 없었을 것이다. 그의 대답은 분명하다. "물론 우리가 마지막 완성을 기다리는 동안 그것들은 계속될 것이다." 이러한 사도의 견해를 따르지 않는 그 어떤 내납노ㄱ에게 지지를 얻을 수 없다.[27]

---

26 Gordon D. Fee, 『성령: 하나님의 능력 주시는 임재』, 2 vols. (서울: 새물결플러스, 2014).
27 Gordon D. Fee, 『바울, 성령, 그리고 하나님의 백성』 (서울: 좋은 씨앗, 2001), 237.

멘지스(Robert P. Menzies)

오순절계 신학자인 멘지스는 방언을 비롯한 성령의 은사가 지금 계속되는 것을 자명한 것으로 본다. 바울에게 있어 성령의 은사는 교회 시대를 위한 것이며, 바울은 특히 개인기도로써의 방언을 모든 신자가 향유하기를 소망하고 있다고 보기 때문이다. 나아가 바울과 누가는 방언에 대한 깊은 신학이 있던 사람으로 이것이 하찮게 일시적으로 사용되다 버릴 것으로 보지 않았기 때문이다. 그는 고린도전서 14:5a를 주석하여, 개인 기도로써의 방언은 모든 신자가 받기를 바울이 소원한 것이라고 한다.[28]

멘지스는 특히 누가의 방언론에 관해서 매우 새로운 견해를 우리에게 제공해 주고 있다. 그에 따르면 누가는 예언의 영을 말세에 하나님의 백성에게 주어질 것으로 이해하는데, 예수의 제자들은 누가가 예언의 영의 일종으로 보는 방언을 체험하면서 바로 자신들이 이 하나님의 백성임을 확인하게 된다는 것이다. 그래서 "사도행전에서 방언 말하기는 예수가 주님이라는 제자들의 주장을 정당하게 해 주고 아울러 말세의 예언자 무리의 구성원으로서의 그들의 지위를 확증한다."[29]

평가

성령의 은사가 지금도 계속된다고 말하는 것은 신약 성경을 있는 그대로 하나님의 말씀으로 받아들이는 사람들에게는 너무도 자명한 것이다. 성령의 은사를 가르친 바울은 자신이 사는 세대를 종말의 때

---

28 Robert P. Menzies, 『성령과 능력』 (서울: 한세대학교출판부, 2005).
29 Robert P. Menzies, "누가-행전에서의 방언의 역할," 「영산신학저널」 26(2012), 31-52.

로 보았으며, 이 은사는 바로 지금 교회 시대에 필요한 은사로 보았다. 누가도 자신이 글을 쓰고 있는 '지금'을 예수 시대와 구별된 교회 시대라고 보았으며, 교회 시대의 제자들이 할 일은 예수의 사도들이 예수를 좇아 기도하고 하나님 나라를 선포하고 기적을 행했듯이 그들도 하라고 하는 것이다. 그래서 누가는 예수의 말씀과 행적을 기록한 복음서뿐만 아니라, 그의 제자들의 설교와 행적을 기록한 사도행전을 기획한 것이다.

문제는 교회 역사에서 오랫동안 소홀히 여겨져 왔고, 그래서 은사중지를 기초로 해서 형성된 신학이 생겼고 그 전통에서 그것에 익숙한 사람들이 많다는 것이다. 그래서 이 전통에 충실한 사람들은 여러 이유를 대지만 사실 은사중지론에 기초해 있기 때문에 현대에 이러한 은사들이 시행되고 있는 것이 매우 불편한 것이다. 그리고 이러한 전통은 매우 두터워 그것에서 빠져나오는 것이 쉽지 않다. 하지만 우리가 종교개혁의 전통에 서 있다는 것을 다시 한 번 상기하면, 우리의 전통을 늘 비판적 안목으로 살펴보아야 할 것이다.

다행히도, 우리 교계에서는 은사중지론자가 그리 많지 않다. 일부 교의신학자들과 전후사정을 잘 모르는 일부 평신도들을 제외하면, 우리 교계에서 은사중지론 설파자들은 주로 외국 사람들이다. 이들의 주장은 주로 번역된 책들에 의해서 소개되고 있다. 은사중지론이 이렇게 큰 힘을 발휘하지 못한 것은 아마도 한국 교회 전체를 통틀어 현재 은사를 경험한 신자들이 매우 광범위하게 퍼져 있다는데 있을 것이다. 신학적 입장에 상관없이, 교난을 막론하고 우리 교계에서는 은사 체험자가 고루 퍼져 있는 것이다.

지금까지 필자는 은사중지론이 성경적, 신학적으로 잘못된 주장임을 논증했다. 또 대부분의 신약 학자들에게 은사중지론이라는 것은 매우 낯선 개념임을 보여주었다. 여기서 우리는 은사중지론이 성경적 사상이 아님을 보여주기 위해 관계된 신약 성경 본문들을 구체적이고 자세히 주석할 필요가 있다. 그런데 그러한 과업은 또 하나의 연구서 집필을 요할 것이다. 필자는 이미 신약이 말하는 방언 제1장에서 고린도전서 13:8-13에 관계하여 바울이 "온전한 것" 올 때 방언과 예언이 그친다고 했을 때 그것은 예수의 재림을 가리키는 것이라는 것을 주장했다.[30] 또 존 루스벤은 고린도전서 13:8-13은 물론 고린도전서 1:4-8과 에베소서 4:7-13과 그 외 여러 구절들을 통해 바울과 신약 성경 저자들에게 있어 성령의 은사는 하나님의 나라가 성령을 통해 이 땅에 도래한 표시이며 이것은 예수 재림 때까지 지속되는 것임을 설득력 있게 보여주고 있다.[31] 이렇게 성경신학적으로 볼 때 은사중지론이 성경이 지지하는 사상이 아니라면 지금까지 방언 반대론자들이 취해온 주장의 기반은 무너지고 마는 것이다. 초자연적 은사중지론은 한 마디로 성경 저자들에게는 전혀 낯선 사상이었다. 바울과 누가 각각에게 이 용어를 들이댄다면 그들은 매우 의아해 했을 것이다.

---

30 김동수, 『신약이 말하는 방언』 (서울: 킹덤북스, 2009) 제1장.
31 Jon Ruthven, *On the Cessation of the Charismata*, 123-188.

제 5 장

방언 체험에는 원리가 있다

Glossolalia as a Gift of the Spirit

우리 교계에서 최근 몇 년간 방언에 관한 논쟁이 활발하게 진행되었다. 그 논쟁의 발동을 건 이는 방송국 P. D. 출신 평신도 김우현이다. 그는 『하늘의 언어』(2007)를 통해 방언 체험 열풍을 일으켰다. 사실 방언 논쟁을 하자고 그 책을 쓴 것은 아니었다. 그는 장로교 보수파 교회 출신으로 자신의 방언 체험과 주위 사람들의 방언 체험을 소개했을 뿐이었다. 그런데 많은 사람들이 이 책을 읽고 감동을 받았다고 한다. 여기에 사실상 방언 논쟁에 불을 지핀 이는 옥성호다. 그는 『방언, 정말 하늘의 언어인가?』(2008)라는 책을 통해 방언중지설을 들고 나왔다. 방언은 사도들이 사라지면서 함께 이미 중지되었다는 것이다. 방언중지설의 입장에서 외국 학자들이 쓴 책이 국내에 번역된 적은 있었지만, 국내 학자들에 의해서도 드물게 주장되었던 방언중지설을 그가 정식으로 들고 나온 것이다. 그는 신학자는 아니었지만, 이 책에서 방언중지설을 주장하는 서구 학자들의 주장을 나름대로 잘 요약해서 소개하고 있다.

필자는 즉각적으로 이러한 방언중지설에 대해 반박하는 책을 냈다. 『방언은 고귀한 하늘의 언어』(2008)라는 책을 통해 옥성호의 주장을 논박하고, 나아가 성경에서 방언이 어떻게 다루어졌는지를 필자는 보여주려 했다. 후에 필자는 전문 연구서인『신약이 말하는 방언』(2009)을 저술하기도 했다. 이 책을 통해 필자는 신약 성경이 말하는 방언이 무엇인지를 제시해 보려고 했다. 그런데 이러한 필자의 주장을 반박하고 나온 이가『성령의 일그러진 얼굴』(2011)을 저술한 고신대학교 신학대학원의 박영돈 교수다. 그는 여기에서 하나님의 주권에 달려있는 방언 체험 유무를 필자가 방언 체험을 과도하게 격려하고 있다고 비판했다. 이에 대해서 최근에 필자는『방언은 고귀한 하늘의 언어』개정증보판(2012)을 통해 박 교수가 하나님의 주권과 인간의 응답에 관한 성경적 진리를 잘못 이해하고 있음을 들어 그의 주장을 논박했다.

이렇게 방언 논쟁이 일어나는 것을 부정적으로 볼 필요는 없다. 그동안 한국 교회 안에서 수면 아래에 있던 방언에 대한 문제가 수면 위로 올라온 것이다. 이러한 논쟁 가운데 논쟁자들이 서로의 의견을 교환하다보면 성경이 방언에 대해서 어떻게 말하고 있는지를 서로 배우게 될 것이기 때문이다. 이렇게 중요한 문제를 신학자들이 지금까지 방치하고 이 논쟁에 뛰어들지 않았다는 것이 이상할 정도다. 필자는 보다 많은 학자들이 이 토론에 참여하여 학자들 간 제대로 된 논쟁이 있었으면 한다.

어떤 이는 이런 문제를 신학자가 논하는 것은 적절하지 않다고 생각한다. 이 문제는 영적인 문제이기에 부흥사나 목회자가 토론할 몫이라는 것이다. 그런데 성경에서 방언을 했다고 말한 유일한 사람은 최고의 지성인 바울이었다는 것을 잊어서는 안 된다(고전 14:18). 또 누가도 신약 성경을 기록한 사람 중에서 당시 최고의 지성인중의 하나로서 사도행전에서 방언을 여러 번 기록하고 있다(행 2:4; 10:46; 19:6).

그렇다면 신학자들이 방언을 논하는 것은 지극히 자연스러운 것이라고 할 수 있다.

필자는 본 장에서 방언에 대해서 실천적인 측면에서 말하고자 한다. 여기에서는 앞에서 이론적으로 말했던 것들을 실천적으로 정리하게 될 것이다. 그래서 내용상으로는 반복되는 것이 있을 수 있다. 하지만 본 장에서 필자는 앞에서 이론적으로 논의한 것을 바탕으로 방언에 대한 오해, 올바른 이해, 체험을 실천적으로 기술하고 방언 사역을 위한 실제 가이드라인을 제시할 것이다.

방언에 대한 오해

우리 그리스도인들이 방언에 대해서 흔히 오해하는 것들이 있다. 여기에서는 그 중에서 중요하다고 생각되는 것들을 뽑아서 정리해 보고자 한다.

방언은 이제 그쳤다(고전 13:8)

제1장에서 필자는 이미 이 문제를 주석적으로 다루었다. 거기서 필자는 고린도전서 13:8에 나오는 "방언도 그치고"라는 어구를 근거로 방언이 그쳤나고 주상하는 것은 어불성설임을 설명했다. 바울이 "온전한 것"이 올 때 방언이 그친다고 했을 때, 그것은 성경의 완성이나 교회의 성숙을 의미할 수 없다. 문맥과 바울의 신학을 고려해 볼 때 신약 학자들은 거의 만장일치로 "온전한 것"은 예수의 재림을 가리키는 말이라고 본다. 또 본 문맥에서 방언을 비롯한 모든 성령의 은사가 교

회의 시대라는 정황에서 다루어졌다는 것을 잊어서는 안 되겠다. 성령의 은사는 교회에 주어진 것이며, 교회를 세우기 위한 것이다. 그러므로 모든 은사는 교회 시대에 필요한 것이며 교회와 시간적 운명을 같이하는 것이다. 곧 은사는 교회 시대가 끝날 때까지 지속되는 것이며 교회 시대가 끝나는 시점에서는 더 이상 필요 없게 되는 것이다.

그런데 이 본문을 근거로 방언중지론을 주장하는 사람들이 있다. 이 주장에 따라오는 다음 질문은 이런 것이다. 현대 교회에서 행해지고 있는 방언은 무엇이란 말인가? 이것에 대한 대표적인 답변은 방언은 사탄이 준 것이라는 견해와 인위적으로 "랄랄랄라"를 반복해서 학습된 것이라는 견해다. 하지만 이러한 주장들은 은사중지론을 펼치다 보니 그 결과로 따라온 주장일 뿐이다. 은사가 중지되었다고 믿는 사람들에게 현대 교회에 나타나는 방언은 그 출처가 악령이든지 혹은 단순히 학습된 것이라는 주장을 할 수밖에 없는 것이다. 또 방언이 학습되었다는 이론이 20세기 초 방언에 대한 연구 초기에는 학자들의 주목을 받기는 했었지만 현재는 이 이론은 전반적으로 학자들에게 지지를 받지 못하고 있다.

또 방언을 타 종교에서도 나타나는 현상이라고 하며 현재 교회에서 일어나고 있는 방언이 반드시 성령으로부터 발원한 것은 아니라는 주장도 있다. 물론, 그럴 수 있다. 하지만 실제로 사탄에서 발원한 방언이 그리스도인 공동체 안에 만연해 있다고 보는 것은 지나친 기우다. 설혹 그러한 것이 발생하더라도 그것은 교회 공동체를 통해서 얼마든지 분별해 낼 수 있다. 지나치게 방언의 진위를 묻는 사람들 중에는 방언중지론자가 많다는 사실을 잊어서는 안 되겠다.

또 바울과 누가의 방언은 외국어였는데 반해 현대 시대의 방언은 외국어가 아니기 때문에 성경의 방언과 현대 교회에서 나타나는 방언은 다르다고 주장하는 사람들이 있는데, 그것도 잘못된 견해다. 바울이 소개하는 방언은 인간의 언어가 아니며(고전 14:4), 누가가 소개하는 방언도(행 2:4) 그것이 실제 언어인가 아닌가 하는 것보다도 성령에 의해서 그것이 말해졌다는 것이 중요하다. 바울과 누가 문헌 모두에서 방언은 성령에 의해서 말하게 된 것이라는 점이 초점이다. 그것이 실제 언어인가 아닌가는 그렇게 중요한 것은 아니다.

방언은 이상 심리 혹은 사회적으로 낮은 계층 사람들에게서 발생하는 것이다

방언을 심리학적 측면에서 연구했을 때 방언을 이상(異狀) 심리에서 발생하는 것으로 주장하는 경우가 있다. 이것은 방언을 심리적으로 병적인 현상으로 취급한 것이다. 방언은 심리적으로 스트레스 받은 상태에서 발생한 것이라고도 한다. 특히 방언에 대한 초기 연구에서 이러한 주장이 많이 나왔었다. 하지만 이러한 결론은 최근 연구들에 의해서는 대부분 지지를 받지 못하고 있다. 오히려 방언 실행을 통해 방언하는 자는 심리적으로 더 안정된다는 연구 결과도 많이 있다. 최근의 여러 연구들은 오히려 방언이 트라우마의 치료 효과가 있다는 것을 말하고 있다.

또 방언하는 사람들을 계급적으로 구분해 보니 이들이 주로 사회적으로, 경제적으로 낮은 계층 출신의 사람들이라는 주장이 있어 왔다. 그래서 "방언은 민초들의 아우성이다." "못 배우고, 말 못하고, 무식한 사람이 주로 방언한다"라는 주장이 나온 것이다. 국내 상황으로 볼 때 1980년대 까지만 해도 사실 방언은 민초 신앙인들이 받는 것이라는 주장은 어느 정도 맞아 떨어졌다. 당시에는 주로 순복음 교회 교인들, 교회에서 낮은 교육 수준의 사람들, 사회적으로 낮은 계층의 사람들이 방언을 하는 경우가 많았다. 하지만 최근 방언 열풍은 이런 교회들에서보다 오히려 경제적으로, 사회적으로 중산층 이상 사람들이 많이 모이는 온누리 교회에서 일어나고 있다. 대표적으로 그런 인물들로는 김하중 장로, 문봉주 목사, 손기철 장로 등이다. 정근모 장로, 원종수 목사(의사)와 같은 명사들의 방언 체험도 널리 알려져 있다.

필자가 2009년 미국 내 한인 교회들을 방문하여 부흥집회를 하면서 여러 사람이 방언을 체험하는 것을 목도했는데 패어팩스 한인교회의 김 모 박사, 윤 모 박사는 명문대를 나와 각각 교수와 연구원으로 있던 사람인데 집회 중 방언을 체험했다. 자신들도 방언을 체험하고는 깜짝 놀란 눈치였다. 최근 2014년 초에는 부천에 있는 어느 장로교회에서 집회할 때 대기업에 다니는 그 교회 목사님의 사위가 방언을 받았다. 이들은 자기들은 소위 "방언할 스타일"이 아니라고 생각했었던 사람들이었다. 하지만 방언에 관한 말씀을 배우고 이에 동의하면서 방언을 체험하게 되었다. 더 정확한 것은 학문적 연구를 통해서, 또 통계를 통해서 밝혀져야 하겠으나, 최소한도로 말해 사회적으로 억압된 계층이기 때문에 병적으로 방언을 하는 것은 아니라는 것은 확실하다. 한마디로, 방언을 병적인 현상이라든지, 사회적으로 낮은 계층의 사람들만 하는 것이라고 주장하는 것은 방언에 대한 객관적 진리를 연구하려는 의도보다는 이것을 부정적으로 해석하려는 데서 기인한 것이다.

"마귀 방언도 있다 카더라"

흔히 "마귀 방언도 있다더라"라는 소위 "카드라 통신"이 있다. 그런데 바울은 "마귀 방언"이라는 용어를 사용하지 않았다. 오히려 고린도전서 13:1에서 "천사의 방언"이라는 어구를 사용했다. 당시 다른 종교에도 신탁(神託)이라는 것이 있었지만 그것은 방언은 아니었다. 마귀가 방언을 현상적으로 흉내 낼 수는 있을 것이다. 하지만 방언을 체험하기도 전에 이런 말을 퍼뜨리는 것은 요구르트를 먹으려 하는 사람에게 30년 전에 거기에 독극물을 넣은 이야기를 하는 것과 같은 것이다.

2012년 한국을 방문해서 방언에 대해서 한세대학교에서 특강을 했던 신약 학자인 로버트 멘지스(Robert P. Menzies)는 신약 성경 자체에는 방언에 대한 진위여부 문제가 다루어지지 않았다는 것을 주목하고 있다. 고린도 시와 사도행전에 나오는 헬라 도시들에는 당시 이교가 성행하고 있었고, 신전에서 신탁이 행해지고 있었다. 이런 도시들은 영적으로 매우 혼탁한 상태였다. 하지만 바울과 누가는 방언을 말하면서 방언의 진위여부에 대한 논쟁은 하지 않았다. 그들은 올바른 방언 체험은 그 모든 것을 잠재우게 되어 있다고 생각한 것 같다. 현재, 방언에 대한 진위문제를 지나치게 제기하는 사람들은 대부분 방언을 체험하지 못한 사람들이다.

이 문제와 연관된 질문은 다른 종교에도 방언이 있는가 하는 것이다. 예를 들어 불교, 아프리카 무속 종교, 고대 헬라 델피 신전에서의 사제들의 말 등이 방언과 어떤 연결점이 없는가 하는 것이다. 이것들에서 나타난 것들은 현상적으로 비슷한 영적인 것들이지만 이것들은 어떤 것도 성경이 말하는 방언일 수 없다. 이 모든 것들은 신탁 형태이지 신께 기도하는 형태가 아니다. 또 이것들은 영적인 현상일 뿐 성령으로부터 나온 것은 아닌 것이다.

방언은 불신앙의 표지이다(고전 14:22)

고린도전서 14:22에는 방언이 불신자들에 대한 표적이라는 말이 있다. 이 문제는 매우 정교한 주석에 의해서만 결론을 얻을 수 있는 것이다. 필자는 이미 이 문제를 『신약이 말하는 방언』(용인: 킹덤북스, 2009)와 본서 제1장에서 비교적 자세한 주석적 논증을 통해 이러한 주장이 설 수 없음을 밝혔다. 방언이 신자를 위하지 않고 불신자를 위한 표적이라는 말은, 방언을 하면 그 사람이 불신자라는 표식이라는 말은 절대 아니다. 여기서 바울이 말하고자 했던 바는 통역되지 않은 상태에서 방언을 예배 시간에 사용할 때의 부작용에 대한 것이다. 이것은 개인 방언 기도에 대한 것도 아니며 공적 방언에 대한 것이다. 바울은 개인 기도와 찬양으로써의 방언을 어떤 경우에도 폄하한 일이 없다. 그가 우려했던 바는 공동체 예배 가운데 통역 없이 방언이 사용되어 아무도 그 뜻을 모르게 되는 상태와 서로 양보하지 않고 자신에게 임한 은사를 내보이려 하는 무질서다. 그래서 바울이 가르친 것은 예배 시간에 방언을 할 때는 통역이 뒤따라야 한다는 것과, 은사 집회를 할 때는 한 사람씩 차례대로 하라는 것이었다.

방언은 하찮은 은사이다(고전 12:31)

고린도전서에서 바울은 방언의 은사를 인정하기는 하나 방언이 은사 중 방언 통역과 함께 맨 마지막에 나오는 하찮은 은사라는 주장이 있다. 구체적으로 말하면 방언은 예언에 비해 열등하다는 것이다(14:5b). 또 방언은 최고의 은사인 사랑에 비해서도 열등하다는 것이다(12:31; 13:1). 하지만 이 모든 주장은 바울의 생각을 오해한 것이다. 첫째, 바울의 은사 열거 순서가 곧 그 은사의 중요성을 말하는 것은 아니다. 바울은 은사 우열 경쟁을 우려했지, 은사의 서열을 모르는 것을 걱정하지 않았다. 둘째, 바울은 한 은사가 다른 은사보다 절대적으로 우월하다고 주장하지 않았다. 다만, 그가 중요하게 생각했던 것은 예배 가운데 사용될 때 공동체의 유익을 얼마나 주느냐 하는 것이었다. 방언이 통역되지 않을 때 예언과 같은 공동체의 건덕에 이르지 못함을 바울은 주목했다. 바울이 말하고자 했던 바는 방언은 통역이 뒤따르게 사용하라는 것이었다. 셋째, 신학 전체의 체계에서 볼 때 성령의 열매인 사랑이 사역을 위한 능력의 현시인 성령의 은사보다 더 중요할 수 있다. 하지만 바울은 성령의 열매가 성령의 은사를 대체한다고 보지는 않았다. 바울은 이 관계를 논증할 때마다 요약을 하는데 이 때 양자를 다 인정하고 있다(12:31; 14:1). 또 바울은 사랑이 가장 큰 은사라고 말한 적도 없다. 가장 큰 은사는 어떤 하나가 아니라 복수로 되어 있다(12:31).

방언 체험 유무는 하나님의 주권에 속한 것이기 때문에(고전 12:11) 신자가 방언을 적극적으로 추구해서는 안 된다

이 주장은 교회 안에 널리 퍼져 있는데 특별히 최근에 고신대학교 신학대학원의 박영돈 교수가 필자의 방언관을 비판하면서 들고 나온 주장이기도 하다. 이것은 언뜻 주석적으로, 역사적으로, 신학적으로 옳은 주장인 것처럼 보인다. 우선, 주석적으로 성령의 은사는 하나님이 주권적으로 주신다는 말은 옳다(고전 12:11). 하지만 그것은 곧 인간의 사모함을 배제해야 한다는 것은 아니다. 바울은 방언을 비롯한 성령의 은사를 사모하라고 말한다(고전 12:1, 31; 14:1). "사모하다"라는 헬라어 동사 '젤로오, $\zeta\eta\lambda\acute{o}\omega$'는 '젤러시'(jealousy: 질투)의 어원이 되는 단어이다. 바울이 신령한 것들을 사모하라고 했을 때, 방언을 질투하듯이 강력하게 소원하면서 받으라고 했다는 것은 분명히 방언에 대해서 무관심하게 있으라는 말은 절대 아니었다. 이것은 모든 은사에 대해서 적극성을 띠고 사모하라는 말이었다.

또 방언이 하나님의 뜻대로 주어진다는 주장에는 유명한 그리스도인들 중에 방언하지 못하는 사람이 많았다는 것도 그 증거로 흔히 거론되고 있다. 예를 들어 존 칼빈, 빌 브라이트(C. C. C. 창시자), 한경직, 김준곤, 옥한흠 목사 등이 방언을 하지 않았는데 훌륭한 신자들이었다는 것이다. 물론, 필자는 이들이 정말 훌륭한 신자들이었다는 것을 인정한다. 하지만 이러한 예를 제시한다고 해서 이들의 방언관이 성경적으로 옳다고 볼 수 없다. 어떤 사람도 성경에 나오는 모든 부분에 대해서 올바른 해석을 할 수는 없다. 개인의 체험과 자신이 속한 공동체의 신학과 역사적 상황에 따라 성경의 진리 중 잘 보지 못하는 면이 분명히 있을 수 있다.

방언이 하나님의 뜻대로 주어진다는 것은 어떤 사람의 현재 방언 체험 유무가 하나님께 달려있다는 것이 아니다. 하나님의 바람은 바울이 말한 대로 모든 사람이 방언으로 기도하는 것이다(고전 14:5). 그런데 우리가 이러한 사실을 받아들이지 않고, 사모하지 않을 때 어떤 사람에게 방언 은사가 경험되지 않을 수 있다. 그렇다면 이 때 방언 은사 체험 유무는 그 사람의 태도에 달려 있는 것이다. 이것은 왜 다른 신앙의 요소로는 부족해도 방언에 대해서 열려 있는 교회에서 방언 체험이 쉽게 일어나고, 다른 신앙의 요소로는 훌륭한 점이 많지만 방언을 반대하거나 소극적으로 인정하는 교회에서는 왜 방언 체험이 잘 일어나지 않는가를 설명해 준다.

방언은 집에서만 해야지 교회당에서 하면 안 된다(고전 14:27, 28)

바울은 통역하는 자가 없으면 "교회에서" 방언을 하지 말라고 한다. 이것은 무슨 뜻인가? 여기서 교회란 무엇인가? 여기서 교회는 건물을 가리키지 않는다. 교회 건물은 교회가 로마에 의해 공인된 313년까지는 없었다. 여기서 교회란 두 세 사람이 예수 이름으로 모인 공동체를 가리킨다. 그래서 이 말은 예배 시간에 통역 없이 방언으로 공적으로 기도해서는 안 된다는 것이지, 교회에서 통성기도 시간에 방언을 해서는 안 된다는 뜻은 아니다. 또 이것은 교회 건물이나 크리스천 모임에서 방언을 절대 사용해서는 안 된다는 뜻도 아니다. 그 뜻은 예배 가운데 통역이 없이는 공적 방언이 행해져도 그것은 무익하다는 것이다.

일만 마디 방언을 하는 것보다 다섯 마디 이성으로 말하는 것이 언제나 더 낫다(고전 14:19)

바울은 자신이 다른 어떤 사람보다 방언을 더 말함으로 하나님께 감사한다고 말한 다음(고전 14:18) 이렇게 말한다. "하지만 교회에서는 일만 마디를 방언으로 말하기보다는 남을 가르치기 위해 이성으로 다섯 마디 말하기를 나는 원한다."(사역. 고전 14:19) 우리는 이것을 근거로 방언 무용론을 펼치기도 하고 또는 이성 우위론을 펼치기도 한다. 그런데 여기서 중요한 것은 방언과 대비된 것은 이성으로 말하는 것이라는 것이다. 바울은 이미 자신은 방언과 이성을 다 활용해서 기도하고 찬송하겠다고 천명했다(고전 14:15). 그렇다면 바울은 여기서 자신이 방금 한 말을 뒤집은 것인가? 여기서 중요한 어구는 "교회에서"이다. "교회에서"라는 어구는 "모일 때에"(고전 14:26)라는 말과 같은 뜻이다. 즉 모여서 예배할 때에는 개인 기도보다도 다른 사람에게 유익이 되는 말을 해야 하는 것이다. 방언이 통역되면 이것이 다른 사람에게 유익이 되겠지만, 그렇지 않은 상태에서는 다른 사람에게 어떤 유익이 되지 않는 것이다. 그래서 바울은 교회에서 회집할 때는 홀로 하는 방언이 아무 유익이 없다는 것을 말하기 위해 이 말을 한 것이다. 바울은 개인 기도할 때의 방언의 유익에 대해서는 바로 앞 구절에서도 말한 바 있다. 하지만 공동체의 회집에서는 그러한 유익이 다른 사람에게는 아무런 영향을 미치지 못하기 때문에, 공동체로 모였을 때는 오히려 가르침 등을 통해서 다른 사람에게 유익을 끼쳐야 한다는 의미에서 이 말을 하고 있는 것이다.

바울이 가르친 방언은 외국어를 구사하는 능력이다

바울은 자신이 그 어떤 사람들보다 방언을 더 많이(혹은 더 자주) 한다고 말한다(고전 14:18). 어떤 이는 이것을 바울이 외국어 구사 능력이 뛰어나서 헬라어, 아람어 등 여러 가지 언어를 구사하여 선교하는 것을 말하고 있는 것이라고 주장한다. 또 바울이 방언을 교회에서 사용하기를 금하지 말고 한 것도(고전 14:39) 교회 예배에서 외국어를 구사하는 것을 금하지 말라는 것이라고 한다. 그런데 문맥과 고린도 교회의 정황에서 볼 때 이런 주장은 매우 이상한 것이다. 고린도 교회에서 문제가 된 영적 은사(고전 12:1)에 대해서 바울이 교훈하는데 어떻게 갑자기 외국어 구사 능력을 인정하라는 결론으로 끝날 수 있는가?

방언은 보편적 은사가 아니라 특수한 하나님의 은사다

최근에 어떤 분이 인터넷에 이런 내용의 글을 올렸다. "방언은 특별한 것이라기보다는 특수한 것이고, 특별히 존귀한 것이라기보다는 전문적인 사역자들에게 주시는 특수한 은혜의 경험이라고 생각된다." 이 분은 자신도 방언의 경험이 있지만, 방언을 통해서 어떤 특별한 새로운 영적 경험을 하지는 못했다고 한다. 하지만 그는 특별히 소수의 사람들에게 특별한 목적을 위해서 하나님이 그런 체험을 줄 수 있다는 것을 인정하나 그렇지만 그것을 모든 신자들이 경험할 수 있는 것으로 보면 안 된다고 한다.

이러한 주장은 꽤 일리가 있어 보인다. 또 이런 주장을 하면 사실 필자의 마음도 편할 것 같다. 방언이 귀중한 것이지만, 하나님의 뜻대로 나누어주어 그것을 경험한 사람은 그 은혜를 누리면서 하나님의 일을 감당하면 되고 경험하지 못한 사람은 그것도 감사하면 된다고 말하는 것이다. 하지만 필자는 고린도전서 12-14장을 읽으면서 바울이 개인 기도의 영역에서 이 은사를 모든 사람이 누리기를 소망했다고 본다(14:5a). 그렇기 때문에 나는 이 은사를 크리스천이라면 보편적으로 누릴 수 있는 것이라고 힘써 강조하고 있는 것이다.

그렇다면 이런 질문이 제기될 수 있다. 기독교 역사상 위대한 신앙인들인 어거스틴, 칼빈, 웨슬레 등이 방언을 하지 못했고, 최근 한국 교회 역사를 보더라고 한경직, 옥한흠과 같은 신앙의 거인들이 방언을 못했는데 그렇다면 이들이 부족한 신자였느냐는 것이다. 그들은 그들 나름대로 다른 은사를 받아서 하나님께 쓰임 받지 않았는가 하는 것이다. 먼저, 필자는 방언을 못한다고 어떤 사람이 부족한 신자라고 보지 않는다. 하지만 이들이 방언 체험을 하지 않았기 때문에 다른 사람이 방언 체험하지 못해도 된다는 주장은 잘못된 것이다. 이들이 훌륭한 신앙인들이기는 하지만 여러 가지 제약으로 방언에 대해서는 성경의 가르침을 다 이해하지 못했을 수도 있다. 우리는 성경의 가르침에만 기준을 두고 방언에 대해서 말해야 할 것이다.

왜 방언을 반대하거나 소극적으로 인정하는가?

그 동안 필자는 방언에 대해서 연구하면서 동시에 지난 7년 동안 여러 교회에서 백 번 이상 방언 세미나 혹은 집회를 인도했다. 그러면서 왜 사람들이 방언을 반대할까를 고민해 왔다. 물론 성경이 방언을 반대한다고 결론내리고 그렇게 주장하기도 하지만 사실상 방언을 반대하는 데는 다른 이유도 있음을 발견했다. 필자는 여기에는 다음과 같은 이유가 있음을 알게 되었다.

방언을 체험하지 못해서

지금까지 필자가 관찰한 바에 따르면 방언 반대자는 전부는 아니지만 대부분 방언을 체험하지 못한 사람들이었다. 전주 모 교회에서 만난 크리스천 안과 의사는 라식 수술을 몹시 싫어한 적이 있었다고 한다. "라식 수술은 상술로 돈 벌려고 하는 것은 크리스천의 윤리에 맞지 않는다"는 것이 그분의 생각이었다. 그런데 어느 날 왜 자신이 그런 생각을 했을까를 고민했다고 한다. 그는 안과 의사로서 자신이 라식 수술을 못하기 때문이었다는 결론에 이르게 되었다. 사실 자신이 라식 수술을 싫어한 것은 크리스천 윤리 때문이 아니라 자신은 그것을 못하는데 후배들이 라식 수술로 돈을 버는 것을 시샘해서 그랬다는 것이다. 그 후 그 분은 대학 병원에 가서 라식 수술 하는 방법을 배우게 되었고 지금은 라식 수술을 좋아하게 되었다고 한다. 이제 라식 수술을 할 수 있기 때문이다. 방언을 반대하는 사람들 중 그 반대하는 것에 여러 가지 이유가 있겠지만 가장 일반적인 경우는 방언을 체험하지 못했기에 그것을 반대해서 자신의 주장을 정당화 하려고 하는 것이다.

방언하는 사람들에게서 상처 받아서

또 필자가 여러 사람들과 방언에 대해서 대화하면서, 방언을 반대하는 중요한 정황 중 하나는 그런 사람들이 방언하는 사람들에게서 어떤 형태로든 상처를 받은 일이 있는 경우였다. 모 선교단체 간사를 지내신 권 목사는 자신이 속한 교회의 전통에 따라 방언을 하지 않았고 또 방언을 별로 좋아하지도 않았었다. 또 방언을 하는 일단의 성도들이 자기에게 와서 상담을 하던 중 목사인 자신이 방언을 못한다는 사실을 알아차리자 그들이 자신을 영적으로 낮은 단계에 속한 사람으로, 약간은 깔보듯이 대했다고 한다. 그래서 권 목사는 방언을 더 싫어하게 되었다. 그런데 방언을 체험한 분과 결혼하면서 자신이 방언에 대해서 가지고 있던 여러 가지 편견을 차차 불식시킬 수 있었고 결국 방언을 체험하게 되었다.

복음신학대학원대학교의 배 교수는 부흥사에게 상처 받아 방언을 싫어하게 되었다고 한다. 그리고 중고등부시절 교회에서 하는 은사집회에 참석했는데 부흥사가 자신에게 신학을 공부하라고 예언을 해 주었다고 한다. 그는 중고등부 담당 전도사가 자신이 신학을 하고 싶어한다는 사실을 알려 주어 이런 예언을 했다고 여겨 이런 종류의 영적인 일들을 무시하게 되었다는 것이다. 그러던 중 목회를 하면서, 과거의 일을 돌아보니 그것은 자신이 완전히 오해한 일이라는 것을 알게 되었다. 그러면서 다시 은사에 대한 생각이 긍정적으로 바뀌게 되었고 곧이어 방언 체험을 사모하던 중 결국 방언을 체험하게 되었다고 한다.

방언하는 사람들의 미성숙한 신앙을 보고

방언에 대해서 부정적인 생각을 가진 많은 사람들은 방언하는 사람들의 미성숙한 신앙 행동을 보고 그렇게 된 경우도 많다. 특별히 대형교회 목사 중에 방언을 한다고 알려진 사람들 중에 미성숙한 삶들이 대중 매체에 보도되는 것을 보면서 이러한 생각이 더 굳어진 경우가 많다. 또 주위에 있는 방언을 받은 동료 신자들 중에도 방언을 받지 않은 사람들보다 신앙성숙에 있어 훨씬 못한 사람들이 있는 것을 보면서 방언이 과연 신앙성숙과 무슨 관계가 있을까를 고민하게 된 것이다.

여기에 대해서 필자는 이렇게 말하고 싶다. 그렇다. 방언을 체험한 것이 곧 신앙성숙을 의미하는 것도 보장하는 것도 아니다. 방언을 하면서 기도를 깊이 하게 되면 이것이 신앙성숙에 도움이 되기는 하지만 어떤 사람이 방언을 한다고 해서 그 사람이 신앙이 좋아진 것은 아니다. 신앙성숙에는 말씀, 기도, 공동체 생활, 개인 가정생활의 요소 등 여러 가지가 필요하기 때문에 방언 체험이 곧 그 사람의 신앙을 결정하는 것은 아니다. 또 방언을 하지 않은 신앙인이 타락할 수 있듯이 방언을 하는 신앙인도 마찬가지이다. 다만, 방언을 하는 사람들은 방언 기도를 통해 기도에 더 깊이 쉽게 들어갈 수 있는 도구를 얻은 것뿐이다.

방언을 반대하는 신학의 영향으로

사람들의 방언관은 성경에 의해서 형성되기보다는 자신이 다니는 교회의 담임 목사의 설교 혹은 자신이 신앙적으로 크게 영향을 받은 이로부터 형성되는 경우가 많다. 혹은 자신의 체험대로 형성된다. 신학생들은 신학교에서 배운 것에 의해서 형성되는 경우가 많다. 그래서 방언을 반대하거나, 인정하더라도 그 중요성을 가르치지 않는 신학교에 다니고 그 영향을 받으면 방언을 싫어하게 되는 경우가 많다.

또 방언의 신학적 의미를 잘 몰라서 방언을 싫어하는 경우도 있다. 필자가 아는 한 신학대학 교수는 신학교 다닐 때 방언 체험을 체험했는데 지금은 더 이상 방언 기도를 하지 않는다고 한다. 왜냐하면 "방언할 때 천국을 보는 것과 같은 신비한 체험을 할 줄 알았는데 그렇지 않아서 실망했다"는 것이다. 대화를 하면서 필자가 성경적, 신학적으로 방언의 의미를 설명하자 그 교수는 "아 그렇구나. 그런 면이 있었구나" 하고 동의해 주었다.

올바른 성경적 지식을 가지면 방언을 체험할 수 있다. 성균관대학교 기독교 동아리 중에 '겟세마네'라는 단체가 있다. 말 그대로 예수님이 십자가를 지시기 전 기도했던 곳을 동아리 명칭으로 삼을 정도로 기도를 중요시 하는 그 대학에만 있는 선교 단체다. 이 단체는 원래 기도와 방언을 중요시 했던 단체였다. 그런데 언젠가 성령의 은사 문제로 이 단체가 어려움에 봉착하게 되었고, 그 다음에는 말씀을 위주로 하는 모임이 되었다. 그러다가 다시 기도하면서 사람들이 방언을 체험하게 되었고, 지금은 모임에서 자유롭게 방언하는 그런 모임으로 되돌아갔다.

필자가 속한 대학의 한 중국 교포 학생은 자신이 다녔던 교회에서 방언에 대해서 거의 들어보지 못했다. 그런데 신학교에서 필자의 과목을 수강하면서 방언을 공부하게 되었고, 영성수련회 때 방언을 체험하게 되었다. 이전에는 교회에서 방언에 대해서 부정적 혹은 소극적 인정을 하는 담임 목사 밑에서 생활하다보니 방언을 체험할 어떤 열망도 가지고 있지 않다가, 이것을 신학적으로 공부하면서 태도가 변하게 되었고, 결국 방언을 체험하게 되었다. 지금 그녀는 목사 안수를 받고 방언 기도를 하면서 성실하게 목회하고 있다.

영적인 것들을 인정하지 않는 철학의 영향으로

보수적인 은사중지론자들뿐만 아니라 자유주의적 성향의 신자들도 방언을 반대하는 경우가 많다. 그 이유는 이들은 인본주의를 숭상하는 경우가 많고 성경에 나타난 기적 같은 것을 실제로 잘 믿지도 않을 뿐 아니라 실제로 기적보다는 그 의미가 중요하다고 생각하기 때문이다. 또 방언으로 기도하는 사람은 역사의식이 부족하며, 비판 정신이 약하다고 본다. 또 방언을 강조하는 교회가 정치적으로 우파인 경우가 많아서 좌파적 성향의 그리스도인들도 방언을 별로 좋아하지 않는 경우가 있다. 또 유명한 신학자들 중에 방언을 중요하게 생각하고 신학을 펼친 이가 기독교 역사상 별로 없었기에 방언은 신학의 주요 요소가 아니라고 생각한다. 여기서 말한 각 주장에 일리가 전혀 없는 것은 아니지만, 근본적으로 성경이 방언을 말하고 있고 또 그것이 개인 영성 함양에 공헌하는 것으로 말하고 있다면(고전 14:4), 방언을 제외하고 신학적 이론을 만드는 것은 정당화 될 수 없는 것이다. 만약 위 각 주장이 옳으려면 애초에 성경이 방언을 언급하지 말았어야 했을 것이다.

방언 은사에 대한 성경적 진리

이제 방언의 은사에 대해서 보다 적극적으로 그 신학적 의미와 중요성을 말할 차례이다. 방언의 신학적 의미는 신약 성경 자체에서 말하는 것, 또 그 체험이 주는 의미 등이 있을 것이다.

방언은 이성이 아니라 성령의 역사로 신자의 영으로 하는 기도다
(고전 14:2, 15-17)

고린도전서 14:2에서 바울은 애매모호하게 말하지 않고 방언을 단순명료하게 정의한다. "방언을 말하는 자는 사람에게 하지 아니하고 하나님께 하나니 이는 알아듣는 자가 없고 그 영으로 비밀을 말함이리." 한미디로 말해 방언은 우리의 이성의 작용이 아니라 성령의 역사로 신자의 혀가 움직여 신자가 하나님께 기도하는 것이다. 방언의 내용은 우리가 다 알 수 없다. 그런데 구체적으로 기도 속에는 찬양과 감사와 축복이 포함되어 있음을 알 수 있다(고전 14:15-17). 우리가 방언을 할 때 우리 영은 하나님께 기도하면서 간구하고 찬양하고 감사하고 다른 사람을 축복하는 것이다.

여기에 바로 방언의 중요성이 있는 것이다. 방언이 헛된 소리가 아니라 신자가 하나님과 교통하는 기도의 일종인 것이다. 그래서 방언을 체험할 때 많은 사람들이 하나님의 임재를 동시에 체험한다. 그것을 통해 초자연적 것, 신적인 것의 존재를 쉽게 인정하게 된다. 그리고 이것은 어떤 사람을 구원의 확신으로 인도하는 경우가 많다. 필자가 중고등부와 청년부 전도사를 하던 시절 많은 사람들이 교회 수련회 때 방언을 체험했는데, 그들 대부분은 그 때 하나님의 존재를 처음으로 체험하게 되었고, 신앙의 확신을 얻었다고 한다. 25년이 지난 지금 그들을 만나보면 그 때 방언 체험이 그들의 신앙에 큰 영향을 준 것을 다시금 확인 할 수 있었다.

방언은 신자의 연약함 때문에 필요한 것이다(롬 8:26)

방언이 왜 필요한가? 흔히들 성령의 능력의 징표를 얻기 위해서 방언이 필요하다고 생각한다. 하지만 방언이 필요한 가장 근본적인 이유는 기도하는 데 있어 신자의 연약함 때문이다. 그 연약함이 무엇인가? 우리가 마땅히 기도해야 할 내용을 모른다는 것이다. 우리의 이성으로는 무엇을 기도해야 할지를 100% 알 수 없다. 그래서 이것을 아시는 성령님이 신자를 도와서 기도해주시는 것이 방언으로 표출되는 것이다.

로마서 8:26에는 방언을 "말할 수 없는 탄식"이라고 표현한다. 이것은 성령이 인간의 말로 표현할 수 없는 것으로 신자를 위해서 기도하는 것이다. 그런데 신자가 방언을 할 때 성령의 탄식을 느낄 수 있다. 하나님의 마음이 느껴지는 것이다. 방언은 우리의 정신(이성)에는 열매를 맺지 못해도(고전 14:14) 우리의 감정에는 열매가 맺힌다. 방언 기도하면서 성령은 우리와 탄식을 같이하시고, 우리의 마음을 이해하면서 기도해 주신다는 것을 우리가 느낄 수 있다. 그래서 방언 기도를 하면 마음의 감정이 방언과 함께 표출되어 시원함을 느끼는 것이다.

방언 기도하면 신앙이 성장할 수 있다(고전 14:4)

방언은 기도이기 때문에 일반 기도를 해도 우리의 신앙이 성장하듯이 방언 기도하면 신앙이 성장하게 되어 있다. 바울은 건축업자답게 자신의 용어를 사용해서 신앙성숙을 신앙의 집을 짓는 것이라고 비유한다(고전 14:4). 물론 신앙의 집을 짓는 데 방언만 필요한 것은 절대 아니다. 또 기도만 필요한 것도 아니다. 신앙의 집은 개인 경건생활과 공동체 생활을 통해 함양되는 것이다. 또 신자 각자가 하나님 앞에서 자신의 죄성을 깨뜨리고 기도하는 데서 그러한 신앙성숙은 이루어질 것이다. 그런데 어떤 경우든 신앙성숙에 이르는 필수요소 중 하나는 기도다. 기도에도 이성적인 기도와 성령의 직접 도움을 받아 기도하는 것이 있는데 방언은 후자다. 바울은 이성적 기노와 성령에 의한 기도 모두를 할 것을 권한다(고전 14:15-17).

그러면 방언을 통해서 어떻게 신앙성숙에 이르는가? 기도를 깊이 하려면 어느 정도 기도의 양이 필요하다. 예수님은 겟세마네 기도에서 자신이 기도할 때 제자들이 잠든 것을 보시고, 한 시간 동안이라도 깨어 기도할 수 없었냐고 말한다. 또 한나는 오래 기도하면서 하나님의 응답을 받았다(삼상 1:1-18). 방언 기도를 하면 보통 오래 기도할 수 있다. 기도의 내용에 대해서 고민하지 않고 힘들이지 않고도 성령의 인도함에 따라 긴 기도를 할 수 있다.

필자는 광주한빛 교회에서 집회할 때 은퇴한 장로님을 만났다. 그 장로님은 은퇴한 후 자신의 사명을 교회를 위해 하루 한 시간 기도하는 것으로 알았다. 그런데 하루에 한 시간 기도하는 것이 여간 힘든 일이 아니었다. 자신은 30분만 기도하면 더 이상 기도할 내용이 없었다. 같은 내용으로 기도를 두 번 하면 한 시간 분량을 채울 수 있었다. 그런데 주위에 보니 방언을 체험한 사람들은 한 시간을 거뜬히 기도하는 것이었다. 그래서 이 장로님은 방언을 사모하게 되었고, 집회 기간 동안 방언을 체험했다. 그리고 자신도 한 시간 동안 어렵지 않게 기도하게 되었다며 너무 좋아하셨다.

고(故) 토레이 신부님은 방언 기도하는 사람은 방언 기도하지 않는 사람보다 신앙의 침체에서 더 쉽게 회복된다고 말한다. 현대 사회에서는 우울증에 빠져 자살하는 경우가 많은데 방언 기도하면 우울한 기분에서도 쉽게 벗어나고, 삶에 대한 긍정의 힘이 솟는다. 마음에 깊은 평안이 온다. 그래서 바울은 다른 사람보다 자신이 방언으로 더 많이 기도하는 것을 말한다(고전 14:18).

한 사람이 각종 방언을 할 수 있다(고전 12:28)

"방언은 발전하는 것인가?" "랄랄라 방언보다 와카리 샤카리 방언이 더 성숙한 방언인가?" "랄랄라 방언은 애기 방언인가?" 성경에 방언에 등급이 있다는 말이 없다. "랄랄라"가 꼭 "애기 방언"인 것은 아니다. 바울은 "각종 방언을 말하는 것"(고전 12:28)을 말하고 있다. 한 사람이 여러 종류의 혀가 돌아가는 방언을 할 수 있다는 것이다. 방언은 하면서 자주 변하는데, 그것은 지극히 정상이다. 하나님은 미(美)를 무시하지 않는다. 방언이 아름답게 여러 가지로 변해가는 것은 지극히 정상이다. 그런데 이것은 신비에 속한 것이다. 필자도 각종 방언을 하면서 참으로 신기하다는 생각을 많이 한다. 이런 것이 어떻게 이루어질까? 어떤 때는 러시아 액센트의 방언이, 어떤 때는 스페인어 같은 방언이 나온다. 참으로 신기하다.

방언 통역의 은사는 예언의 효과를 낸다(14:5)

방언 통역이란 귀로 들리는 것이라기보다는 마음속에 인상이 생기는 것을 말하는 것이든지 아니면 기도 중 즉각적으로 발설되는 것이다. 예언, 지식의 말씀, 지혜의 말씀과 방언이 맥을 같이하고 있다고 볼 때 방언은 귀로 들리는 것이라기보다는 마음으로 들리는 것이다. 통역의 은사가 임하면 다른 사람의 방언이나 자신의 방언 통역 모두 가능하다. 방언 기도할 때 자신의 방언 기도를 자신도 모르게 저절로 통역이 되기도 한다. 다른 사람이 방언을 할 때 자신의 마음속에 들려오거나, 기도 중 저절로 통역이 나오기도 한다. 방언 통역의 은사는 하나님께 구하면 받을 수 있다. "그러므로 방언을 말하는 자는 통역하기를 기도할지니."(고전 14:13) 방언 통역을 통해서 공동체를 세우는 사역이 지금 절실하게 필요하다(고전 14:26이하). 이것은 예언과 같이 다른 사람을 세워 주는 역할을 한다.

방언은 특별한 신자가 아니라 모든 신자가 체험할 수 있는 것이다
(고전 14:5)

한 사람이 성경에 나오는 모든 은사를 다 체험할 필요는 없다. 은사 수여에 대해서는 성령의 분배에 순종하면 된다는 것이 대 원칙이다 (고전 12:11). 하지만 바울은 방언 기도의 은사를 모든 신자가 체험하기를 소망하고 있다(고전 14:5). 그것은 이것이 사적으로 개인 성장에 기여하기 때문이다. 그럼에도 통역을 통해 방언 사역을 하는 공적인 방언은 모두가 해야 하는 것은 아니다(고전 12:30). 그 동안 많은 사람들이 이것을 이해하지 못해 바울이 방언의 은사를 모두가 체험하기를 원하는 것은 아니었다고 결론내리는 경우가 많았다. 하나님이 강권적으로 방언의 은사를 주시면 받겠지만 그것을 사모하지는 않겠다는 사람들을 주위에서 많이 본다. 이것은 바울의 바람과 다른 것이다. 바울은 사적 기도의 은사로써의 방언은 누구나 체험해서 사용하기를 희망하고 있었다.

방언 체험의 강도는 개인에 따라, 또 상황에 따라 다양하게 나타난다

방언을 체험할 때 그 사람에게는 무슨 일이 일어나는가? 방언을 체험할 때 때로는 황홀경을 또는 마음의 시원함을 체험하기도 하지만 아무런 느낌 없이 방언을 체험하기도 한다. 그것은 체험할 때의 개인에 따라 다르고, 또 같은 개인이라도 상황에 따라 다르게 체험된다. 아무 느낌 없이 입술만 움직이는 경우도 많다. 방언 체험의 다양성은 인정되어야 한다.

필자가 아는 어떤 신학자는 대학생 때 방언을 체험했다. 이 분은

1980년대 한국 교회에서 복음주의 진영과 오순절 진영관의 성령론 논쟁을 나름대로 이해해 보려고 했다. 학교까지 1년 휴학하고 기도원을 돌아다녔지만 소망했던 방언 체험은 하지 못했었는데, 모든 것을 내려놓으면서 잠을 자다가 방언이 터져 나왔다. 또 필자의 학교에 있는 어떤 신학생은 방언과 같은 체험을 두려워하고 멀리하다가, 교회 수련회에 가서 자기도 주체할 수 없이 방언이 솟구쳐 올라왔다. 어떤 사람은 매우 어렵게 어떤 사람은 매우 쉽게, 또 어떤 사람에게는 강렬하게 다른 사람에게는 부드럽게 방언이 임한다. 방언 체험은 강도와 경우에 있어서 너무도 다양해서 우리가 어떤 카테고리를 쉽게 정할 수 없다.

방언의 깊은 뜻과 방언의 유익

방언은 말씀 체험이다

신학자들 간에 "말씀이 중요한가? 체험이 중요한가?" 논쟁이 있다. 말씀이 중요하다고 생각하는 사람들은 체험은 주관적이기 때문에 객관적인 말씀이 중요하다고 주장한다. 반면, 체험이 중요하다고 생각하는 사람들은 체험이 없는 사람은 장님 코끼리 다리 만지기 현상이 발생한다는 것이다. 코끼리 다리를 둥근 기둥이라 생각한다는 것이다. 사실 중요한 것은 말씀을 체험하는 것이다. 그런데 체험의 내용은 말씀이 되어야 한다.

방언은 성경에 기록된 것, 역사적으로 사도들이 체험했던 그것을 지금 체험하는 것이다. 그래서 방언을 체험하면 말씀을 가시적으로 체험하게 된다. 물론 방언이 아니라도 성경 말씀을 믿고 그러면 그것이 믿는 자에게 체험된다. 그런데 방언은 가시적이라서 체험하는 자가 오감으로 말씀을 체험하고, 그것을 또 다른 사람들이 보게 된다. 어떤 신학자는 자신이 대학생일 때 성경이 잘 안 믿어졌다고 한다. 동정녀 탄생이라던가, 창조설 등 믿기 어려운 것들이 많았다고 한다. 그런데 방언을 체험하고 성경에 대해서 의심하는 모든 것들이 사라졌다고 한다. 왜냐하면 성경에 있는 방언이 지금 체험되는 것이라면 이 안에 있는 모든 것들이 사실이라는 것이 믿어졌다는 것이다. 우리는 흔히 방언을 하게 되면 말씀을 소홀히 여기고, 주관적인 신앙인이 되고, 황홀경에 빠져서 비이성적인 사람이 된다고 생각한다. 사실은 그 반대다. 방언을 체험하면 말씀을 체험하기에 말씀을 사랑하게 되고, 이성이 더 또렷해진다.

방언은 성령 체험이다

사도행전 2:4에 보면 제자들이 성령의 충만함을 받고 "성령의 말하게 하심을 따라" 제자들이 "다른 방언"으로 말했다고 했다. 곧 방언 체험은 성령 체험이었다. 사도행전 10:45-46에 보면 여기서도 방언을 하는 것을 보고 어떤 사람이 "성령 체험 했구나"하고 생각한 것이다. "베드로와 함께 온 할례 받은 신자들이 이방인들에게도 성령 부어주심으로 말미암아 놀라니 이는(for) 방언을 말하며 하나님 높임을 들음이러라." 고린도전서 12:7에 보면 방언은 "성령의 나타나심"이다. 이것도 성령 체험이다.

사실 인간에게 가장 중요한 체험은 살아계신 하나님을 만나는 체험이다. 하나님이 어떤 분인지 듣기만 하다가 우리 마음으로, 몸으로 체험하는 것은 놀라운 것이다. 방언을 체험할 때 하나님 임재 체험을 동시에 하는 경우가 많다. 그 전에는 하나님의 존재에 대한 믿음이 오락가락하다가 방언을 체험하면서 하나님의 존재가 더 이상 의심되지 않게 된다.

방언은 말세를 사는 사람이 이 땅에서 성령의 보증을 체험하는 것이기도 하다. 고린도후서 1:22과 5:5에 보면 하나님이 말세에 신자들에게 성령을 보증으로 준다고 했다. 보증은 선금, 선물이다. 본래의 물건을 일부 미리 맛보는 것이다. 그것을 통해서 본래의 것을 더 사모하게 되고 본래의 것을 얻을 것을 더 확실히 알게 된다.

방언은 우리 영이 하는 것을 몸으로 느끼는 체험이다

고린도전서 14:4에 보면 "방언을 말하는 자는 …영으로 비밀을 말함이라"고 했다. 여기서 영은 성령이 될 수도 있지만 방언하는 사람 자신의 영도 될 수 있다. 방언을 하면 자신에게 몸이나 정신만 있는 것이 아니라 영이 있다는 것을 알게 된다. 자신의 영도 기뻐하고 슬퍼하고 사랑하고 즐거워할 수 있음을 느낀다. 그리고 바로 우리가 하나님과 교통할 수 있는 기관이 영이라는 것을 알 수 있게 되는 것이다. 그래서 방언으로 기도하면 영적이 것에 민감해 진다. 방언으로 기도하고 나면 자신의 영의 상태가 충만한 상태인지 빈곤한 상태인지 알게 된다. 하지만 영석으로 눈이 멀어 있으면 라오디게아 교회처럼 자신의 벌거벗음을 알지 못한다. 방언으로 많이 깊이 기도할 때 우리의 영이 더 민감해져서 하나님의 것과 사람의 것을 더 잘 분별하게 된다.

방언은 하나님의 형상을 회복하게 한다

구원에 대한 여러 개념이 있다. 구속(redemption)은 속전을 주고 되사는 것이다. 화목제물은 하나님과 원수되었던 것을 희생제물을 드려 화해하는 것이다. 구원은 물에서 건져내는 것 혹은 병들었던 것을 치료하는 것이다. 회복하는 것이다. 그 회복의 원형은 창세기 1:26-28에 나오는 "하나님의 형상"이다. 바울은 이렇게 하나님의 형상을 회복하는 것을 덕을 세우는 것이라고 말한다. 본래 이 말은 집을 세운다, 건축한다는 말이다. 고린도전서 14:4에 따르면 방언은 방언하는 사람 자신을 세우는 것이라고 한다. 그것은 바로 하나님이 만든 본래 형상대로 자신이 회복되는 것을 말한다.

그러면 하나님의 형상이 어떻게 회복되는가? 예언의 예를 보면 다른 사람을 세우는 것은 위로나 책망이다. 살리는 것도 사람의 말이다. 상황에 적절하게 위로나 책망하는 말이 사람을 살리는 것이다. 방언은 그 뜻을 모르는데 어떻게 살리는 말이 될까? 바로 방언의 내용이 고린도전서 14:4에 보면 "비밀"이라고 했다. 여기서 비밀은 하나님이 말세에 사람들에게 알려주시기 위한 구원의 경륜이다(롬 16:25; 엡 3:9; 골 1:26). 이것은 하나님이 사람에게 알려주시는 것인데 사람이 알지 못하는 말로 이것을 말한다는 것이다. 곧 사람이 올바로 하나님의 뜻을 말함으로 스스로 치유 받고 세움을 받는다는 것이다. 방언으로 기도하면 내면세계가 치료 받는다. 무의식 세계에 감추어 두었던 추한 것들, 수치심, 열등감 등이 치유 받을 수 있다. 또 방언으로 기도하면 생각이 정리된다. 우리의 생각의 흐름대로가 아니라 하나님의 생각의 흐름대로 기도하게 되어 이기적인 기도를 막을 수 있다. 그래서 방언으로 올바르게 기도하고 나면 평안하고 숙면을 취하게 된다.

방언은 일종의 성만찬 체험이다(행 2:17-18)

가톨릭교회에서는 교회가 있으려면 주교와 성례전이 있어야 한다고 한다. 루터나 칼빈은 올바른 말씀이 있어야 한다고 했다. 성만찬은 성도가 다 같이 그리스도 안에서 하나됨을 체험하는 것이다. 남녀노소, 신분, 유대인/헬라인 상관없이 성찬에 참여하는 자 모두가 그리스도 안에서 하나임을 체험하는 것이 성만찬이다. 방언을 같이 하면 대개 이런 체험을 한다. 모두가 그리스도 안에서 한 방언을 함으로 모두가 한 그리스도의 제자임을 몸으로 체험하게 된다. 그래서 통성기도 때마다 방언으로 기도하면 그 때마다 성만찬을 하는 것과 같은 효과가 나는 것이다. 물론 방언이 성만찬을 대체할 수는 없다.

방언이 성만찬 체험의 효과가 있다는 것은 방언 체험을 통해서 우리는 그리스도 안에서 신분과 계급과 민족과 남녀노소를 극복하는 것이다. 요엘서의 예언이 성취된 것이 바로 이것이다. 기득권을 유지하려고 하는 사람들에게 방언은 혼란이며, 위계질서의 파괴이며, 영적 엘리트주의를 조장하는 것이 된다. 그런 면에서 방언은 저항의 언어라고 할 수 있다. 긍정적으로 말하면 방언은 성령 안에서 평등을 체험하는 것이다.

방언 기도에는 많은 유익이 있다

첫째, 방언으로 기도하면 무시로, 때와 장소를 가리고 않고 기도할 수 있다. 운전하면서 방언 기도하면 정말 좋다. 둘째, 다른 사람이 기도하는 사람의 기도를 알아듣지 못해 자유롭게 기도할 수 있다. 셋째, 방언으로 기도하면 오랫동안 기도할 수 있다. 방언 기도와 모두의 기도를 섞어서 하면 우리 생각에도 열매를 맺고 우리 영에도 열매를 맺기 때문에 오래 기도할 수 있다. 넷째, 방언을 하면 쉽게 영적 침체에서 벗어날 수 있다. 일반 기도는 기도하는 사람의 기분에 따라 기도가 좌우되어 침체에 빠졌을 때 빠져나가기 어렵지만, 방언 기도는 우리의 기분을 달라지게 한다. 다섯째, 방언을 하면 생각이 정리되어 하나님의 음성을 더 쉽게 듣게 된다. 여섯째, 방언을 하면 신앙생활에 더 열심을 내게 된다. 일곱째, 방언으로 기도하면 하나님과 관계가 "아버지"에서 "아빠"로 친근하게 느껴진다.

밥 휘태커(Bob Whitaker)는 자신의 체험 상 정기적으로 기도하면 방언에는 다음과 같은 유익이 있다고 말한다. 첫째, 성경에 대한 이해력이 증진된다. 둘째, 방언으로 기도하면 두려움과 염려가 극복된다. 셋째, 어떻게 기도할지 모를 때 방언 기도가 도움이 된다. 넷째, 스트레스 받았을 때 방언으로 기도하면 평안이 찾아온다. 다섯째, 방언으로 기도하면 하나님의 사역이 잘 된다. 여섯째, 방언은 "다른 은사를 촉발시키는 방아쇠다." 일곱째, 방언이 만병통치약은 아니다.[1]

방언 기도에는 주의할 점이 있다

김신호 박사는 그의 책 『성령세례 받으면 방언하나요?』(서울: 서로사랑, 2011)에서 방언에 주의할 점이 있음을 잘 지적해 준다. 요약하면

1　Zen Bradford Long, 『성령의 능력으로: 예수님의 사역을 하기 위해 성령과 협력하기』 (서울: 도서출판 두나미스, 2011), 202-205.

다음과 같다. 첫째, "극단적 감정주의를 조심해야 한다." 둘째, "사랑에 기초해야 한다." 셋째, "'할렐루야'를 따라하기는 비성경적이다." 넷째, "은사로 사람을 차별하면 안 된다." 다섯째, "방언을 강요하지 말자." 여섯째, "더 큰 자극을 구하지 말자." 일곱째, "방언을 의심하지 말자." 여덟째, "방언을 지속적으로 해야 한다."

방언을 못하는 경우들

방언은 하나님의 뜻대로 주신다. 누구도 방언을 마음대로 줄 수 있는 능력은 없다. 방언을 체험하는 도깨비 방망이는 없다. 어느 누구든지 다른 사람에게 방언을 줄 수는 없다. 방언은 성령이 주시는 것이다. 하지만 방언을 체험하는 원리가 없는 것은 아니다. 바울은 성령의 은사를 사모하라고 하는데 사모하는 것도 한 가지 원리다. 다음은 방언을 체험하지 못하는 흔한 경우들이다.

예수를 믿지 않으면

구원은 불신자에게, 은사는 신자에게 주시는 하나님의 선물이다. 그렇다면 방언을 못 받는 가장 근본적인 경우는 어떤 사람이 신자가 아닌 경우다. 여기서 방언 체험의 조건이 좋은 신자가 되는 것이 아니라는 것이다. 은사는 상급이 아니라 선물이기 때문에 그 사람의 행동에 대한 상으로 주어지는 것이 아니다. 하나님이 신자에게 선물로 수여하는 것이다. 많은 사람들이 방언의 은사를 체험하려면 어느 수준의 신앙에 이르러야 한다고 생각하는 경우가 많다. 아니다. 방언을 비롯한 모든 은사가 주어지는 최소한의 조건은 신자가 되어 교회 공동체에 소속하는 것이다.

성경적 방언에 대해서 무지 혹은 무관심하면

예수를 믿어도 은사에 대해 성경이 말하는 지식이 부족하면 혹은 이것에 대해서 무관심하면 은사를 체험하지 못하는 경우가 많다. 성령의 은사가 기독교 역사상 전통이라는 바위 속에 오래 동안 갇혀 있었다. 그래서 많은 사람들이 성경을 읽으면서도 방언에 대한 지식이 없거나 무관심하게 되었고 따라서 방언을 체험하지 못하는 경우가 많았다. 신약 성경에는 이렇게 명확한 진리가 기독교 역사상 20세기 이전에 잘 나타나지 않았던 이유는 교회가 방언의 은사에 대한 무지 혹은 무관심했기 때문이었다.

방언을 적극적으로 부정하면

기독교 역사상 방언은 그친 것으로 믿고, 방언을 부정하는 태도가 강했다. 특히 20세기부터 방언이 전 세계적으로 나타나면서 방언중지론도 강했다. 어떤 주제에서건 성경의 진리를 반대하면 체험하기 어렵다는 것은 기본 진리다. 방언이 부정되거나 소극적으로 인정되는 교회에서보다 방언이 긍정적으로 가르쳐지는 곳에서 방언 체험이 더 많이 일어난다는 것은 이 때문이다. 특히 서구의 오랜 교회 해석 전통에서 은사중지론이 중요한 자리를 차지했고, 또 은사가 특별한 신학적 관심사가 아닌 것이 오랜 동안 지속되면서 계몽주의의 세례를 받은 서구 기독교는 방언을 체험하기 어려웠다. 하지만 우리나라 그리스도인들이 방언을 이렇게 많이 체험하는 것은 방언에 대한 이러한 부정적인 교리적, 전통적 생각이 적었기 때문이다.

소리를 내서 기도하지 않으면

필자는 지금까지 방언 세미나를 하고 이어서 통성 기도를 할 때 많은 사람들이 방언을 체험하는 것을 목도했다. 그런데 일군의 사람들이 방언을 체험하지 못하는데 그들은 통성기도에 익수하지 않은 사람들이었다. 묵상기도, 침묵기도, 합장기도 이런 스타일의 기도만 하면 방언을 체험하기 어렵다. 방언은 혀를 하나님께 맡기는 것인데, 대개 몸을 맡기지 않는 사람은 혀도 맡기지 않게 된다. 기도할 때 몸을 사용하지 않는 사람들은 혀도 맡기지 않는 경우가 많다. 입을 벌려서 하나님께 기도할 때 방언이 터진다. 방언을 사모하면서 기도할 때 "방언 주세요"라고 기도하는 것보다 주신 것을 믿고 하나님께 단순하게 기도할 때 방언을 체험하게 되는 경우가 많다. 또박또박 이성으로 기도하기보다 하나님을 찬양하면서 입술을 하나님께 맡길 때 어느 순간 자신의 입술이 성령에 의해서 움직이게 된다.

미국 노스 캐롤라이나 주의 그린스보로에서 만난 정 집사는 오래 동안 방언 체험을 사모하고 있었다. 그런데 아무리 간구해도 방언을 체험하지 못했다고 한다. 그래서 자신에게는 하나님이 방언 체험을 안 주시는가 보다 했다. 그런데 그 분과 대화를 하는 가운데, 그 분의 기도 스타일은 발성을 하지 않는 묵상 기도라는 것을 알게 되었다. 그래서 그것을 고칠 것을 제안했고, 곧이어 이 분은 기도하다가 방언을 체험했다. 처음에는 "어"라는 소리를 내려고 하는데 다른 소리가 나왔고,

다음에는 폭발적으로 방언이 터져 나왔다. 이 분은 방언을 체험하고 현재 행복한 신앙생활을 하고 있다.

방언에 대해서 두려워하는 마음이 있으면

방언은 왠지 지성적인 신앙과 맞지 않는다고 느끼며, 자신이 지켜온 신앙과 다른 신앙을 가질 것 같은 두려움이 있으면 받기 어렵다. 두려움을 가지면 대개 소극적이 된다. 방어적이 된다. 방언을 체험하려면 두려움을 말씀으로 극복해야 한다. 우리 학교 대학원 학생 중에 새로운 것을 하는 것에 대한 두려움이 있는 학생이 있었다. 이 학생은 방언을 말하지 않는 교회에 다녔고 방언에 대한 두려움이 있었다. 그래서 오랫동안 방언을 체험하지 못하다가 방언에 대한 성경 말씀을 반복적으로 듣게 되었고 어느 날 드디어 방언을 체험하게 되었다.

방언의 필요성을 못 느끼면

이성으로도 기도를 잘 해서, 영으로 기도하는 것의 필요성을 못 느끼면 받지 못하는 경우가 있다. 자신은 방언하는 스타일이 아니라고 여기고 그것을 추구하지 않는 사람들이 대개 방언을 체험하지 못한다. 부천의 한 교회에서 만난 청년은 복음주의 권에서 자란 사람으로 자신은 방언하는 스타일이 아닐 것으로 생각되어 그 동안 방언을 추구하지 않았다고 한다. 하지만 방언에 대한 세미나를 참석하여 말씀을 새롭게 깨닫고 방언을 체험하게 되었다.

방언을 신앙생활의 상급으로 받으려 하면

우리 주위에 보면 방언 체험하기 위해 3일 금식한 사람 중에 방언을 체험하지 못한 경우가 많다. 어떤 신학생은 방언을 체험한 어머니의 강권으로 기도원에 가서 금식하면서 방언을 간구하였지만 방언을 체험하지 못했다. 나중에 기도원에서 내려와 헬라어로 주기도문을 외우니 사람들이 그에게 방언 받았다고 축하해 주었다고 한다. 그것을 보면서 방언을 하는 사람들이 영적인 분별력이 없다고 여기고 방언 체험을 포기했다고 한다. 또 어떤 목사도 방언을 체험하려고 사흘 금식까지 했지만 체험하지 못했다. 그는 방언을 반대하지는 않지만 그렇게 열심히 기도했는데도 자신이 방언을 체험하지 못한 것을 보면 자신에게는 그 은사가 아니라 다른 은사를 주신 것이라고 생각하고 더 이상 방언 은사를 간구하지 않게 되었다.

방언은 상급이 아니라 선물이다. 그래서 어떤 영적인 선행에 대해서 하나님이 그 상급으로 주시는 것이 아니다. 그리스도인이면 누구나 영의 기도를 하기 위한 선물로 주시는 선물이다. 그 선물을 하나님께 받으려고 순종하면 그 축복을 누릴 수 있는 것이다.

방언을 체험하는 원리

사실 방언을 체험하는 원리는 방언을 체험하지 못하는 원리를 뒤집으면 된다. 그래서 먼저 방언을 체험하지 못하는 법을 말한 것이다.

예수 믿으면

　신앙이 성숙해져야 방언을 체험하는 것이 아니다. 방언을 하면서 신앙이 성숙해 질 수 있는 것이다. 방언을 체험하는 최소한의 조건은 예수를 믿는 것이다. 그렇다면 극단적으로 이렇게 말할 수도 있다. "술 먹은 상태에서도 방언 받을 수 있나?" 사실 이 질문은 오해하면 방언을 경시하는 태도로 이어질 수 있다. 하지만 사실 예수를 믿는다면 우리의 연약함 때문에 방언을 못 받는 것은 아니다.

　평택대학교 강사인 조승현 박사는 본래 약대를 졸업하고, 이천에서 약국을 개업하던 중 전날 술을 먹고 덜 깬 상태에서 오랜 만에 교회를 방문했고, 집회에 참석했다 방언을 체험했다. 그는 사실 성경에 방언이 있다는 것 조차 들어보지 못했었다. 결국 그는 이를 계기로 목회 소명을 받고 후에 인도 선교사로 사역하였다.

　최정규 선교사는 공대를 나온 운동권 출신이다. 어렸을 때 교회를 다니다 운동권에 들어가면서 더 이상 나가지 않게 되었다. 러시아 유학 중 신뢰하는 목사를 만나 다시 신앙을 찾아 신앙이 좋은 사람과 결혼했다. 예수를 믿은 후 술을 끊고자 했지만, 잘 되지 않았다. 어느 날 이를 고민하다 너무 괴로워한 나머지 술을 잔뜩 마셨다. 그리고 집에 와서 하나님께 술을 끊게 해달라고 술이 취한 채 간절히 기도했다. 이 때 방언을 체험하게 되었고, 후에 술을 끊을 수 있었다. 현재 캄보디아에서 치과 의사 선교사로 사역하고 있다. 내가 말하고자 하는 바는 술을 마셔도 받을 수 있는 방언이라면, 방언이 얼마나 하찮은 것이냐 하는 것이 아니다. 방언을 받을 수 있는 조건은 신앙이 좋은 상태가 아니라는 것이다. 그냥 신앙이 있으면 방언을 체험할 수 있는 충분한 조건이 된다는 것이다.

방언에 대한 성경의 가르침에 마음으로 아멘 할 때

지금까지 사역을 해오면서 수많은 사람이 방언 체험하는 것을 목도했다. 가장 많은 경우는 성경의 가르침을 받고 그것에 아멘 할 때이다. 충북대학교 역사학 교수인 윤 모 교수는 모태 신앙인으로 태어났지만 신앙생활을 제대로 하지 않았었다. 그러다 미국에서 안식년을 보내면서 한 한인 교회에 출석하면서 신앙을 다시 찾게 되었다. 지성적인 사람으로 전에는 방언에 대해서 무관심하다가 방언에 대한 말씀을 듣고 그 내용이 아멘이 되어 기도하다 바로 방언을 체험했다.

이런 예는 수도 없이 많다.

이재철 목사는 신학교에 입학할 때 방언을 체험하지 못했지만 다음과 같은 경위로 방언을 체험했다고 간증한다(『새신자반』, 홍성사, 1994, 237-239).

> 그런데 신학교에 입학한 뒤 어느 날
> 고린도전서 12장에 나타난 성령의 은사를 읽다가
> 생각이 바뀌었다.
> 성령의 은사를 경험해 보지도 않고
> 교인들에게 가르칠 수는 없을 것 같아서였다.
> 나는 학교 기도탑으로 올라갔다.
> 1인용 기도 골방에 무릎을 꿇은 나는
> 교인들을 잘 가르칠 수 있도록 방언을 내려달라고

조용히 기도 드렸다.

그 순간 기도방의 앞 벽이 돌연히 날아가 버렸다.

계속해서 나머지 세 벽들도 차례대로 날아가더니

온 천지가 끝도 없이 넓은 벌판으로 변했다.

한없이 펼쳐진 그 허허벌판 위에

나 홀로 무릎을 꿇고 있었다.

그 순간 갑자기 혀끝이 말려 올라가더니 방언이 터졌다.

그리고 그 날 이후 갖가지 성령의 은사가 나타나기 시작했다.

    미국 보스톤에서 잠시 설교 사역으로 어느 교회를 섬기던 중 중보기도로 교회를 섬기는 한 권사님을 만났다. 이 분은 매일 한 시간 이상 기도하고, 매일 개인 경건의 시간을 갖는 등 개인 신앙에 충실할 뿐만 아니라 교회를 위해 헌신하시는 분이었다. 그런데 이 분은 방언에 대해서 부정적인 생각은 가지고 있지는 않았지만, 지금까지 방언에 대해서 강조하지 않는 교회에 다녀서 그런지 방언에 대해서 적극적으로 사모하지도 않았었다. 그러다가 김하중 장로의 책을 읽고 방언을 사모하는 마음이 생겼다고 한다. 하지만 다른 한편으로는 자신에게는 하나님이 방언을 안 주신다는 마음도 갖고 있었다. 그러다가 방언에 대한 성경 말씀을 새벽에 같이 읽고 공부를 하면서 보다 적극적으로 방언을 사모하게 되었고, 차 안에서 찬양을 하다가 방언을 체험하게 되었다.

간절한 마음으로 방언을 사모할 때

    방언을 체험하는 것은 말씀을 믿고 입을 벌려 기도할 때이다. 바울은 은사를 사모하라고 했는데(고전 12:31; 14:1), 여기에 방언도 포함되어 있다. 영국 케임브리지에서 어떤 목사 사모님은 기도를 많이 하는 분이었지만 방언 기도를 하지는 않으셨다. 이 분은 방언 체험 간증을 포함하고 있는 신앙서적을 읽다가 방언을 사모하게 되었고, 여행 중에 있던 필자를 집에 초청했다. 우리는 같이 방언에 대한 말씀을 배우고 기도하자 곧바로 방언이 터져 나왔다. 그 분은 방언을 오랫동안 사모해 오셨고 같이 입을 벌려 기도하자 곧바로 방언이 터져 나온 것이다.

안식년을 맞아 보스톤 주님의 교회에서 설교 사역을 하던 중 방언을 사모하는 성도님들을 몇몇 만날 수 있었다. 잠시 설교 사역을 하는 교회였기 때문에 매우 조심스럽게 성령의 은사를 새벽 기도회에서 말씀을 통해서 소개했다. 방언 체험을 하기 위한 기도회를 어느 토요일 새벽 기도회에 하기로 하고 말씀을 열심히 가르쳤는데, 참여자 모두가 방언을 간절히 사모해서인지 그 날이 오기 전에 참석 인원 2명이 다 방언을 받았고, 그들의 간증에 자극을 받아 다른 한 분도 열심히 사모하던 중 몇일 후 방언을 체험하게 되었다.

방언에 대한 잘못된 태도를 바꾸면

신 목사는 웨일즈 복음주의 신학교에서 공부했는데, 그곳을 방문했을 때 필자와 방언에 대한 논쟁을 하게 되었다. 그는 자기 교단 분위기에 따라 방언에 대해서 꽤 부정적인 시각을 가지고 있었다. 그리고 그 날 방언에 대한 논쟁에 이어 기도회를 했는데, 그 자리에서 그 목사의 부인이 방언을 체험하게 되었다. 신 목사는 고민에 빠졌고, 하나님께

물었다. "이게 도대체 어찌된 겁니까?"하고 물으면서 신학교 교정을 걷다가 그 말이 그만 방언으로 이어졌다. 한홍 목사는 자신의 방언 체험을 이렇게 고백한다. "사실 저는 복음주의적인 성향이 강합니다. 보수적인 웨스트민스터 신학대학원에서 신학을 했고 아버님은 고신측 목회자입니다. …방언이 터지고 손이 화덕같이 뜨거워지면서…"

황성주 목사는 자신이 방언에 대한 태도가 바뀌면서 어떻게 방언을 체험하게 되었는지를 다음과 같이 간증한다.

> 놀라운 기름 부음은 그 세미나에서 방언을 체험하며 이루어졌다. 나는 대학 1학년 때 CCC에서 예수님을 인격적으로 만났고 그 후 방언을 사모하는 마음을 가지고 있었다. 이유는 주변의 형제자매들 중 방언을 하는 사람들에게 은사가 많고, 또 그들이 하나님과 깊이 교제하는 것을 보았기 때문이다. 그 때에도 나는 방언이 모든 은사의 출입문이라는 것을 어렴풋이 알고 있었던 것 같다. 그러나 아무리 기도해도 방언을 할 수 없고, 많은 은사자들이 내게 방언을 위해 안수기도 해주었지만 나는 방언을 경험하지 못했다. 그래서 내 나름대로 해석하기를 '감성적인 사람들은 쉽게 방언을 받을 수 있지만, 나처럼 지적인 사람에게는 안 주시나보다'라고 결론지었다.
>
> 그 곳에서도 모일 때마다 다들 방언으로 기도하기에 옆에 있던 최봉영 목사님에게, 아무리 기도해도 방언을 받지 못하는 이유가 뭐냐고 물어봤다. 그런데 목사님은 나를 보더니 "아니, 황 박사님은 이미 방언을 하고 계시는데요."라고 하며 그것을 입증해

보이겠다고 하는 것이 아닌가. 그러더니 방언 통역의 은사가 있는 자매를 부르고는 내게 아무 말이나 해보라는 것이었다.

나는 아무 말이나 하기가 멋쩍어 옆에 있던 분과 비슷하게 말하기 시작했다.

"랄랄랄라 알랄라 아랄라랄라…"

그런데 그 자매가 통역을 하기 시작하자 나는 깜짝 놀랐다. 정말 신기한 일이었고 그 내용이 충격적이었다. 내가 예수님을 믿은 후 30년 동안 해오던 간절한 기도, 도저히 말로 표현할 수 없는 깊은 기도, 오직 나만 알고 있던 비밀스러운 내용들을 통역해가고 있었기 때문이다."(황성주,『킹덤드림』, 34-35.)

최근에 수원에 있는 좋은이웃 교회에서 집회할 때 어떤 집사님이 방언을 체험했는데, 그분은 한편으로 방언을 사모하고 있었지만, 다른 한편으로는 방언은 특별한 사람에게 주시는 하나님의 특별한 은혜이며 자신은 구해도 받지 못해서 자신은 그러한 은사를 하나님이 주시지 않는다고 확신하고 있었다. 그런데 필자의 설교를 듣고 개인적으로 기도하는 방언의 은사는 모든 신자가 받을 수 있는 은사라는 말씀을 믿고 생각이 바뀌어 기도하다 방언을 체험하게 되었다.

몸과 혀를 자연스럽게 성령께 맡길 때

방언을 체험하는 가장 근본적인 원리는 방언에 대한 성경 말씀을 믿고, 방언 체험을 사모하는 것이다. 실제 원리 가운데 하나는 몸을 맡기면서 기도하는 것이다. 방언을 체험하지 못하는 대표적인 유형 중의 하나는 소위 "묵상 기도 스타일"의 사람들이다. 몸과 혀를 자연스럽게 맡기면서 기도할 때 방언이 터진다.

김하중 장로는 자신의 방언 체험을 『하늘의 대사 1』에서 다음과 같이 간증한다. 그는 박 집사라는 분과 기도하다 방언이 터져 나왔다.

> 그날부터 나는 방언 기도를 열심히 하기 시작했다. 한동안 방언으로 기도를 하면 심한 기침과 함께 가래 같은 것이 계속 나왔다. 내 속에 있는 아프고 더러운 것들이 모두 쏟아져 나오는 것 같았다. 그래서 나는 더욱 열심히 방언으로 기도했다.(43) …나는 침대 앞에 엎드려서 방언으로 기도를 자주 했다. 나라와 민족을 위해 기도하던 중 너무나 애통한 마음이 들고 답답할 때면, 가슴을 치기도 하고 때로는 벽을 쾅쾅 치며 기도를 했다.(45) …그리고 입에서 방언 찬양이 나오기 시작했다. 이제껏 한 번도 들어보지 못한 찬양이었다.(63)

그는 『하나님의 대사 3』에서 영의 기도를 소개하는데 이 기도는 성령이 원하시고 또 성령이 인도하시는 기도라고 말한다. 그러면서 어떻게 영의 기도를 할 수 있을까를 다음과 같이 말한다.

> 우리가 아는 언어로 기도하는 것도 좋지만 바울이 고린도전서 14장 14절에서 말하듯이 방언으로 기도하면 영으로 기도하기가 더 쉽습니다. 그래서 바울은 18절에서 '내가 너희 모든 사람보다 방언을 더 말하므로 하나님께 감사하노라'고 말합니다. 이

와 같이 우리가 영의 기도를 하는 데는 우리말로도 간절히 기도하며 또 방언으로 기도하면 도움을 받을 수 있습니다(5-6).

때로는 불가항력적으로

어떤 경우에는 위의 어떤 카테고리로도 설명 가능하지 않은 것들이 있다. 방언에 대해서 들어보지도 못했고, 알지도 못했었는데 방언을 체험한 경우도 많다. 사모하지 않았는데, 방언하는 집회에 참석했다 방언 받은 경우도 있다. 필자의 학생 중에는 방언을 안 받으려고 집회를 참석하지 않고 도망갔다가, 집회 끝날 때 쯤 왔다가 방언을 체험하기도 했다.

핑클 멤버였고 현재는 배우로 활동하고 있는 성유리는 오래전 성령체험을 통해 기도생활이 깊어졌다고 말한다. 그녀는 대학교 졸업을 얼마 앞두고 기도생활에 전념하던 중, 아버지의 제자였던 전도사와 함께 기도하다가 방언의 은사를 받았다. "방언으로 기도하는 가운데 성령님이 함께하신다는 강한 확신이 들었다"고 했다. 그녀는 세상이 말하는 이른바 1세대 아이돌 연예인이기에, "나를 통해서 많은 청소년과 팬들이 영향을 받는다"는 사실을 잘 안다. 따라서 신앙생활을 게을리 할 수 없었다고 말한다. "하나님께 쓰임 받는 연예인이 되게 해달라고 매일 기도한다"는 것이다.

방언을 사모하면서 통성으로 기도할 때

방언을 체험하는 경우는 매우 다양하다. 어떤 사람은 잠자다가 방언이 터지는 경우가 있고 어떤 사람은 조용히 혼자 기도하다 방언 체험을 하는 경우가 있다. 하지만 가장 보편적인 것은 방언에 관한 설교 말씀을 듣고 통성으로 같이 기도하는 것이다. 특히 방언을 체험한 사람과 같이 기도하면서 방언을 받게 되는 경우가 많다.

그 동안 필자는 여러 교회와 기관에서 방언에 대해서 강연 혹은 설교하면서 같이 기도할 때 방언을 체험하는 것을 수없이 목도했다. 특히 앞으로 나와 같이 통성으로 기도할 때 방언을 체험하는 경우가 많았다. 열심히 사모하면서 같이 기도할 때 오순절 날 방언이 터진 것은 우연히 아니다(행 2:1-4). 지금도 성도가 같은 마음으로 같이 힘써서 기도할 때 방언이 체험된다.

방언 체험 이후의 교회 생활

방언을 체험한 이후에 신자들은 어떻게 신앙생활을 해야 할까? 어떤 경우에는 방언 체험이 그 사람의 신앙생활에 별다른 영향을 못 미치는 경우도 있다. 또 방언 기도만 하면 다른 모든 신앙 성장 요소들을 하지 않아도 될 것으로 생각해도 신앙이 성장하지 않는다. 여기에서는 몇 가지 필요한 부분들을 제시하고자 한다.

방언으로 계속 기도하면 기도 생활에 있어서 진보가 있다

바울에 따르면 방언은 기본적으로 하나님과 영적인 대화를 하는 은사다. 기도의 은사라는 말이다. 방언을 체험하고 계속해서 방언으로 기도하면 기도 시간을 더 오래 할 수 있고, 이전보다 깊은 기도에 더 쉽게 더 자주, 더 빨리 들어갈 수 있다. 방언 기도를 정규적으로 하면 기도 생활에 분명히 진보가 있다. 방언이 교회 생활에 미치는 영향을 연구한 이상택 목사는 자신의 교회 교인들을 대상으로 연구한 결과 다음과 같은 결과를 얻었다. 방언을 체험한 신자와 체험하지 않은 신자들에게서 가장 많이 차이 나는 것은 기도의 영역이었다. 성경 읽기나 주일 집회 참석에서는 양자 간에 큰 차이를 보이지 않았지만, 새벽기도회와 철야기도회 참석률에서는 현격하게 방언은사를 체험한 사람들의 참여도가 높았다. 또 다른 차이점으로는 방언을 체험한 사람의 신앙생활이 대체로 보다 역동적이었다는 것이다.[2]

방언을 하면서 다른 성령의 은사들을 체험하게 되는 경우가 많다

교회에서 은사 체험자들을 보면 대개 어떤 은사보다도 방언을 먼저 체험한다. 그 이유는 무엇일까? 일단, 공적인 예배 가운데 방언과 통역과 치유의 은사가 나타나는데 있어서는 어떤 사람이 먼저 방언을 체험해야 한다는 이론이 설 수 없다. 그것은 성령이 주권적으로 역사하는 바에 따라 신자는 순종하면 되는 것이다. 그런데 사적인 기도로서의 방언은 바울이 모든 신자가 체험하기를 소원하고 있다(고전 14:5). 이러한 바울의 가르침은 왜 많은 사람들이 다른 은사 체험에 앞서 방언을 먼저 경험하는지 설명이 된다. 개인 기도를 위한 방언은 모든 신자에게 열려 있는 것이다. 또 방언은 사실 입술을 맡기면 서슬로 나오는데 반해, 예언을 비롯한 다른 은사들은 생각을 통해서도 오기 때문에 보다 예민해야 은사를 알아차릴 수 있다. 그렇다면 방언을 통해서

2　이상택, "방언 은사가 성도의 신앙에 끼치는 영향,"「오순절 신학논단」6(2008), 299-318.

우리의 영이 성령을 통해 하나님과 더 친밀한 관계를 갖게 될 때 다른 은사도 더 많이 체험되게 되는 것은 자연스러운 일이다.

방언을 하면서 영적 교만에 빠질 위험이 있다

어떤 사람이 방언으로 기도한다는 것은 그 사람이 영적으로 높은 경지에 이르렀다는 것을 의미하지 않는다. 아마도 이런 비유가 적절할지 모르겠다. 신앙성장을 외국어 구사력으로 비유하자면 방언을 체험한 것은 영어 학원 수강증을 얻은 것이다. 어떤 사람은 영어 학원을 다니지 않았어도 외국에 살다 왔거나 개인 공부를 통하여 이미 영어를 잘 한다. 영어 학원을 다닌다고 안 다니는 사람보다 영어를 반드시 더 잘하는 것은 아니다. 하지만 그 사람 개인으로 말하자면, 영어 학원을 다니기 전보다 다니면서 영어 실력이 늘 수 있는 것이다. 그렇다면 방언을 한다는 것 자체가 그 사람이 신앙성숙했다는 것을 의미하지는 않지만 그 사람은 방언 기도를 통해서 신앙성장을 할 수 있다.

우리 주위에는 방언을 하지 않지만 말씀과 이성의 기도를 통해서 하나님과 이미 깊은 교제를 하는 사람들이 많다. 하지만 방언을 하지만 말씀과 공동체 생활을 통해서 하나님과의 교제를 제대로 누려보지 못한 사람들도 있다. 특히 사투리를 심하게 써 영어 발음을 배우는 것이 어려운 사람이 있듯이 마음의 상처 등을 받아 관계가 어렵고 윤리의식이 부족하고 성경 말씀을 실천할 의지가 없는 경우가 있다. 이 사람은 아무리 방언 기도만 많이 한다고 곧바로 신앙이 성장하는 것은 아니다. 그 상처를 치유 받아야 한다. 영어를 잘하려면 열심히 공부하면서 발음 교정과 문법 교정을 받아야 한다. 그래야 좋은 영어를 구사

할 수 있는 것이다. 신앙생활도 마찬가지다. 마음의 치유를 받지 못한 채 방언만 하면 그 사람은 신앙성장이 잘 되지 않는다.

신앙이 균형 있게 성장하려면 방언 기도 이외의 요소가 필요하다

영적인 것을 경험한 사람 중에 이성적인 것을 세상적인 것으로 치부하고 무시하는 경우가 많다. 이제 하나님과 영적으로 교제하는 사람은 성경을 성령으로부터 직접 배우기 때문에 성경을 연구하고 분석하는 일은 필요없다고 생각하는 것이다. 하지만 이것은 고린도전서 14장에서 말하는 바울의 권고를 잘못 따르고 있는 것이다. 바울은 자신이 영으로도 기도하지만 이성으로도 기도하리라고 한다(고전 14:15). 또 어떤 사람이 신앙이 성장하기 위해서는 방언 기도만 필요한 것이 아니다. 말씀 연구, 예배 참석, 공동체 생활, 봉사, 훈련 등 다양한 요소들이 필요하다. 신자가 이러한 요소들을 배제한 채 방언에만 집중해서 신앙생활을 하는 것은 신앙성숙에 반하여 행동하는 것이다. 특히 목회할 때 은사 사역 위주로 목회하면 대개 교회가 성장하지 않는다. 기본적으로 말씀과 교제와 다른 기본적인 것들이 갖추어진 상태에서 은사가 풍성할 때 교회가 성장한다.

* * *

우리는 지금까지 한 말을 이렇게 정리해 볼 수 있을 것이다. 방언은 신앙의 요체는 아니다. 방언은 구원과 상관없다. 방언한다는 그 자체로 어떤 사람이 신앙이 성장했다는 것을 나타내는 것도 아니다. 천국에서는 방언은 더 이상 필요 없다. 그렇기 때문에 방언을 신앙의 만병

통치약으로 보는 것은 잘못이다. 하지만 방언은 신앙성장에 도움이 되는 은사다. 방언은 구원과 상관없다는 것은 방언이 신앙성장과 상관없다는 말은 아니다. 바울이 말한 대로 방언 기도를 하면 신앙이 성장한다(고전 14:4).

그래서 나는 독자들에게 이렇게 제안한다. 바울이 말한 바와 같이 방언으로도 기도하고 이성으로도 기도하자. 앞에서 말한 바와 같이 방언은 성령의 뜻과 신자의 사모함으로 체험할 수 있다. 성경의 진리를 아멘으로 받아들이자. 몸과 혀를 하나님께 맡기자. 바울은 "내가 영으로도 기도하고(방언 기도), 이성(개역: 마음; mind)으로도 기도하리라"(고전 14:15)고 했다. 우리도 한 가지로만 기도하지 말고 성령과 이성으로 모두 기도하자.

결론

방언에는 깊은 뜻이 있다

본서는 방언에 깊은 신학적 의미가 있다는 것을 보여주기 위해 방언을 주석적, 이론적, 역사적, 실천적으로 다룬 것이다. 결론은 방언은 고귀한 성령의 은사이며 예수 그리스도의 재림 시까지 계속 추구되어야 한다는 것이다. 고린도 교회에서처럼 물론 방언의 은사가 나타나는 곳에 부작용도 있을 수 있다. 바울 시대처럼, 은사를 자랑하고 비 은사체험자들을 무시하는 것이 전형적인 부작용이다. 이것은 말씀에 대한 적절한 교육으로 극복될 수 있는 것이다. 또 다른 하나는 지나치게 방언만을 추구하여 다른 은사나 신앙생활에서 필요한 다른 요소들을 무시하는 것이다. 이것 또한 적절한 교육을 통하여 극복될 수 있다.

다른 또 하나의 문제는 방언을 부정하거나 지나치게 수구적으로 소극적으로 인정하는 것이다. 방언에 대한 부정론 혹은 소극적 인정론은 대개 자신이 속한 교단의 교리체계와 신념에 의해서 생긴 것이나. 교회 역사와 교단의 입장을 존중하는 것은 기본적으로 나쁜 태도는 아니지만, 그것은 성경 주석에 의해서 지지 받을 때만 옳은 것이다. 바울과 누가기 말하려고 했던 비를 보면 방언은 성령이 주시는 고귀한 선물임에 분명하다. 바울과 누가는 이 점을 잘 보여주고 있다. 먼저, 누가는 방언을 말세에 하나님의 백성에게 임할 하나님이 주신 영감 받은 말(일종의 예언)이라고 보았다. 모세와 요엘이 각각 예언한 것이 신약 교회 공동체에 이루어진 것이다(민 11:29; 욜 2:28-32). 그리고 그 공동체에는 노소와 남녀를 가리지 않고 모두가 같이 방언을 함으로써 한 하나님의 백성임을 확인하게 된다. 나아가 이방인들에게 임한 방언을 통하여 제자들은 이것인 유대인/이방인의 구분도 없애버리고 모두 한 하나님의 백성임을 확인하는 체험임을 기술하고 있다. 곧 방언은 신약에서 하나님의 백성에게 민족이나 신분이라 성별을 불문하고 모든 하나님의 백성에게 임했다는 것이다. 그래서 방언은 곧 인간이 설정해 놓은 차별을 무너뜨리는 체험이 된 것이다.

지금도 방언이 나타나는 곳에서 흔히 이러한 차별이 철폐된다. 흑인이나 여성이나 아이들이 방언을 함으로 백인, 남성, 어른이 독점적으로 가져오던 영적 권위가 무너지고 모두가 같은 하나님의 백성임을 확인하게 된다. 이것은 미국에서도 한국에서도 일어났다. 이러한 것에 자극 받아 나중에는 결국 백인도, 남성도, 여성도, 또 장로교인과 침례교인도 방언을 하게 되고 이제 교파의 차별도 철폐되게 되었다. 이 얼마나 놀라운 일인가?

바울에게 있어서 방언이 필요한 것은 영적 기도의 영역에서이다. 바울은 이성으로 기도하는 것을 높이 평가하고 있다. 하지만 그는 또한 그것과 구별되는 영적 영역에서의 기도도 중요하게 가르치고 있다(롬 8:26; 엡 6:18). 바울에게 있어서 기도가 한 영역에서만 한정적으로 일어날 때 무언가 부족함이 있는 것이다. 이성의 영역만으로 커버할 수 없는 기도의 영역이 있는 것이다. 그것은 영적 기도의 가장 흔하고 대표적인 형태인 방언을 통해서 이루어 질 수 있는 영역인 것이다. 이 영적 영역인 기도에 있어서 성령은 신자를 보다 활발하게 돕는다. 그러면서 신자는 자신의 영성에 있어서 제자리를 찾아가는 것이다.

방언에 대해서 또 한 가지 중요한 계속해서 제기되는 질문은 방언을 해 봤자 사람이 변화되지 않는다는 것이다. 방언을 하면서 사람들의 신앙이 영적인 것에 몰두하고 현실 참여에 소극적이 되며 때로 성령의 은사에만 관심이 있지 성령의 열매에는 무관심하게 된다는 것이다. 사실, 이 질문을 할 때 우리는 자신의 논리에 주의를 기울여야 한다. 과연 방언하는 것이 이러한 신앙을 만드는 것인지 아니면 다른 요소 때문인지 세심하게 관찰해야 한다. 우선, 방언한다고 사람의 인격이 그렇게 쉽게 변하는 것이 아니다. 비그리스도인에서 그리스도인이 될 때 인생의 방향이 바뀌기는 하지만 인격의 변화는 정말 어렵고 복잡다난한 과정을 거쳐야 한다. 방언 한 방으로 인격 전체가 갑자기 천사가 되는 것은 아니다. 또 방언은 기도 가운데 하나님의 임재를 맛보면 성령의 임재를 맛보는 것이지, 그 이상은 아니다. 방언이 신앙의 모든 요소를 다 포괄하는 것은 아니다. 다른 영역에 있는 성경의 가르침을 배우고, 믿고, 실천할 때 그것이 이루어지는 것이지 방언한다고 모든 것이 다 이루어지는 것은 아니다. 그러면 방언이 꼭 필요하지 않다는 말인가? 그렇지 않다. 바울은 예배 시간에 사용되는 은사가 나타날 때 모두가 방언할 필요는 없지만(고전 12:30; 고전 14:26 참조), 개인 기도할 때의 방언은 모두에게 유익하고 그렇게 때문에 모든 신자가 하나님이 주신 이 축복을 누리기를 소망하고 있는 것이다(고전 14:5). 이것을 착각하여 예배 시 사용되는 방언과 개인 기도로써의 방언을 착각하여 다른 은사의 원리와 같이 방언은 하나님의 특별한 섭리에 의해서 주어지는 경우에만 받고, 그렇지 않는 경우에는 무관심해도 된다고 보는 것은 잘못된 생각이다. 바울은 영적 영역에서의 기도도 이성적 영역에서의 기도만큼 중요시 여기면서 양자를 다 잘할 것을 말하고 있다(고전 14:15). 방언에는 깊은 뜻이 있다. 그 동안 알지 못했던 보고가 여기에 담겨져 있는 것이다. 그것을 독자들이 이제 체험하여 맛보기를 소망한다.

에필로그

균형 잡힌 방언관 형성을 위하여

　기독교는 전 세계적으로 한 세기가 넘게 방언 논쟁을 벌여왔다. 20세기가 열리면서 미국에서 시작된 방언 열풍은 이내 이에 관한 신학 논쟁을 발화했다. 성경학자들은 방언의 종교사적 문제로부터 시작해서 바울의 방언관과 누가의 방언관 논쟁을 벌였다. 역사신학자들과 조직신학자들은 방언중지설로 설왕설래했다. 실천신학자들은 방언의 심리학, 사회학, 언어학, 교육학 등 방언을 다각도로 분석하기도 했다.

　우리 한국 교회에서 이러한 논쟁이 교단 차원에서 혹은 신학교 차원에서 각각의 입장을 확인하는 것에서 끝나다가 지난 7년간 이 논쟁은 한국 교회 전체로 퍼졌다. 그 논쟁을 불러일으킨 것은 바로 김우현의 『하늘의 언어』다. 그는 자신과 주위 사람들이 체험한 방언을 간증했다. 이 책은 독자들에게 엄청난 사랑을 받았다. 이러한 반응해 놀라면서 이를 신학적으로 반박하는 옥성호가 나타났다. 그는 과감하게 질문한다. 『방언, 정말 하늘의 언어인가?』 설대 아니라는 것이다. 그것은 용도 폐기된 은사라는 것이다.

　이 논쟁에 필자도 뛰어들었다. 김우현이 주로 간증에 의해서 방언의 필요성과 중요성을 부각시켰다면, 성경학자인 필자는 그 성경적 정당성을 펼쳤고, 반대하는 사람들의 주장을 논박했다. 평신도들인 김우현과 옥성호의 논쟁에 신학자인 필자가 개입한 것이다. 이에 조직신학자 박영돈의 『성령의 일그러진 얼굴』이 등장한다. 그는 현대의 방언을 인정하지 않는 옥성호도 비판했지만 필자와 김우현은 방언을 지나치게 긍정한다고 몰아부쳤다. 방언은 지금도 있고 좋은 것이기는 하지만 신앙생활에서 적극적으로 추구될 사항은 아니라는 것이다. 그의 견해는 양 극단을 피한 것으로 꽤 균형 잡힌 것으로 보였는지 많은 독자들의 환호를 받았다.

여기에 재미 신약 학자인 이승현은 『성령』이라는 책에서 이렇게 방언을 가지고 서로 물어뜯고 상대방을 비방하는 것이야 말로 잘못된 것이라고 방언 논쟁의 '논쟁'을 문제 삼았다. 주장의 내용보다도 태도가 중요하다는 것이다. 이 책은 쉽게 쓰여지긴 했지만 평신도들이 읽기에는 버거워서 그런지 그리 많은 독자를 확보하지 못했지만 여전히 방언 논쟁에 대한 중요한 입장을 대변한다. 하지만 그도 방언을 제한적으로 인정하는 것에서 벗어나지는 못했다.

이상을 정리하자면 한국에서 방언 논쟁은 네 가지 입장으로 정리할 수 있다. 첫째, 방언중지설이다. 방언은 현재 중지되었기 때문에 더 이상 주장하지 말아야 한다는 것이다. 둘째, 방언 적극 지지설이다. 방언은 성경이 가르치는 것이고 지금도 그것을 적극적으로 추구해야 한다는 것이다. 셋째, 방언 소극적 인정설이다. 비록 방언은 지금도 유용하지만 방언 체험 유무는 전적으로 성령에 의한 것이기 때문에 신자는 그것에 개의치 말아야 한다는 것이다. 넷째, 평화주의자의 입장이다. 어떤 것이든 논쟁은 좋지 못하며 중요하지도 않은 이 문제로 서로 다투지 말아야 한다는 것이다.

필자가 『방언은 고귀한 하늘의 언어』와 『신약의 방언』이라는 두 책과 여러 논문과 글에서 밝혔듯이 위 네 견해 중에서 필자의 입장을 굳이 말하자면 방언 적극 지지설일 것이다. 필자는 이에 대해서 주석적, 신학적, 역사적, 실천적, 체험적 정당성을 충분히 가지고 있다고 생각한다. 물론 필자도 알게 모르게 편협한 생각을 가질 수 있기 때문에 필자의 의견을 수정할 열린 마음은 늘 유지하려고 힘쓰고 있다. 방언 중지설은 받아들이기 어렵지만 방언 소극적 인정설이나 평화주의자의 입장에서는 배울 것이 있다. 필자는 이들의 입장을 충분히 들어 보았지만 그럼에도 불구하고 여전히 필자의 입장이 더 옳다는 확신이 있다. 그렇다면 적어도 필자에게는 필자의 의견이 균형 잡힌 것이 된다. 필자는 성경학자로서 성경 저자들이 말하고자 했던 바를 기준으로 삼아야 한다고 생각하기 때문에 필자는 이 부분에서 나름대로 확신이 있다. 그런데 문제는 필자뿐만 아니라 다른 세 가지 입장의 사람들도 각자 나름대로 자신이 주장하는 것에 대한 확신이 있을 것이다. 특히 주위에서 방언하는 사람들 중에 방언 안하는 사람보다 신앙적으로 성숙하지 못한 사람들을 많이 보게 되면서 이러한 확신은 더 커지는 것 같다. 방언중지설 입장에 있는 사람들은 방언을 하는 사람들은 성경보다도 방언이나 체험을 더 중요하게 생각할 위험성을 가지고 있다고 지적하곤 한다. 소극적 인정론자들은 빙인을 직극적으로 외치는 사람들에게 방언이 신앙의 척도냐고 묻곤 한다. 평화주의자들은 제발 싸우지 말고 서로 화해하라고 한다. 각 입장에 서 있는 사람들 각자는 균형 잡힌 견해를 가지고 있는 것이다.

바로 여기에서 방언에 관련된 균형 잡힌 태도가 필요하다고 본다.

위에서 본 대로 네 가지 입장의 사람들은 저마다 자신이 균형 잡힌 견해를 가지고 있다고 생각하기 때문에, 누구나 인정하는 방언에 대한 균형 잡힌 객관적인 견해는 사실상 갖기 어렵다고 보아야 할 것이다. 이것은 성경이 말하는 객관적인 견해가 없다는 뜻이라기보다는, 이 문제와 관련해서는 우리 각자의 견해가 극명하게 다르기 때문에 어떤 의견이라도 서로 동의하기 어렵다는 것이다. 재차 강조하면 중요한 것은 균형 잡힌 태도다. 태도는 방언에 대한 것이라기보다는 방언에 대해서 주장하는 사람들에 대한 것이다. 우리는 자신과 다른 방언관을 가지고 있는 사람들에 대해서 어떤 태도로 대해야 할 것인가 하는 것이다. 적어도 방언에 대한 다른 입장을 가진 사람들에 대한 태도는 타종교에도 구원이 있을 수 있다는 종교다원주의자에 대한 태도와는 달라야 할 것이다. 그런데 이상하게도 지금까지 방언을 비롯한 성령 체험에 관한 동료 신자들에 대한 태도가 그렇게 호의적이지 않았다. 유명한 교회지도자요 신학자들조차도 방언을 하는 사람을 일컬어 형제가 아니라 '의붓 자매'라고 부르기도 했다. 어떤 방언중지론자는 "방언은 인간의 근원적 불안감을 잠재우는 매우 효과적인 마취제"라고 외치기도 한다. 또 흔히 방언하는 자들은 "영적 엘리트주의자들"이라고 한다. 방언하는 사람들 중에는 방언 못하는 사람들을 "영적으로 열등한 사람들"이라고 생각하기도 한다.

 필자가 말하려고 하는 것은 바로 위와 같은 태도가 문제라는 것이다. 우리는 예수를 그리스도로 고백하고, 삼위일체론을 비롯한 기독교 정통 교리에 동의하면 모두 그리스도 안에서 "형제"라고 여겨야 한다. 어떤 사람의 방언에 관한 입장으로 인해 그 사람을 기독교인이 아닌 것 같이 취급하는 것은 올바른 태도가 아니다. 또 현대 해석학, 심리학, 정신의학 등에서 밝혀내듯이 인간은 자기중심적 사고를 하기 때문에 자신이 믿는 견해가 상당히 주관적이라는 것도 인식해야 할 것이다. 아무리 자신이 양심적으로 노력해도 인간의 인식과 지식에 한계가 있기 때문이다.

사실 신약 성경학자들이 지난 세기 동안 충분히 밝혀낸 대로 신약 성경 자체도 한 색깔의 목소리라기보다는 다양한 색깔의 목소리가 화음이 되어 나는 것이다. 나아가, 때로 노래하는 사람은 한 목소리를 내더라도 그것은 듣는 이에게 다른 목소리로도 들릴 수도 있는 것이다. 그렇다면 우리는 신약 성경이 말하는 방언에 대한 목소리가 비록 조금 다르게 들리더라도 상대방을 용인해야 되지 않을까? 그것은 방언에 대한 입장의 문제라기보다는 태도의 문제다. 그래서 지금 우리에게 가장 필요한 것은 방언에 대한 다른 목소리를 내는 사람들에 대한 관용과 겸손의 태도일 것이다.

물론, 이러한 태도를 갖는다는 것은 모든 신학적 논쟁을 그치라는 것은 아니다. 특히 그것이 학문적 논쟁일 때는 치열하게 하는 것이 더 생산적이다. 우리는 앞으로도 방언에 대해 주석적, 신학적 논쟁이 계속 필요하다. 그렇지만 성경과 전통과 이성과 체험을 통해서 방언을 연구하더라도 자신과 다른 결론을 낸 사람들도 존중해야 할 것이다. 결국 중요한 것은 방언 해석에 관련하여 균형 잡힌 견해라고 믿는 자신의 주장으로 다른 사람을 쳐내는 것이라기보다는 이에 관해서 다른 견해를 가진 동료 그리스도인들에 대한 균형 잡힌 태도가 아니겠는가! 좀 더 서로의 입장을 존중하는 그리스도인이 되었으면 좋겠다.

부록

노우호 목사의 방언부정론 과연 성경적인가?

최근 노우호 목사의 방언 검증론에 대한 논쟁이 페이스북(facebook)을 뜨겁게 달구었다. 사실 공개적으로 책은 발간되지 않았지만 (회원에게만 판매 됨), 그의 강의가 유투브에 올라와 있었고, 그의 책 요약본이 페이스북에 돌면서 이에 대한 논쟁이 일어난 것이다. 그의 주장을 한 마디로 말하면 방언은사 부정론이다. 그 동안 방언에 대한 반대는 주로 은사중지론에 바탕을 두고 있었다. 은사중지론을 한 문장으로 요약하자면, 본래 성령의 은사인 방언이 있었지만 사도들이 죽으면서 같이 사라졌다는 것이다. 그런데 노 목사의 주장은 은사중지론을 넘어선다. 방언의 은사는 본래부터 없었다는 것이다. 바울이 고린도 교회의 사정을 잘 몰라 잠시 착각하여 방언을 성령의 은사로 생각했었으나(고전 12-14장) 나중에 그 실상을 알고 그것이 성령의 은사가 아니라는 것을 깨달았다는 것이(고후 11장) 그의 주장이다.

필자는 페이스북을 통해서 논란을 바라보고만 있다가 최근에 그의 책 『방언을 검증하자』(경남: 에스라하우스, 2014)를 입수해서 내용을 면밀히 검토해 보았다. 방언을 검증하자는 그의 주장과 논점을 성경에 근거하여 면밀히 분석해 본 것이다. 결론부터 말하자면, 그의 주장은 완전히 틀렸다. 게다가 논리 또한 허점투성이다. 그런데 그의 생각에 동조하는 이들은 노우호 목사의 주장이 과연 올바른 성경적 근거에 기인했는지 여부를 잘 모르는 것 같다. 또 그의 주장에 동의하지 않는 이들 역시 그의 주장에서 무엇이 문제인가를 잘 파악하지 못하는 듯하다. 단지 "그 사람은 체험이 없어서 엉터리 해석을 하지"라고만 생각하는 것이다. 필자가 그의 주장을 분석해 본 결과, 그의 주장은 성경적으로, 신학적으로, 크리스천의 상식으로도 받아들일 수 없는 것이다.

본서 출판 직전 노우호 목사의 책을 접하게 되어 부득이 이 부분을 부록으로 싣게 되었다. 본 부록에서 필자는 먼저 항목별로 그의 주장을 요약하고, 이어서 각 항목별로 그의 주장에 어떤 문제가 있는지를 논박하고자 한다.

방언은사 부정론

노우호 목사의 주장을 한 마디로 요약하면 현대 교회에서 행하지는 방언은 100% 가짜다. 자신이 현대 교회에서 행해지고 있는 방언의 은사를 검증해 본 결과라고 주장한다. 그렇다면 어떤 이유로 현대 교회의 방언은 100% 가짜라는 것인가? 그에 의하면 고린도 교회에는 방언의 은사가 본래 없었고, 바울이 말하는 방언은 외국어였다. 그런데 현대 교회의 방언을 검승해 본 결과 외국어는 없었다. 그래서 현대 교회의 방언은 100% 가짜라는 것이다. 그의 주장은 매우 단순하다. 복잡한 것을 싫어하는 현대인들에게 매우 설득력 있게 들릴 수 있다. 하지만 이러한 단순한 주장에는 많은 논리적 오류와 비약, 왜곡된 지식과 편향된 해석이 자리 잡고 있다.

방언이 외국어라고?

노우호 목사 주장의 가장 큰 문제는 그가 순환논법에 빠졌다는 것이다. 그는 방언을 외국어라고 전제하고 현대 교회의 방언은 가짜라고 주장하는데, 그 이유는 이것이 외국어가 아니기 때문이다. 그의 주장은 전제와 똑같다. 그는 자신이 전제하는 것, 즉 바울이 말하는 방언이 외국어라는 것을 선언할 뿐, 바울의 편지글을 통해서 이를 증명하지 않았다. 그리고 증명되지 않은 전제를 통해 방언을 검증했다. 노 목사는 '방언'을 가리키는 '글로사'라는 단어의 사전적 의미가 '지방어'이기 때문에 방언은 실제 언어인 외국어라고 주장한다. 바울이 '글로사'의 의미를 일반 용법 그대로 받아들여 사용했다는 것이다.

그런데 노우호 목사의 주장은 사실이 아니다. 헬라어에서 '글로사'(γλῶσσα)의 기본 뜻은 '혀'(tongue)다(막 7:33). 영어에서 모국어를 'mother tongue'이라고 하여 '언어'를 의미하듯이, 헬라어 '글로사'도 '언어'라는 뜻으로도 쓰인다(행 2:11). 또 환유에 의해 이것이 '공통 언어를 쓰는 나라 혹은 백성'을 의미할 수 있다(계 5:9). 바울이 '방언을 말하다'라고 할 때 사용한 단어 '글로사'는 새로운 의미를 지녔다고 보는 것이 타당하다. 그가 방언을 성령의 은사 중 하나로 제시하고 있기 때문이다(고전 12:8-10). 바울이 열거한 9가지 성령의 은사는 모두 초자연적인 성령의 나타남(고전 12:1, 7)을 의미한다. 그런데 학습이 가능한 외국어가 성령의 은사 목록에 들어있다는 것은 어울리지 않는 일이다. 또 바울이 설명한 "알아듣는 자가 없고 영으로 비밀을 말함이라"(고전 14:2)는 구절에서도 방언은 인간의 언어가 아님을 암시한다. 아울러 방언이 이성이 아닌 영으로 말하는 것이라면 더더욱 그러하다.

방언을 통역하기 위해서 그 언어를 잘 아는 통역사가 아닌 통역의 은사가 필요하다는 것은 이것이 인간의 언어가 아니라는 또 하나의 증거다.

이어서 바울은 방언이 공적으로 행해졌을 때의 무익함을 설명하면서(고전 14:6-19), 인간의 언어도 그 뜻을 알지 못하면 말하는 사람과 듣는 사람이 서로 외국인이 된다고 비유하는데(10-11절), 통역되지 않은 방언을 이렇게 설명하는 것은 방언이 인간의 언어가 아니라는 뜻이다. 어떤 것을 설명하기 위해 비유를 사용할 때는 둘 사이에 공통점이 있으면서도 다른 점이 있어야 한다. 통역되지 않은 방언과 외국어는 말하는 사람과 듣는 사람이 서로 교통이 안 되는 공통점이 있지만 본질은 다르다. 외국어가 인간의 언어라면 방언은 인간의 언어가 아니어야 한다.

방언을 외국어인가로 검증한다고?

위에서 본 대로 방언이 외국어가 아니라면 노우호 목사가 방언을 외국어인가 아닌가로 검증했다는 것은 무의미한 말이 된다. 그는 37년 동안 방언을 바울이 말하는 방언이 아닌 것으로 검증하느라 헛수고를 한 것이다. 방언의 진위 여부를 그것이 실제 외국어인가 아닌가로 증빙한다는 사제가 엉뚱한 생각이다.

노우호 목사는 방언 통역 은사의 목적이 방언의 진위여부를 확인하는 것이라고까지 주장한다. 이것은 바울이 말하는 통역의 은사의 목적과 전혀 다른 것이다. 바울은 예배 가운데 예언이 방언보나 너 큰 은사라고 하는데, 그 조건은 그것이 통역되지 않았을 때다(고전 14:5). 만약 통역이 되면 방언은 예언과 같은 효과를 내게 된다. 그래서 바울은 방언하는 사람들에게 통역하기를 기도하라고 했다(고전 14:13). 예언이 위로, 책망, 권면을 통해 듣는 사람을 세워주는 것이라면(고전 14:3), 방언도 통역을 통해 사람들을 세워 주는 은사가 될 수 있다. 그렇다면 방언 통역의 목적은 예언의 목적과 같은 것이다.

고린도전서 12-14장에서 바울은 방언의 은사를 검증하라고 한 일이 없다. 만약 있다면, 방언을 비롯한 성령의 은사를 받은 자가 올바로 신앙고백을 하는가에 해당할 것이다(고전 12:1-3). 성령으로 하지 않고는 누구든지 예수를 주라고 부를 수 없는데, 어떤 사람이 예수를 주라고 부르면 그 사람은 성령의 사람이고, 그 사람에게 성령의 은사가 임하는 것은 자연스러운 것이다. 그런데 만약 올바른 신앙고백도 없는 어떤 사람에게 성령의 은사와 비슷한 영적인 현상이 나타나면 그것은 성령의 은사가 아니라는 것이다.

또 한 가지, 방언의 은사를 검증할 수 있는 것이 있다면 그것은 바울이 9가지 성령의 은사 중 하나로 제시하는 영 분별의 은사다. 영 분별의 은사란 이성이 아니라 성령의 나타남으로(고전 12:7) 어떤 사람에게 일시적으로 임하는 은사다. 다른 이에게 나타나는 영적 현상의 출처가 성령인지 악령인지를 즉시 분별해 내는 것이다. 바울이 첫 선교 여행지인 구브로에서 거짓 선지자 바예수를 만나자마자 보였던 반응이 그 대표적인 예다. 그는 바예수를 향해 "모든 거짓과 악독이 가득한 자요 마귀의 자식이요 모든 의의 원수여 주의 바른 길을 굽게 하기를 그치지 아니하겠느냐"(행 13:11)고 말했다. 바울이 바예수에 대한 자세한 정보를 토대로 이런 말을 한 것이 아니다. 성령이 충만하여 그를 주목하여 볼 때 이런 말이 바울의 입에서 나왔던 것이다(행 13:10). 그래서 혹 어떤 사람의 방언이 마귀로부터 온 것이라면 영 분별의 은사를 통해서 분별해 낼 수 있다.

노우호 목사는 방언을 녹음해서 여러 사람에게 들려주어 그 해석이 동일해야만 참 방언의 은사라고 하는데, 이 역시 방언통역의 실체를 잘 모르고 하는 말이다. 그의 주장 자체가 방언이 외국어라는 전제에 기인한다. 실제로 방언이 외국어가 아니라 하나님께 드리는 신자의 기도라면 통역의 범주는 그 기도 전체라기보다 그 사람의 위로와 책망과 권면의 필요에 따른 일부분이다. 또 통역의 은사 자체도 그것이 통역자라는 인격을 통해서 표출되기 때문에, 같은 성경을 읽어도 다른 설교가 나오듯이, 같은 방언이라도 통역하는 사람의 언어와 신학으로 표현이 달라질 수 있다.

노우호 목사가 제시하는 방언 검증의 원리로 제시된 사랑과 교회건덕(96-98)도 검증의 원리로써는 잘못된 것이다. 왜냐하면 바울은 성령의 은사를 체험한 사람들에게 사랑의 길을 따라 그것을 사용하라고 하는데(고전 12:31), 그 전제는 그 은사가 진짜라는 것이다. 은사의 진위는 사랑으로 증명되는 것이 아니다. 비록 어떤 사람이 진정한 은사를 체험했다 할지라도 사랑이 없으면 무용지물이 된다고 바울은 말하는 것이다(고전 13:1-3). 바울은 은사를 체험한 사람들에게 사랑의 중요성을 말한 것이지, 사랑이 없이 사용되는 은사가 가짜라고 말한 것은 아니다. 또 한 가지, 바울은 방언이 통역되지 않고 개인적으로 사용할 때는 자신을 세운다고 했지 교회를 세운다고 하시 않았나(고전 14:4). 그러므로 교회를 세우는가의 여부로 방언의 진위를 증명하는 것은 명백한 오류다.

또 예배 가운데 일어나는 영적인 일에 대한 분별은 개인이 혼자 하는 것이 아니라 크리스천 공동체가 함께 하는 것이다. 두 세 사람이 방언이나 예언을 하면 예배에 참여한 나머지 사람이 그 예배 가운데 그 영의 출처를 분별하는 것이다(고전 14:29).

바울이 방언의 은사를 취소했다고?

노우호 목사의 주장 중 그가 매우 중점을 두는 것 중 하나는 바울이 고린도 교회에 나타난 방언의 실상을 잘 모르고 처음에는 은사로 인정했다가 후에 취소했다는 것이다. 성경에 방언의 은사가 없다고 하는 그의 주장은 방언의 은사를 성령의 은사 가운데 하나로 열거하는 고린도전서 12장 10-12절에 정면으로 도전하는 것이다. 이를 비껴가기 위해 노 목사는 역사비평적방법론을 사용한다. 처음에는 바울이 지식과 정보의 부족으로 인해 고린도 교회의 방언을 성령의 은사로 인정하는 실수를 저질렀으나 고린도후서 11장에 가서 실상을 알고 은사로 인정한 사실을 취소했다는 것이다.

그렇다면 고린도후서 11장에 바울이 뭐라고 했기에 노우호 목사는 바울이 방언을 취소했다고 주장하는가? 흥미롭게도 고린도후서 11장에는 방언이라는 말조차 나오지 않는다. 그가 주목한 구절은 두 절이다. 첫째, 고린도 교인들이 다른 복음을 전해도 잘 용납한다는 것이요(고후 11:4), 둘째, "그런 사람들은 거짓 사도요 속이는 일꾼이니 자기를 그리스도의 사도로 가장하는 자들"(고후 11:13)이라는 것이다. 노 목사에 의하면 여기서 말하는 속이는 일꾼(그는 개역한글 번역을 사용하여 "궤휼의 역꾼"이라는 말을 주로 사용)이 바로 고린도 교인들이다.

이러한 주장은 고린도후서를 심각하게 잘못 해석한 것이다. 그는 "궤휼의 역꾼"을 고린도 교인 전체로 해석하여 바울이 고린도 교인 전체를 부정했다고 생각한다. 그래서 고린도 교인들이 하는 모든 것을 바울이 부정했다고 주장하는 것이다. 방언도 그 중의 하나다. 그러나 이것은 고린도후서에 대한 그야말로 엉터리 해석이 아닐 수 없다. 여기서 말하는 "거짓 사도요 속이는 일꾼"은 고린도 교인들이 아니라 고린도 교회 외부에서 침투해 들어온 자들이었다(고후 10:12, 18). 바울은 이들을 공격하고 있는 것이다. 신약 학자들은 이들을 바울의 반대자 혹은 대적자라고 부른다. 최근 발행된 한 신약개론 책에서 말하는 바와 같이 "이 대적자들은 분명히 당시에 회중들 사이에서 활동하던 방문자들로서, 그들은 회중과 함께하는 바울 사역에 어떤 위협을 초래"했던 자들이다.[1] 이들이 정확히 어떤 사람들이었는지에 관해서는 주석자들 가운데 많은 논란이 있다. 하지만, 확실한 것은 이들은 고린도 교인 전체를 가리키는 것은 아니라는 것이다. 여기에는 학자들 간에 이견이 거의 없다. 신약개론 책이나 고린도후서 주석 책 한 권만 읽어도 해결되는 문제를 노우호 목사는 말도 안 되게 해석하고 있는 것이다.[2]

---

1 I. Howard Marshall 외, 『서신서와 요한계시록』 (서울: 성서유니온선교회, 2007), 162.
2 그 적대자들이 누구인가에 대한 다양한 견해에 대해서는 김경희 외, 『신약 성경개론』 (서울: 대한기독교서회, 2002), 362-367을 보라.

표적으로서의 방언은 그친 것이라고?

노우호 목사는 사도행전과 마가복음 16장에 나오는 방언은 표적이기 때문에 일시적으로 일어났던 일이고 그 후에는 그쳤다고 말한다. 그는 표적이 나타날 때의 순간성과, 이 표적이 그리스도의 복음을 전파하기 위해 계속 나타날 필요성을 착각한 것 같다. 표적이 일어날 때는 그것이 순간적이지만, 그 체험은 다른 곳에서 성령이 임할 때 얼마든지 계속 될 수 있다. 만일 노 목사의 주장대로라면 마가복음 16장과 사도행전에서 각각의 저자는 이러한 표적이 일시적으로 존재하다가 그칠 것이라고 생각하고 이 본문을 썼다는 것인가? 필자의 견해로는 복음이 전파되는 곳에, 또한 성령이 임하는 곳에 이런 일이 일어난다는 것을 보여주기 위해 기록한 것이다. 마가복음 본문(16:9-20) 저자는 예수 믿는 곳에 방언을 비롯한 여러 표적이 나타난다고 본 것이고, 누가는 성령이 임하는 곳에 사람들이 증인의 사명을 감당하기 위해 이러한 일이 일어난다고 본 것이다(행 1:8).

지금까지 살펴본 것처럼 노우호 목사의 주장은 매우 단순하고 엉뚱하다. 성경적 근거도 설득력이 없고, 논리적 비약도 심하다. 그런데 노우호 목사의 주장이 일부 사람들에게 어필한 것은 무엇 때문이었을까? 첫째, 그가 오랫동안 성경을 가르치는 일로 얻은 신뢰일 것이다. 둘째, 그는 한국 교회 대다수의 신학적 지지를 얻고 있는 칼빈을 신봉한다. 성령의 은사에 대한 설명에서는 그는 매 은사마다 "칼빈은 이렇게 말했다"라는 어투로 칼빈의 주장을 소개한다(70-83). 셋째, 그의 주장이 체험보다는 성경 해석에 기반을 두었기 때문일 것이다. 그는 헬라어 단어에 대한 새로운 해석과 신약 성경 구절에 대한 자신만의 새로운 번역을 제시할 뿐 아니라 신약 성경에 대한 역사적, 나아가서 비평적 해석까지 곁들여 자신의 주장이 합리적이라는 사실을 증명하고자 애를 썼다. 아마도 이런 점들이 독자들로 하여금 그의 주장을 일정 부분 신뢰하도록 했을 것이다. 그러나 그의 성경 해석은 전문가가 보면 초보 수준에 불과할 뿐이다.

고린도전서 14장 번역과 주석

노우호 목사는 바울이 본래 방언을 인정하지 않았다고 주장한다. 지금 많은 사람들이 방언을 성령의 은사의 하나로 보는 것은 고린도전서 14장의 몇몇 구절들을 잘못 번역했거나 잘못 해석했기 때문이라고 한다. 그는 다음과 같은 사례들을 든다.

1. 고린도전서 14장 2절을 흔히 방언 기도에 대한 바울의 정의라고 생각하는데, 이것은 바울이 잘못된 방언을 꾸짖는 것이다. 방언은 사람에게 하는 것인데 하나님께 한다고 하는 것을 바울이 교정하는 것이다(115).
2. 고린도전서 14장 4절에서 방언하는 사가 자기를 세운다는 말은 부정적인 말로 교회를 세우는 것에 반대된 것이다. 곧 자기를 세운다는 말은 이기적으로 행동한다는 말이다.
3. 고린도전서 14상 14절에서 "내가 방언으로 기도하면"에서 동사는 가정법인데 이것은 현실과 반대되는 상상의 말이다. 그래서

그가 제시하는 올바른 번역은 "내가 만일(ἐάν, ean=if) 방언으로 기도하면 나의 영이 기도한다고 하지만(δέ, de=but) 나의 마음에는 아무런 열매가 없다"이다(118). 이어지는 고린도전서 14장 15절에서 "그러면 내가 어떻게 할까 내가 영으로 기도하고 또 마음으로 기도하며 내가 영으로 찬송하고 또 마음으로 찬송하리라"고 한 말도 영과 이성으로 모두 기도하겠다는 말이 아니다. "만약 방언 기도가 있다면 미래에 영과 마음으로 번갈아 기도해야 하는데 그러면 얼마나 번거롭겠는가"라는 말이다.

4. 고린도전서 14장 18절과 39절에서 바울이 방언을 했다고 하고 또 방언을 하라고 할 때, 그 방언은 외국어를 의미한다. 바울은 외국어를 잘했고, 또 사람들에게 외국어를 하도록 권고했다. 바울은 단수형 명사를 사용할 때는 고린도 교회의 가짜 방언을, 외국어를 나타낼 때는 복수형 명사를 사용했다.

5. 고린도전서 14장 40절의 "모든 것을 적당하게 하고"는 개역개정의 "모든 것을 품위 있게 하고"로 고쳐야 한다. 현대 교회에서 하는 방언 행습은 '품위 없게 하는 것'이다.

책에서, 또한 유투브에서 노우호 목사는 이 부분을 주장할 때 매우 교조적으로, 확신 있게 말한다. 사실 여기에서 주장하는 내용에는 상당한 정도의 헬라어 실력과 성경학에 대한 지식이 있어야 하는데 말이다. 필자는 그가 신약학에 대해서 어느 정도 훈련을 받은 사람인지 잘 알지 못한다. 다만, 그가 쓴 내용으로 볼 때 다음에서 밝혀질 것이지만 그의 성경 번역과 주석에는 억지와 무지가 난무한다.

방언은 사람에게 하는 것이라고?(14:2)

헬라어: ὁ γὰρ λαλῶν γλώσσῃ οὐκ ἀνθρώποις λαλεῖ ἀλλὰ θεῷ οὐδεὶς γὰρ ἀκούει πνεύματι δὲ λαλεῖ μυστήρια

개역개정판: 방언을 말하는 자는 사람에게 하지 아니하고 하나님께 하나니 이는 알아듣는 자가 없고 영으로 비밀을 말함이라.

노우호 역: 왜냐하면 방언을 말하는 자가 말을 사람에게 말하지 아니하고 하나님께 말하기 때문에 아무도 알아듣는 자가 없다. 그럼에도 불구하고(δὲ, de=but) 그의 영으로 비밀을 말한다(114).

여기서 노우호 목사가 중요하게 생각하고 번역한 단어는 접속사 γὰρ와 불변화사 δὲ다. 그는 문장 첫 마디에 있는 γὰρ는 번역하고 뒤에 나오는 γὰρ는 번역하지 않는다. 이 접속사는 이유를 나타내는 접속사로 "왜냐하면" 혹은 "그 이유는"이라는 뜻으로 가장 많이 쓰인다(요 2:25). 그런데 또 많은 경우에 "확실히"라는 뜻으로 문장과 문장을 연결하면서 쓰이기도 한다(롬 2:25). 그러면 그 의미는 문장과 문맥에서 결정해야 한다.

고린도전서 14장 1절에서 바울은 "사랑을 추구하며 신령한 것을 사모하되 특별히 예언을 하려고 하라"고 말한다. 그런데 이 문장과 14장 2절의 문상과는 인과관계가 명확하지 않다. 바울은 예언을 하라고 해놓고 방언을 언급하고 있는 것이다. 그래서 여기서 γὰρ는 별 뜻 없이 사용된 것으로 번역할 수 있다. 그리고 만약 이 γὰρ가 번역되면 여기서 이 접속사는 14장 2-4절 전체에 걸려 있는 것이나. 그 내용은 나음과 같다. "예언의 은사를 사모하라(14:1). 그 이유는 방언은 그렇지 않는데 비해 예언은 교회를 세우기 때문이다(14:2-3)." 그런데 14장 2절의 중간에 있는 γὰρ는 본 절 안에서 두 문장의 관계를 명확히 말한다. "방언을 말하는 자는 인간들에게 말하는 것이 아니라 하나님께 말하는 것이다." "왜냐하면[혹은 즉] 영에 의해 신비를 말하여 아무도 그것을 알아듣지 못하기 때문이다." 그런데 노우호 역은 매우 엉뚱하다. 첫 번째 γὰρ가 14장 2-4절 전체에 걸려 있는 것이고, 두 번째 γὰρ는 14장 2절 내의 두 문장에 관련된 것인데, 14장 2절 내에서 앞 문장을 이유의 근거로, 뒤 문장을 그 결과로 번역하고 있다. 이런 번역은 헬라어 문법상 가능하지 않다. 본문 내에서는 그가 말한 것과는 오히려 반대로 뒤 문장이 이유의 근거이다. 올바른 번역은 이렇다. "방언을 말하는 사람은 인간들에게가 아니라 하나님께 하는 것이다. 그 이유는(γὰρ) 그것은 그는 영으로(혹은 성령으로) 신비를 말하여 아무도 알아들을 수 없기 때문이다."

둘째, 불변화사 δὲ에 대한 번역이다. 이 단어는 문장의 계속을 나타내는데 주로 쓰여 "이제, 그리고, 그런데"라는 뜻이다. 문장에서 비교되는 것이 상반될 때 이 단어는 "그러나" 혹은 "이와 대조적으로"라는 뜻으로 쓰인다. 예를 들어 고린도전서 14장 4절에서 바울은 "세우다"라는 동사로 방언과 예언을 비교하는데 여기에서 δὲ가 쓰였다. 여기서 이 단어의 뜻은 "이에 반해"라는 뜻이다. 그렇다면 14장 1절의 문맥에서 δὲ는 어떤 의미로 쓰인 것인가? 여기서는 δὲ가 어떤 두 개념을 대조시키는 것과 연관되어 사용되지 않았다. 단지 문장의 계속을 의미할 뿐이다. 특별히 번역할 아무 뜻도 없는 것이다. 현대의 대부분의 번역본에서도 본 절의 δὲ는 번역되지 않았다.

설혹 δέ가 본 문맥에서 "그러나"를 의미한다고 해도 노우호 목사의 번역은 말이 되지 않는다. 여기서 δέ가 "하지만"을 의미하려면 이 문장은 이렇게 번역되어야 한다. "방언은 알아듣는 사람이 없다. 그러나 그는 영으로 신비를 말한다." 여기서 뒤 문장은 부정적으로 말한 것이 아니다. 바울이 14장 14-15절에서 영으로 말하는 것을 긍정적으로 보았기 때문에 여기서도 바울은 사람들이 알아듣지 못하지만 방언을 말하는 사람은 하나님께 신비를 말하는 것으로 보았다고 해석하는 것이 타당하다.

위에서 말한 것을 종합해 보면 노우호 목사의 번역은 완벽한 오역이다. 그는 자신이 모델로 삼은 KJV조차도 올바로 번역하지 않았다. 고린도전서 14장 2-4절의 KJV을 보자.

"방언을 말하는 자는 사람들에게 하지 않고 하나님께 한다는 데 그 이유가 있다. 즉[혹은 왜냐하면] 아무도 그 말을 이해하지 못하는 것이다. 하지만 그는 자신의 영으로 신비를 말한다."(For he that speaketh in an unknown tongue speaketh not unto men, but unto God: for no man understandeth him; howbeit in the spirit he speaketh mysteries.)

KJV은 전반적으로 방언을 부정적으로 보려는 경향이 있지만, 본 절에서는 방언이 하나님께 말하는 것이라는 것을 부정하시는 않는다.

그렇다면 노우호 목사는 왜 이런 오류를 범하게 되었을까? 그는 바울의 말에 귀 기울이지 않고 방언은 외국어라는 것을 기정사실화하여 방언을 사람에게 하는 것이라는 전제를 가지고 이 본문을 읽었기 때문이다. 그는 사도행전이 말하는 방언을 외국어를 말하는 표적이라고 보고, 이 정의를 바울 본문에 대입하고 있다. 바울은 자신의 글에서 방언을 정의하는데, 노우호 목사는 다른 곳에서 가져온 정의를 여기에 심고 있는 것이다.

본 문맥에서 바울은 방언과 예언을 비교하면서 예언은 그 방향이 사람에게 말하는 것이고(14:3), 방언은 하나님께 말한다고 하는데(14:2), 노 목사 주장대로 방언이 하나님께 하는 것이라는 점을 부인하면 문맥상 방언과 예언의 대조가 성립되지 않는다. 결과적으로 노우호 목사의 고린도전서 14장 2절 번역은 헬라어 문법과 문맥, 바울 전체 신학으로 볼 때 완전히 틀린 것이다.

방언이 자기를 세운다는 말은 방언에 대해서 부정적으로 하는 말이라고?(14:4)

바울은 고린도전서 14장 4절에서 방언과 예언을 "세우다"라는 단어로 비교한다. 방언은 자신을 세우는 데 반해, 예언은 교회를 세운다. 노우호 목사는 본 문맥을 교회를 세우는 긍정적인 면과 자신을 세우는 부정적인 면으로 이해한다. 다시 말해 교회를 세우는 것은 바람직하지만 방언은 자신을 세우기 때문에 나쁘다는 것이다. 학자들 중에도 이렇게 해석하는 학자들이 있기는 하다. 또 중도적 입장을 취하려는 학자들도 있다.

하지만 문맥에서 볼 때 이러한 해석은 바울의 생각을 잘못 파악한 것이다. 그 다음 절(5절)에서 바울은 "나는 너희 모두가 다 방언으로 말하기 원한다"고 말하고 있다. 문맥상 바울이 방언을 부정하고 예언을 인정한 것이 아니다. 성령의 은사라는 면에서 이 두 은사는 모두가 사모해야 할 은사인데(고전 12:31; 14:1), 공동체 예배 가운데 사용될 때 소통이 일어나지 않으면 교회, 즉 타인에게 아무런 "세움"(덕)이 되지 못한다는 것이다. 예언은 그 자체로 소통이 일어나는 은사이기 때문에 교회 예배 가운데서 더 권장된다. 반면, 방언은 개인 스스로를 세우기에 개인 기도에서 귀중하다. 다만, 예배 가운데 사용할 때는 공동체를 위해서 반드시 통역을 동반해야 한다(고전 14:5). 그러므로 바울이 방언을 개인의 영성을 함양한다는 의미로 "방언이 자신을 세운다"고 한 것은 방언을 부정한 것이 아니다.

바울이 방언으로 기도한 적이 없다고?(14:14)

노우호 목사는 바울이 방언으로 기도한다는 말을 쓰지 않았다고 강변한다. 14장 14절에서 "내가 방언으로 기도하면"(ἐὰν [γὰρ] προσεύχωμαι γλώσσῃ)에 사용된 동사가 가정법 현재형인데, 헬라어에서 가정법은 현실을 반대로 말하는 것이기 때문에 여기서 바울은 방언 기도가 없다고 말한다는 것이다. 노 목사는 영어의 가정법과 헬라어 가정법을 헷갈린 것 같다. 헬라어 사전에서 ἐάν을 찾아보면 이런 용법이 있는 것이 사실이다. 상상의 조건을 인도하는 영어의 if와 같은 용법이 있다(막 3:24). 하지만 ἐάν은 많은 경우에 미래에 나타날 조건을 말하는 영어의 if와 whenever, 혹은 when을 의미한다(요 14:3). 또한 단순히 시간을 나타내는 when의 의미로도 쓰인다(살전 3:8). 물론, 그 용례는 문맥에서 결정된다. 본 문맥에서 ἐάν은 when의 의미다. 방언은 사람이 하나님께 말하는 것이리면(고전 14:2) 이것은 당연히 기도 혹은 찬양일 수 있다. 바울은 그렇기 때문에 "자신이 방언으로 기도하면 자신의 영이 기도하는 것이다"라고 말하고 있는 것이다.

또 그 다음 구절에서 바울은 그렇기 때문에 자신은 영으로도 기도하고(방언으로 기도하고), 또 이성으로 기도할 것이라고 말한다. 흥미롭게도 노우호 목사는 사용된 동사가 미래형이기 때문에 바울이 그렇게 기도한 것이 아니라고 한다. "그렇게 되면 기도하는 자가 얼마나 법거롭겠는가?" 하고 바울이 말하고 있다는 것이다. 이 역시 말이 되지 않는 해석이다. 바울은 고린도 교인들이 주로 방언으로 기도하는 것에 주안점을 두자 자신 스스로가 방언으로 기도하는 사람으로서 자신은 방언으로 기도하지만 이성으로도 기도할 것이라고 말하고 있는 것이다.

방언은 외국어를 많이 말하는 것을 감사했다고?(14:18)

노우호 목사는 바울이 "내가 너희 모든 사람보다 방언을 더 말하므로 하나님께 감사하노라"는 말은 바울이 여러 외국어를 말하는 것을 감사하는 것이라고 주장한다. 이러한 주장은 다음과 같은 질문에 직면해야 한다. 첫째, 이것이 옳다면 영적 은사를 논의하는 자리에서 왜 바울이 갑자기 자신이 외국어를 잘한다는 말을 했는가? 둘째, 이어지는 구절에서 바울은 깨달은 이성으로 다섯 마디 하는 것이 일만 마디 방언으로 말하는 것보다 낫다고 했는데(고전 14:19), 만약 방언이 외국어라면 선교를 위한 일만 마디 외국어가 어떤 이유로 이성에 기인한 다섯 마디 말보다 못한 것인가? 한 마디로, 이렇게 해석하면 뒷말을 이해할 수 없게 된다.

통성으로 방언 기도 하는 것은 품위 없는 행위라고?(14:40)

　노우호 목사는 고린도전서 14장 40절의 "적당하게 하고"(개역한글)를 개역개정성경이 "품위 있게 하고"로 번역한 것이 더 좋다고 말한다. 그런데 여기서 방언과 연관하여 "품위 있게" 행하는 것은 무엇을 의미하는가. 그가 설정한 품위와 질서는 조용하게 질서를 지키는 것이다. 다시 말해 그는 현대 교회에서 방언으로 기도하는 것도 그와 같아야 한다는 것이다. 하지만, 바울이 고린도전서 14장 26-40절에서 말하는 품위와 질서는 예배 시 방언을 비롯한 여러 은사를 사용하는데 있어서 차례를 지키고 다른 사람을 배려하는 것을 의미한다. 교회에서 방언을 안 하는 것이 아니라, 무질서하지 않게 방언으로 기도하는 것이다. 바울의 입장은 노 목사의 입장과는 상당히 다르다.

　이상을 통해서 고린도전서 14장의 번역 문제에 관해서는 다음과 같은 결론을 내릴 수 있다. 노우호 목사는 자신의 주장을 증명하기 위해 새로운 성경 번역을 시도했지만, 그의 헬라어 실력과 신약학에 대한 지식으로 볼 때 새로운 번역 제시는 무모한 도전이었다. 그는 이러한 번역을 확인하기 위해 이 분야의 전문가에게 좀 더 물어보았어야 했다. 필자가 보기에 노 목사의 헬라어 실력, 주석 실력, 바울 신학에 대한 이해는 초보 수준이다. 그러나 보니 자신이 전제한 것을 증명하기 위해 매우 억지스런 문법과 번역을 들이댄 것이다.

방언부정론 평가

노우호 목사는 신학자들과 목회자들이 현대 교회의 방언을 검증하지 않은 것은 직무유기였다고 비판한다. 그러면서 방언부정론을 설파했다. 그러나 그의 방언부정론은 신학적 고찰과 성경의 내용을 토대로 다음과 같이 평가할 수 있다.

성경적 근거가 미약한 주장

노우호 목사의 주장은 은사중지론과 공통점과 상이점이 있다. 성령의 은사에 관한 그의 사상 기저에는 은사중지론이 자리 잡고 있다. 그런 의미에서 그의 방언론은 은사중지론의 한 변형이라고 할 수 있다. 그런데 그의 주장은 은사중지론에서 한 걸음 더 나아가 은사부정론까지 간다. 그는 바울에게 있어 방언 기도의 은사는 있었다가 중지된 것이 아니라 아예 그런 것은 없었다고 한 것이다. 한 때 바울이 잠시 오해해서 고린도 교인들의 방언을 성령의 은사로 착각한 적은 있었으나 후속 서신에서 그것을 바로 잡아 방언의 은사라고 하는 고린도 교인들의 헛소리를 부정했다는 것이다. 위에서 살펴본 대로 이러한 주장은 바울 방언론을 완전히 곡해한 것이다. 바울은 방언이 성령이 은사라는 것을 부정한 적이 없다. 더욱이 방언이 영으로 기도하는 은사라는 것을 부정한 적도 물론 없다.

어설픈 역사비평적 성경 이해에 의한 주장

방언 반대자 중 특이하게 노우호 목사는 성경해석을 하는데 있어 역사비평적 방법을 일부 도입한다. 그는 대담하게도 바울이 고린도 교회의 방언에 대해서 고린도전서에서는 잘못 판단하고 쓴 것이라고 주장한다. 나중에 사실을 알고, 고린도후서에서(특히 11장에서) 이 오류를 교정했다는 것이다. 또 고린도전서보다 후에 쓰여진 로마서에도 은사 목록이 나오는데(12:6-8), 여기에 방언이 나오지 않는 것은 그 사이에 바울의 방언 은사에 대한 생각이 바뀌었기 때문이라고 한다(30-31). 그러나 기본적으로 신약 성경 서신은 상황에 따라 그에 필요한 메시지를 전한 것이지, 계속해서 어떤 주장을 업데이트 하려고 한 것이 아니라는 것을 알아야 한다. 둘 다 은사이지만, 그 성격상 고린도전서 12-14장에서 바울이 말한 은사는 영적인 은사이고, 로마서 12장에서 말한 것은 교회 봉사를 위한 재능과 같은 것이다. 비록 그가 신약 학자들이 사용하는 역사비평적 방법을 도입하여 성경을 해석하기는 했으나, 그 방법을 제대로 익히고 한 것은 아니었다. 그 결과 그는 매우 엉뚱한 해석을 내놓고 말았다.

편견에 의해 균형을 잃은 주장

본서에서 그가 얼마나 편견에 사로잡혀 본서를 쓴 것인가는 다음 인용구를 통해서 쉽게 알 수 있다.

> "작금 한국 교회에 번지고 있는 방언을 두고 지난 37년 동안 검증해 본 결과는 100% 거짓 방언이었다."(5)
> "필자가 알기에는 정상적이고 아름답게 사역을 하고 주님께로 가신 분들 중에 방언 기도를 했다는 사람은 단 한 사람도 없

다."(229)

"방언하는 사람들은 남의 말을 잘 수용하지 않는 편협한 사람들이 많았다."(201)

"…지난 200년 동안 여성들 중에서는 탁월한 신학자나 철학자가 없었다."(110)

이 인용구들 속에 그가 하고자 하는 말, 그의 편견, 그의 철학이 그대로 배어 있다. 첫째, 방언과 방언하는 사람들에 대한 그의 생각은 그야말로 편견에 사로잡힌 것이다. 둘째, 남성우월 사상에 의한 그의 여성에 대한 편견은 상식적인 현대인의 눈으로 보면 위험 수위에 올라 있다. 셋째, 성경학 전문가도 아니요 영적 은사에 대한 체험도 별로 없는 개인이 자신의 권위로 방언을 혼자 검증하고 확신에 찬 결론을 내릴 수 있다고 믿고 있다.

방언으로 기도하는 사람들께

우리는 어떤 사람이 말하는 내용보다도 확신 있게 말하는 태도에 의해 그에게 설득당할 수 있다. 또 그러한 주장을 듣고 자신의 믿음이 흔들릴 수도 있다. 노우호 목사의 방언부정론에 대한 사람들의 반응이 이에 해당한다. 그러나 그의 확신에 찬 태도와 달리 그의 주장은 성경적으로 용인될 수 없는 것이다. 그가 확신하는 내용은 사실이 아니다. 바울과 누가 모두에게 방언은 성령의 충만으로 나타나는 한 결과 혹은 성령의 은사 가운데 하나다.

이것을 성경이 말하지 않는다고 하는 것은 바울과 누가가 기록한 성경말씀에 대한 정면 도전이다. 필자는 신약 학자로서 방언에 대해서 십수 년 간 집중적으로 이를 연구한 사람으로서 방언중지론, 방언부정론은 성경이 말하는 중요한 진리를 부정하는 것이라고 확신한다. 독자 중 아무도 이러한 이론에 현혹되지 말고 계속 방언으로 기도하면서 하나님과 깊은 교제를 나누기를 바란다.[3]

---

3 모든 사람의 주장은 비판 대 위에 올려놓아야 한다. 나는 이 글에서 노우호 목사의 방언검증론을 비판적 안목으로 접근했다. 내 주장도 얼마든지 비평하기 바란다. 다만, 주장하려면 성경적, 신학적, 상식적 근거에 의해서 설득력 있는 방식으로 해야 할 것이다. 활발한 학문적 대화를 기다린다.

참고문헌

Glossolalia as a Gift of the Spirit

권성수. "성령은사에 대한 이해: 고린도전서 12:4-11을 중심으로." 「신학정론」 12(1994): 52-152.

권연경. "은사, 하나됨을 위한 선물." 「월간 프리칭」 53(2008년 9월호): 18-23.

기독교연구원 느헤미아(편), 『랄랄라, 방언 받으셨어요?』. 서울: 홍성사, 2014.

김동수. "고린도전서에 나타난 성령의 은사와 활용." 「그말씀」 264(2011년 6월호): 26-35.

_____. "성령의 은사란 무엇인가?." 「월간 프리칭」 53(2008년 9월호): 24-28.

_____. "방언의 기원: 신약 시대 이전에 방언이 있었는가?" 「신약논단」 18(2001): 1259-1285.

_____. "예배와 예언." 「성경과 신학」 63(2012): 1-25.

_____. 『방언은 고귀한 하늘의 언어』. 서울: 이레서원, 2008.

_____. 『방언은 고귀한 하늘의 언어』. 개정증보판. 서울: 이레서원, 2012.

_____. 『신약이 말하는 방언』. 용인: 킹덤북스, 2009.

김동찬. 『위로와 회복의 방언』. 서울: 돋을새김, 2007.

김문기. "'방언: 한국 기독교 속의 역사적 개관'에 대한 논평." 「성경과 신학」 39 (2006): 103-107.

김신호. 『성령세례 받으면 방언하나요?』. 서울: 서로사랑, 2011.

김영선. "방언의 은사에 대한 신학적 이해." 「한국신학논총」 22(2008), 41-68.

김지철. 『고린도전서』. 서울: 대한기독교서회, 1999.

_____. "성령의 은사와 교회의 덕: 고린도전서 12-14장을 중심으로." 김지철(편), 『성령과 교회』. 서울: 장로회신학대학교출판부, 1998, 67-97.

김철. "신약의 예언의 은사에 관한 연구." 「진리논단」 5(2000): 15-79.

김희성. 『그 중에 제일은 사랑이라: 설교를 위한 고린도전서 연구』. 서울: 한국 성서학 연구소, 1999.

노우호, 『방언을 검증하자』. 경남: 에스라하우스, 2014.

문효식. 『방언! 무엇이 문제인가?』. 서울: 크리스챤서적, 2008.

박영돈. 『성령의 일그러진 얼굴』. 서울: IVP, 2011.

박익수. 『로마서』. vol 2. 서울: 대한기독교서회, 2008.

박찬호. 『주의 성령을 거두지 마옵소서』. 서울: 킹덤북스, 2011.

배덕만. 『성령을 받으라: 오순절 운동의 역사와 신학』. 서울: 대장간, 2012.

배본철. "방언: 한국기독교속의 역사적 개관." 「성경과 신학」 39 (2006): 87-100.

배현주. "바울과 예언." 「부산장신논총」 4(2004): 53-75.

서광선. "한국 교회 성령운동과 부흥운동의 신학적 이해." 크리스챤 아카데미(편), 『한국 교회 성령운동의 현상과 구조』. 서울: 대화출판사, 1976, 23-99.

손석태. "성령의 은사." 「개신논집」 11(2011): 1-21.

오성춘. "목회학적 관점에서 본 방언 체험의 가능성과 제한성." 「교회와 신학」 17 (1985): 96-129.

_____. 『성령과 목회』. 서울: 대한예수교장로회총회출판국, 1989.

옥한흠(편). 『현대교회와 성령운동』. 서울: 엠마오 1988.

유명복. "언어학적 관점에서 본 방언." 「기독교 교육정보」 33(2012): 259-281.

_____. "언어학 및 심리학적 관점에서 본 방언." 「기독신학저널」 10 (2006): 271-292.

유영기. "은사에 대한 바울의 가르침." 기독교학술원(편), 『개혁주의 영성』 서울: 기독학술원 출판부, 2010, 347-368.

_____. "한국 교회 안에서 일어나는 은사체험에 대한 소고." 「성경과 신학」 15(1994): 32-83.

이상택. "방언 은사가 성도의 신앙에 끼치는 영향." 「오순절 신학논단」 6(2008): 299-418.

이숙진. "방언과 간증: 성령운동의 젠더 정치학." 「종교문화비평」 10(2006): 220-243.

이승현. 『성령』. 서울: 킹덤북스, 2012.

이신열. "칼빈의 은사 이해." 「성경과 신학」 53(2010): 79-107.

이재범. 『성령운동의 역사』. 서울: 보이스사, 1985.

이재환. "기독교 교육에서 방언의 역할." 「오순절 신학논단」 6(2008): 135-163.

이창모. 『방언, 그 불편한 진실』. 서울; The Band of Puritans, 2014.

이천수. 『방언의 이해와 유익』. 인천: 영성목회, 2008.

이한수. "신약의 전망에서 평가한 은사중지론." 「신학지남」 195(2008): 157-178.

_____. "성령의 열매와 성령의 은사." 「신학지남」 223(1990): 81-103.

이혜진. "웨슬리언 성결 운동과 방언." 「성결 교회와 신학」 24 (2010): 175-192.
임승우. "성경 예언에 나타난 이스라엘." 「신학 리뷰」 4(1995): 226-262.
정원. 『방언 기도의 은혜와 능력』. 3 vols. 서울: 영성의 숲, 2012.
조규형. "방언에 대한 영국 오순절주의자들과 복음주의자들간의 논쟁." 『성령과 언어』. 대전: 복음신학대학원대학교출판부, 2010, 253-270.
조상열. "성령강림과 방언의 제의적 목적." 「신학논단」 20(2013), 959-984.
조석민. "χαρισματα의 계속성 문제 연구: 고린도전서 13:8-13을 중심으로." 「성경과 교회」 1(2003): 155-179.
정이철. 『신사도 운동에 빠진 교회: 한국교회 속의 뒤틀린 성령운동』. 서울: 새물결플러스, 2012.
____. 『제3의 물결에 빠진 교회』. 서울: 에스라서원, 2014.

Ahn, Yongnan Jeon, *Interpretation of Tongues and Prophecy in 1 Corinthians 12-14*. Dorset, UK: Deo Publishing, 2013.

Augustine, "The Homilies on the First Epistle of John." *The Nicene and Post-Nicene Fathers* VI, 10. University Park: Pennsylvania State University, 1964.

Aune, D. E. *Prophecy in Early Christianity and Ancient Mediterranean World*. Grand Rapids, MI: Eerdmans, 1983.

Balz, H. "στεναγμός." *EDNT* vol. 3, 272-273

Banks, Robert. *Paul's Idea of Community: The Early House Churches in Their Historical Setting*. Grand Rapids, MI: Eerdmans, 1980.

Barclay, John M. G. "Πνευματικός in the Social Dialect of Pauline Christianity." Gramhan N. Stanton et al(eds.), *The Holy Spirit and Christian Origins: Essays in Honor of James D. G. Dunn*. Grand Rapids, MI: Eerdmans, 2004, 157-167.

Barrett, C. K. 『고린토전서』. 서울: 한국신학연구소, 1985.

Bavink, Herman. *Reformed Dogmatics: Holy Spirit, Church, and New Creation*, vol. 4, John Bolt(ed.). Grand Rapids, MI: Baker Academic, 2008.

Behm, J. "γλῶσσα." *TDNT* 1, 719-727.

Bertone, John. "The Experience of Glossolalia and the Spirit's Empathy: Romans 8:26 Revisited." *Pneuma* 25(2003): 54-65.

Best, E. "Prophets and Preachers." *SJT* 12(1959): 129-150.

Bittlinger, A. *Gifts and Graces: A Commentary on 1 Cor 12-14*. London: Hodder, 1967, 13-22.

_____. *Gifts and Ministries*. Grand Rapids, MI: Eerdmans, 1973.

Boring, M. E. "The Influence of Christian Prophecy on the Johannine Portrayal of the Paraclete and Jesus." *NTS* 25(1978): 113-123.

_____. "Early Christian Prophecy." *ABD* 5, 495-502.

Bornkamm, G. *Early Christian Experience*. N. Y.: Harper & Row, 1969.

Bruce, F. F. *Paul: Apostle of the Free Spirit*. Exeter: Paternoster, 1977.

Brumback, Carl *What Meaneth This?*. Springfield, MO: Gospel Publishing House, 1947.

Callahan, Terrance. "Prophecy and Ecstasy in Greco-Roman Religion and in 1 Corinthians." *NovT* 27(1985): 125-140.

Calvin, J.『기독교강요 하』, 김종흡, 신복윤, 이종성, 한철하 공역. 서울: 생명의 말씀사, 1986.

_____.『성경주석 19』. 서울: 성서원, 2001.

Carson, D. A. *Showing the Spirit: A Theological Exposition of 1 Corinthians 12-14*. Grand Rapids, MI: Baker Book House, 1987.

Chantry, W. J.『오늘날의 은사주의 운동, 과연 성경적인가』서울: 부흥과개혁사, 2010.

Charette, Blaine. "Reflective Speech: The Image of God." *Pneuma* 28 (2006): 189-201.

Ciampa, Roy E. and Rosner, Brian S. *The First Letter to the Corinthians*. Grand Rapids, MI: Eerdmans, 2010.

Collins, J. N. "God's Gifts to Congregations." *Worship* 68 (1994): 242-249.

_____. "Ministry ad a Distinct Category among Charismata (1 Cor 12:4-7)." *Neot* 27(1993): 79-91.

Cullmann, O. *Prayer in the New Testament*. London: SCM, 1995.

Dauzenberg, G. "Glossolalie." *Reallexikon für Antike und Christentum* 11(1981), cols. 225-246.

_____. "Zum religionsgeschichtlichen Hintergrund der διακρίσεις πνευμάτων (1 Kor 12:10)." *BZ* 15 (1971): 93-104.

Davis, J. G. "Pentecost and Glossolalia." *JTS* 3(1952): 228-231.

Dollar, George W. "Church History and the Tongues Movement." *BSac* 120(1963): 316-320.

Dominy, B. "Paul and Spiritual Gifts: Reflections on 1 Corinthians 12-14." *SwJT* 26 (1983-84): 49-68.

Dunn, James D. G. *Jesus and the Spirit: A Study of the Religious and Charismatic Experience of Jesus and the First Christians as Reflected in the New Testament*. Philadelphia: Westminster, 1975.

Elbert, Paul. "Calvin and the Spiritual Gifts." *JETS* 22(1979): 235-258.

Engelbrecht, Edward A. "'To Speak in a Tongue': The Old Testament and Early Rabbinic Background of a Pauline Expression." *Concordia Journal* 22(1996), 295-302.

Engelsen, Nils I. J. "Glossolalia and Other Forms of Inspired Speech according to 1 Corinthians 12-14." unpublished PhD thesis, 1970.

Ekem, J. D. "'Spiritual Gifts' or 'Spiritual Persons'?: 1 Corinthians 12:1a Revisited." *Neot* 38 (2004): 54-74.

Ellis, E. E. "'Spiritual' Gifts in the Pauline Community" and "Christ and Spirit in 1 Corinthians." in Ellis, *Prophecy and Hermeneutic in Early Christianity*. Grand Rapids, MI: Eerdmans, 1978, 25-44 and 63-71.

Esler, Philip F. "Glossolalia and the Admission of Gentiles into the Early Christian Community." *BTB* 22(1996), 136-142.

Ellis, E. E. "Prophecy in the New Testament Church-and Today." J. Pangagopoulos(ed.), *Prophetic Vocation in the New Testament and Today*. Leiden: E. J. Brill, 1977, 46-57.

_____. *Prophecy and Hermeneutic in Early Christianity*. Grand Rapids, MI: Eerdmans, 1978.

Everts, Jenny. "Tongues or Languages?: Contextual Consistency in the Translation of Acts 2." *JPT* 4(1994): 71-80.

Farnell, F. David, "The Current Debate about New Testament Prophecy." *BSac* 149(1992): 277-303.

_____. "The Gift of Prophecy in the Old and New Testaments." *BSac*

149(1992): 387-410.

_____. "Does the New Testament Teach Two Prophetic Gifts." *BSac* 150(1993): 62-88.

_____. "When Will the Gift of Prophecy Cease?" *BSac* 150(1993): 171-201.

Fee, Gordon D. *The First Epistle to the Corinthians*. Grand Rapids, MI: Eerdmans, 1987.

_____. 『하나님의 능력주시는 임재』. 서울: 새물결플러스, 2013.

_____. 『성령이 들려주시는 하나님의 말씀』. 서울: 좋은씨앗, 2002.

_____. 『바울, 성령, 그리고 하나님의 백성』. 서울: 좋은씨앗, 2001.

_____. "Toward a Theology of Glossolalia." Wonsuk Ma and Robert P. Menzies(ed.), *Pentecostalism in Context: Essays in Honor of William W. Menzies*. Sheffield: Sheffield Academic Press, 1977, 177-194.

_____. "Tongues-Least of the Gifts? Some Exegetical Observations on 1 Corinthians 12-14." *Pneuma* 2(1980): 2-14.

Ferguson, Neil. "Separating Speaking in Tongues from Glossolalia Using a Sacramental View." *Concilium* 43(2011): 39-58.

Fitzmyer, Joseph. *First Corinthians: a New Translation with Introduction and Commentary*. New Haven: Yale University Press, 2008.

Fontenrose, J. *The Delphic Oracle*. Berkeley: University of California Press, 1978.

Forbes, Christopher. *Prophecy and Inspired Speech: In Early Christianity and its Hellenistic Environment*. Peabody, MA: Hendrickson, 1997.

_____. "Early Christian Inspired Speech and Hellenistic Popular Religion." *NovT* 28(1986), 256-270.

Francis Leslie J. and Mandy Robbins, "Personality and Glossolalia: A Study among Male Evangelical Clergy." *Pastoral Psychology* 51(2003): 391-396.

Friedrich, G. "προφήτης." *TDNT* 6, 781-861.

Gaffin, Jr., Richard B. 『성령은사론』. 서울: 기독교문서선교회, 1983.

Gee, D. *Spiritual Gifts in the Work of the Ministry Today*. Spiringfield, MO:

Gospel, 1963.

_____. *Concerning Spiritual Gifts*. Springfield, MO: The Gospel Publishing House, 1994.

Gillespie, Thomas W. "A Pattern of Prophetic Speech in First Corinthians." *JBL* 97(1978): 74-95.

Green, Gene L. "'As for Prophecies, They Will Come to an End': 2 Peter, Paul and Plutarch on 'the Obsolescence of Oracles'." *JSNT* 82(2001): 107-122.

Green, William M. "Glossolalia in the Second Century." *Restoration Quarterly* 16(1973): 231-239.

Greenbury, James. "1 Corinthians 14:34-35: Evaluation of Prophecy Revisited."*JETS* 51(2008): 721-731.

Gromacki, Robert G.『현대 방언운동 연구』. 서울: 기독교문서선교회, 1983.

Grudem, Wayne. *The Gift of Prophecy in the New Testament and Today*. Wheaton, IL: Crossway Books, 2000.

_____. *The Gift of Prophecy in 1 Corinthians*. Lanham, MD: University Press of America, 1982.

_____.『예언의 은사』. 서울: 솔로몬, 2013.

Gundry, R. H. "'Ecstatic Utterance'(N. E. B.)?"*JTS* 17(1966), 299-307.

Hägerland, Tobias. "The Power of Prophecy: A Septuagintal Echo in John 20:19-23." *CBQ* 71(2009): 84-103.

Hasel, Gehard F. "성경 예언에 나타난 이스라엘."「신학리뷰」3(1995): 226-262.

_____. "현대 세계의 기독교 방언과 비기독교 방언: 종교적 현상과 언어학적 고찰."「신학리뷰」3 (1995): 274-299.

Hawthorne, G. F. "Prophets, Prophecy." in *Dictionary of Jesus and his Gospels*, 636-642.

Hays, Richard.『고린도전서』. 서울: 한국장로교출판사, 2006.

Hill, D. *New Testament Prophecy*. London: MMS, 1979.

_____. "Christian Prophets as Teachers or Instructors in the Church." J. Pangagopoulos(ed.), *Prophetic Vocation in the New Testament and Today*. Leiden: E. J. Brill, 1977, 108-130.

Hinson, E. G. "The Significance of Glossolalia in the History of Christianity." W. E. Mills(ed.), *Speaking in Tongues: A Guide to Research*. Grand Rapids, MI: Eerdmans, 1986, 181-203.

Hoekema, Anthony A. 『방언연구』. 서울: 신망애출판사, 1982.

Hollander, Harm W. "Seeing God 'in a riddle' or "face to face': An Analysis of 1 Corinthians 13.12." *JSNT* 32(2010): 395-403.

House, H. W. "Tongues and the Mystery Religions of Corinth." *BSac* 140(1983): 135-150.

Holtz, T. "ἀποκάλυψις." *EDNT* vol. 1, 130-132.

Hovenden, Gerald. *Speaking in Tongues: The New Testament Evidence in Context*. London: Sheffield Academic Press, 2002.

Hutch, Richard A. "The Personal Ritual of Glossolalia." *Journal for the Scientific Study of Religion* 19(1980): 255-266.

Ignatius, "Polycarp." *Ignace d' Antioch: Letter*, P. Th. Camelot(ed.). Paris: Cerf, 1969.

Johnson, Luke Timothy. "Glossolalia and the Embarrassments of Experience." *The Princeton Seminary Bulletin* 18(1997), 113-134.

Kay, William K. "The Mind, Behaviour and Glossolalia: A Psychological Perspective." Mark J. Cartledge(ed.), *Speaking in Tongues: Multi-Disciplinary Perspective*. Milton, England: Paternoster, 2006, 174-205

Kraemer, Ross S. "Ecstasy and Possession: The Attraction of Women to the Cult of Dionysus." *HTR* 72(1979), 55-80.

Kydd, Ronald A. N. Charismatic Gifts in the Early Church: *An Exploration Into the Gifts of the Spirit During the First Three Centuries of the Christian Church*. Peabody, MA: Hendrickson, 1984.

Latte, K. "The Coming of the Pythia." *HTR* 32(1940): 9-18.

Long, Zen Bradford. 『성령의 능력으로: 예수님의 사역을 하기 위해 성령과 협력하기』. 서울: 도서출판 두나미스, 2011.

MacArthur, John. 『존 맥아더의 나른 불』. 서울: 생명의 말씀사, 2014.

_____. 『무질서한 은사주의』. 서울: 부흥과개혁사, 2008.

Macchia, F. "Babel and the Tongues of Pentecost: Reversal or

Fulfillment?." Mark J. Cartledge(ed.) *Speaking in Tongues: Multi-Disciplinary Perspective*. Milton, England: Paternoster, 2006, 34-51.

_____. "Groans too Deep for Words: Towards a Theology of Tongues as Initial Evidence." *AJPS* vol. 1 no. 2(1998): 149-173.

Macleod, Donald. 『성령세례와 개혁주의 성령론』. 서울: 여수룬, 1988.

Marshall, I. Howard. "The Significance of Pentecost." *SJT* 30(1977): 347-369.

May, L. C. "A Survey of Glossolalia and Related Phenomena in Non-Christian Religions." *American Anthropologist* 58(1956), 75-96.

Menzies William W. and Menzies Robert P. 『성령과 능력』. 군포: 한세대학교출판부, 2005.

Menzies, Robert P. "누가-행전에서 방언의 역할." 『2012 해외 석학 초청 성령론 심포지엄』, 2012, 32-52.

_____. "누가-행전에서의 방언의 역할." 「영산신학저널」 26(2012): 31-52.

_____. *Why I am a Pentecostal*. Springfield, MO: Gospel Publishing House, 2012.

_____. "Jesus, Tongues, and the Messianic Reading of Psalm 16." *JPT* 23(2014), 29-43.

Mills, W. E. A *Theological/Exegetical Approach to Glossolalia*. London: University Press of America, 1985.

Nardoni, E. "The Concept of Charism in Paul." *CBQ* 55 (1993): 68-80.

Osiek, Carolyn. "Christian Prophecy: Once Upon a Time?" *Currents in Theology and Mission* 17(1990), 291-297.

Painter, J. "Paul and πνευματικοί at Corinth." in M. D. Hooker and J. G. Wilson(eds.), *Paul and Paulinism: Essays in Honour of C. K. Barrett*. London: SPCK, 1982.

Parke, H. W. & Wormell, E. *History of the Delphic Oracle*. Oxford: Blackwell, 1956.

Poloma, Margaret M. "Glossolalia, Liminality and Empowered Kingdom Building: A Sociological Perspective," Mark J. Cartledge(ed.) *Speaking in Tongues: Multi-Disciplinary Perspectives*. Milton, England: Paternoster, 2006, 147-173.

Packer, J. I. *Keep in Step with the Spirit*. Leiceter: IVP, 1984.

Robeck, Jr., C. M. "Prophecy, Prophesying." *Dictionary of Paul and His Letters*, 755-762.

Robertson, O. Palmer. 『오늘날의 예언과 방언, 과연 성경적인가』. 서울: 부흥과 개혁사, 2009.

Rogers, Jr., Cleon L. "The Gift of Tongues in the Post Apostolic Church." *BSac* 122(1965): 134-143.

Ruthven, Jon. *On the Cessation of the Charismata: The Protestant Polemic on Postbiblical Miracles*. Sheffield: Sheffield Academic Press, 1997.

Smith, James K. A. "Tongues as 'Resistance Discourse'-A Philosophical Perspective." Mark J. Cartledge(ed.). *Speaking in Tongues: Multi-Disciplinary Perspectives*. Milton, England: Paternoster, 2006, 81-110.

Spittler, R. P. "Glosssolalia." in Stanley M. Burgess(ed.), *The International Dictionary of Pentecostal and Charismatic Movements*. rev. ed.; Grand Rapids, MI: Zondervan, 2002, 670-676.

_____. "The Testament of Job." in J. Charlesworth(ed.), *The Old Testament Pseudepigrapha*. N. Y.: Doubleday, 1983, 829-868.

Schatzmann, Siegfried. "Purpose and Function of Gifts in 1 Corinthians." *Southwestern Journal of Theology* 45(2002): 53-68.

_____. *A Pauline Theology of Charismata*. Peabody, MA: Hendrickson, 1987.

Schnider, E. "προφήτης." *EDNT* vol. 3, 183-186.

Scott, James W. "The Time when Revelatory Gifts Cease(1 Cor 13:8-12)." *WTJ* 72(2010): 267-289.

Smalley, S. S. "Spiritual Gifts and 1 Corinthians 12-16." *JBL* 87 (1968): 427-433.

Snyder, Howard A. 『교회사에 나타난 성령의 역사: 교회갱신은 어떻게 일어나는가?』. 서울: 정연, 2010.

Stendhal, K. "Paul at Prayer." *Int* 34(1980): 240-249;

Theissen, G. *Psychological Aspects of Pauline Theology*. Edinburgh: T & T Clark, 1987.

Thiselton, Anthony C. 『고린도전서』. 서울: SFC, 2011.

_____. *The First Epistle to the Corinthians: A Commentary on the Greek Text*. Grand Rapids, MI: Eerdmans, 2000.

_____. "The 'Interpretation' of Tongues? A New Suggestion in the Light of Greek Usage in Philo and Josephus." *JTS* 30(1979): 15-36.

Thomas, John Christopher and Kimberly Ervin Alexander, "'And the Signs Are Following': Mark 16.9-20: A Journey into Pentecostal Hermeneutic." *JPT* 11(2003): 147-170.

Turner, Max. 『성령과 은사』. 서울: 새물결플러스, 2011.

_____. *The Holy Spirit and Spiritual Gifts: Then and Now*. Carlisle: Paternoster, 1996.

VanGemeren, William. 『예언서 연구』. 서울: 솔로몬, 2012.

Volf, M. 『하나님의 말씀에 사로잡혀』. 서울: 국제제자훈련원, 2012.

Warfield, B. B. 『기독교 기적론: 사이비 기적과 성경적 기적의 구분』. 서울: 나침반사, 1989.

Wenham, Gordon. *Numbers: An Introduction and Commentary*. Downers Grove: IVP, 1981.

Williams, Rodman J. 『오순절 조직신학』. 3 vols. 군포: 순신대학교출판부, 1995.

Whittaker, C. R. "The Delphic Oracle: Belief and Behaviour in Ancient Greece-and Africa." *HTR* 58(1965): 21-47.

Wright, David F. *The Montanists*, Tim Dowley(ed.). Grand Rapids, MI: Eerdmans, 1977.

Yong, Amos. "Many Tongues, Many Senses: Pentecost, the Body Politic, and Redemption of Dis/Ability." *Pneuma* 31(2009): 167-188.

Zerhusen, Bob. "The Problem Tongues in 1 Cor 14: A Reexamination." *BTB* 27(1997): 139-152.